本书获重庆工商大学学术著作出版基金资助（631915008）

本专著为国家社科基金"集体身份认同视域下中英足球球迷文化的比较研究"（批准号：14bty019）的最终成果

集体身份认同视域下中英足球球迷文化研究

梁　斌　杨丽芳 ◎ 著

U0734184

中国纺织出版社有限公司

图书在版编目（CIP）数据

集体身份认同视域下中英足球球迷文化研究 / 梁斌，杨丽芳著 . —— 北京：中国纺织出版社有限公司，2022.9

ISBN 978-7-5180-9873-6

Ⅰ . ①集… Ⅱ . ①梁… ②杨… Ⅲ . ①足球运动—球迷—文化研究—中国②足球运动—球迷—文化研究—英国 Ⅳ . ① G843

中国版本图书馆 CIP 数据核字（2022）第 172727 号

责任编辑：张　宏　　责任校对：高　涵　　责任印制：储志伟

中国纺织出版社有限公司出版发行

地址：北京市朝阳区百子湾东里 A407 号楼　邮政编码：100124

销售电话：010—67004422　传真：010—87155801

http://www.c-textilep.com

中国纺织出版社天猫旗舰店

官方微博 http://weibo.com/2119887771

北京虎彩文化传播有限公司印刷　各地新华书店经销

2022 年 9 月第 1 版第 1 次印刷

开本：787×1092　1/16　印张：13

字数：256 千字　定价：89.80 元

前言 PREFACE

　　本书主要包括六大部分，第一部分为足球球迷群体与集体身份认同发展，包括集体身份认同视域下足球球迷群体类别与发展趋势，基于情感互动与集体记忆的足球球迷地方认同构建研究等；第二部分为足球球迷文化共性研究，包括多重嵌套下足球球迷国家认同理论、模型与实现，足球球迷集体认同内外辩证互动等；第三部分为中英足球球迷行为文化研究，包括球迷多重效应下的去求产业上下游体系研究，中英足球球迷语言文化研究等；第四部分为中英足球球迷精神文化研究，包括球迷视角下足球社会整合功能研究，中英足球球迷依恋研究等；第五部分为中英足球球迷制度文化研究，包括球迷参与英国足球俱乐部治理的背景，基于公民精神的足球球迷参与的兴起、式微、回归和复兴等；第六部分为中国足球球迷文化发展与升级路径，包括中国足球球迷文化发展与升级路径等。

　　本书由重庆工商大学梁斌、杨丽芳共同撰写完成。具体撰写分工如下：第一部分、第二部分、第三部分和第四部分的内容由梁斌撰写（共计 20.1 万字）；第五部分和第六部分内容由杨丽芳撰写（共计 5.5 万字）。

梁　斌

2022 年 10 月

目 录 CONTENTS

第二部分 足球球迷文化共性研究

第三部分 中英足球球迷行为文化研究

第五部分　中英足球球迷制度文化研究

第六部分　中国足球球迷文化发展与升级路径

1 绪论

曾经仅仅出现在乡村原野间和城市街道上，因其血腥和无序被称为"暴徒游戏"，并一度受到政府禁止的足球，随着工业革命、城市化建设、人类的现代化发展以及众多狂热球迷的追随而被人们视为"现代宗教"。在相关研究中，"身份"与"认同"几乎是足球球迷研究的"标签"。以英国伯明翰学派学者菲尔科恩、拉夫堡大学教授基利安洛迪和我国国内学者石岩、路云亭等人为代表的众多学者的研究让人们越发认识到，作为"信徒"的足球球迷，不是冷眼看客，他们孕育、展现和创新"普适包容"与"抗拒排斥"这一对身份认同矛盾体，在足球这一运动中以时而绚烂多彩，时而冲动阴沉的形式出现，既让人捉摸不定，又耐人寻味。

正如 Brewer 界定个体自我、关联自我和集体自我的建构一样，球迷个体、内群体球迷关系、不同群体的群际关系都反映了球迷个人与社会、集体的关系，而且球迷身份的建构过程并非一成不变，是一个不断斗争与妥协的过程。球迷的亲与仇不再仅仅是乌合之众的宣泄，而是基于身份认同的群内认同和群际排斥，这一过程涉及了多方面的关切：首先，球迷是一群什么样的人？例如世居曼彻斯特城并长期持有季票的曼联俱乐部球迷，远在万里之外的穿着曼联俱乐部队服守夜通过电视观看比赛的球迷，只在曼联访问中国时才会身着曼联俱乐部球服的追星球迷，这些球迷的不同外显行为所代表认同如何起源、发展、区别和传播。其次，球迷色彩斑斓的行为背后有无共性，需要在不同历史文化背景下，不同对手和比赛的具体情境中抽丝剥茧地挖掘球迷文化共性。例如在北京国安与广州恒大的比赛中，北京球迷可能对广州队队员施以各种冷嘲热讽，但是在国家队比赛时，却对代表国家出战的广州队队员的出色表现报以热烈的支持。同时，对阵双方球迷在看台文化的互动过程，以及关键时刻球迷迸发出的各类仪式行为，都蕴含着球迷文化的共同特征；同时，现代球迷文化体现在多个方面，包括物质文化、行为文化、精神文化和制度文化。英国作为球迷文化重要历史发源地，中国作为当代球迷文化重要的吸收、融合和创新地，两国球迷文化在上述几个方面存在着值得深入挖掘和探究的关联和区别。最后，随着各国对球迷群体行为和文化的认可，球迷文化不再局限于足球范畴，而是进一步成为地方文化、民族精神和国家意识的重要载体，探寻我国足球球迷文化的发展原点、路径和目标，对于振兴中国足球文化和提升社会主义公民意识都具有重要意义。

在社会科学和人文科学的各个学科中，"身份"一直是一个很神奇的词。随着全球化浪潮席卷世界，经过几十年的发展，"认同"成为人文社会学研究的一个综合概念。认同理论早已超越最初的心理学范畴，受到了包括社会学、语言学、管理学和经济学等领域的广泛应用。各个领域学者针对不同的人群，在不同的情境中对包括个人、群体内部、群际关系、文化与次文化等方面对这个概念进行了考察。恰如泰弗尔的研究助手，澳大利亚人约翰·C.特勒所言："社会认同理论令人感到惊奇的地方是它在众多问题和不同的领域都具有实用性。"而且，认同理论在各个学科的应用发展也促进该理论在深度和广度上的进一步发展，使其在近几十年始终处于持续而快速的扩展状态。本文主要涉及的人类学仪式理论、社会心理学集群行为理论、人文地理学地方依恋理论、管理学治理理论和语言学与符号学理论等看似纷繁，但实际上并不杂乱。因为这些理论都以"身份"和"认同"作为基础概念，并将集体身份认同作为上述系列理论应用的基本脉络和理论。因此，对球迷身份认同的研究一方面一定要基于理论的借鉴与整合，以更丰富和细致的认同理论视角审视球迷内群体、外群体之间的差异性以及不同水平认同之间的嵌套性。另一方面，一定要放在不同的情境中来审视，既要关注种族、民族、国家和城市认同下的历史文化影响，如球迷对球队主场的地方依恋，也要包括当下具体社会结构、社会情境的制约，如不同地区球迷口号及口音所代表的次文化多样性，不同德比球迷文化所代表的宗教或阶层。

本课题基于人文社会学思维和思路，综合社会心理学集群行为理论、经济学和传媒学等领域研究成果，以身份认同相关理论体系为基础和主线，研究中英足球球迷文化的发展，并对两国足球球迷文化进行了一定的对比研究，使足球球迷认同与文化研究从以往社会结构思路为主向社会建构思路为主转变，从以往单一的、固态的身份认同角度向多元的、辩证的身份认同角度转变，体现出本研究的综合性和交叉性。研究方法上，主要采用质性研究与量化研究相结合的方法。其中，质性研究主要体现为访谈等方法，量化研究主要体现为因子分析和结构方程模型等方法。质性研究方法和量化研究方法的交叉使用提高了本研究中所涉及理论的适用性、问卷编制的科学性和数据结果的可靠性。

为了能够顺利地完成本研究的各项工作，笔者进行了各类理论和实践探索：①本研究收集了国内外大量关于球迷文化的相关资料，特别是通过网络购买和扫描翻拍等形式，获得国外经典或近期出版的相关专著40余部，文献300余篇，为本课题理论和实践研究的顺利进行提供了重要参考。②通过问卷调查等形式对包括北京、天津、上海、重庆、广州、山东、成都、大连、广西、长沙、南京、西安等多省市数千名球迷进行调查。③通过访谈，探索和提升对球迷文化的理解，访谈对象既包括近70岁高龄资深球迷在内的各个年龄段普通球迷，也包括多位现任和前任的省市足球协会会长、副会长，还包括省级足协相关负责人及国内知名的足球媒体人。而且，课题组成员亲赴北京工人体育场、广州天河体育场、重庆奥体中心和山东鲁能大球场等多个球场观看和体验球迷文化。④通过赴外访学，加强加深对两国足球球迷文化的认知。借2016年国家留学基金委足球教练员赴英培训之机，积极走访包括曼联、利物浦等足球俱乐部，大量搜集英国足球文化资料，并对当时的英超斯托克城俱乐部的中高层和斯托克城市市长等人进行了访谈。

基于理论和实践的准备，本研究内容主要包括：①足球球迷群体与集体身份认同发展。②足球球迷文化共性研究。③中英足球球迷文化研究。④中国足球球迷文化发展路径。

针对第一部分研究内容，主要涉及了"集体身份认同视域下足球球迷群体类别与发展趋势""基于情感互动与集体记忆的足球球迷地方认同建构研究""现代传媒视域下足球球迷群体发展趋势"三个章节。本部分研究主要运用文献资料、访谈、调研、逻辑分析等方法对现代媒体发展视域下足球球迷群体发展现状进行梳理和整合，旨在探讨不同集体身份认同水平下，球迷群体的分化发展和球迷认同特点。主要结论为：①基于集体认同程度上的差异，基利安洛迪将球迷划分为：支持者、追随者、粉丝和游离者四个群体。各个球迷群体在传统化/商业化这一维度上有显著的差异。支持者和追随者作为传统化球迷，对球队的历史、信息和发展保持一贯的关注，其对俱乐部持有的认同感经久不衰。粉丝和游离者作为商业化的球迷更多关注俱乐部荣誉性信息，同时在商业化购买行为上表现得更加功利和积极。②足球是传统足球球迷形成地方认同的重要途径，这种认同是在长期的与俱乐部互动过程中形成的。对于家庭而言，这种地方认同是亲属交流和代际传承形成的，对于个人而言，这种认同是孩提时代至年迈时代的重复体验，以及由此产生的集体记忆形成的。这种通过足球和俱乐部形成的地方认同是球迷对所居住的城市、文化和人际关系等的认同，是对所根植的当地生活方式的认同。③球迷集体认同已经由最初单一的地域性认同发展为包含液态社区认同在内的多元化认同。地域性认同主要基于球迷的地方认同，整个欧洲存在着近百个历史达到百年以上的俱乐部，它们的诞生、发展、波折和复兴过程都与所在地方和社区之间有着根深蒂固的关联，更有学者将球迷社区与地缘社区等同对待。液态社区认同则是现代世界传媒化和虚拟化发展的体现，社交媒体让动态的、不受时空限制的、大群体之间的、接近于现实的交流活动越发频繁。液态社区下球迷群体的心理与行为之间更加强调兴趣、动机和互动等因素。

针对第二部分研究内容，主要包括"从地方、地域到国家：多重嵌套下足球球迷国家认同理论、模型与实现""足球球迷集体认同内外辩证互动——基于看台文化的象征建构"。主要结论为：①足球球迷的集体身份认同具有多重嵌套性，通过足球项目可以传递、衔接、促进和巩固各层次认同的发展和融合，促进中华民族的国族认同、国族文化的整合与创新、国族的社会整合及培养国民的现代意识。②足球球迷的行为和心理符合象征建构下的集体认同内外辩证互动关系，通过足球互动实现意识和认知的融合。通过足球实践，国家和民族之间文化的认知和互渗也在足球球迷群体中得到了有效的发展，足球及其文化将从代表一个国家和民族的"我的足球"变成了代表整个世界文化的"我们的足球"。③以夺冠庆典和悼念活动为例，球迷的各种"文化表演"仪式所唤起和激发的表现，将继续存在意识中，并有可能凝聚为体育精神，进而成为一个民族的集体潜意识，内在地影响着人们的思维模式与行为规范。

针对第三部分内容，主要完成了"球迷多重效应下的足球产业上下游体系研究——基于体育卫星账户理论""中英足球球迷语言文化研究"这7章内容上，涉及了球迷行为文化、精神文化和制度文化，其中，第8、9、10章探讨了球迷的消费行为、暴力行为和语言行为等，第11、12、13章涉及了球迷的精神文化，第14章涉及了球迷的制度文化方面。运用文献资料、访谈、调研、数理统计等方法进行中英足球球迷文化的特点研究。主要结论为：①中英两国基于球迷多重消费的足球产业之间的差异主要从质的方面进行考量。目前，我国足球产业的上、中、下游产业体系产业内部链条还不完整，因此，从球迷多重消费的角度看，各家球会最为重要的途径是打造稳定的俱乐部品牌，以先进而符合中国民众心理需求的俱乐部理念打造球队和球员形象，使俱乐部成为整个城市球迷的认同中心。②"异质趋同"与"排他斥异"碰撞下的球迷语言认同是全球化和地域化并存发展趋势的体现。作为凸显地方文化的语言，以及随着足球作为一种文化符号的地域跨越，球迷语言起到了形成、标志和强化地域文化和地域认同的作用。③球迷文化具有显著的社会融合效应。无论是英国足球球迷文化，还是中国足球球迷文化，其整合功能的发生都基于球迷集体身份认同。认同成为联结个体，形成集体，整合社区或社会行为与意识的核心。中英两国足球发展的历史脉络、社会现实等方面的差异带来了球迷文化整个功能的差异性。④中英球迷对球场的依恋包含三个维度：对球场的认同和依靠、与球场的社会联结和球场物理特征。亲友陪伴、现场体验与支持起点等成为形成、维持和强化球场依恋的重要因素，三者之间还存在较为复杂的交互作用。⑤英国足球球迷德比文化的产生原因各不相同，但基本可以归结为冲突、同侪和偏见三个维度。我国的足球德比在此三个理论维度基础上体现出了德比的雏形。随着中国职业足球俱乐部整体发展的走强，俱乐部之间的对抗会呈现出更多的历史性和复杂性，恩怨分明，精彩火爆和历史悠久的中国足球德比战也必将自然而然地出现。⑥进入21世纪，英国足球球迷公民意识逐渐得到复兴，英国政府对待球迷的政策也从控制管理转变为引导合作，在一定程度上达到了球迷参与足球治理的目的。相比之下，英国球迷参与足球治理的成功对我国足球改革具有现实和理论意义，我国足球治理应该具有超体育、超文化和超当下的视野和魄力，充分认识和依靠球迷自下而上的发展动力。

针对第四部分内容，主要完成了"中国足球球迷文化发展与升级路径"一章内容。运用文献资料、访谈、调研等方法探讨了中国足球球迷文化发展的现状和未来。主要结论为：中国足球球迷文化已经成为国家和民族精神的重要载体，进一步振兴和发展足球球迷文化要以文化自信作为中国足球球迷文化的始发原点，以命运共同体作为中国足球球迷文化的终极目标。政府积极引导和推进，俱乐部运行从顾客关系管理向球迷关系管理进行转变，球迷自身凸显公民意识并构建更优的球迷社会力量，最终促进和激励人民群众巨大足球力量的释放。

总之，本研究在一定程度上整合了与球迷集体身份认同有关的各种理论、应用和方法，力图较为全面地展现球迷文化的历史、图景、内涵和趋势。但是，要在一个有限的研究中将各个细微的球迷文化和经验都确定性地传递出来是不可能的，也是不现实的。因此，本研究主要就学界对球迷文化的关切点提供一定的论点，并以一定的研究方法进行论证，以期为后续研究提供可参考的方向。

第一部分
足球球迷群体与集体身份认同发展

2 集体身份认同视域下足球球迷群体类别与发展趋势

以往讨论足球球迷的时候，我们都会将他们与热爱、崇尚和痴迷等状态联系在一起，这些忠实球迷对自己所在城市的球队抱着生死相随的态度，逢球必看，逢赛必狂，逐渐成为自己球队比赛的一个重要组成部分。但是，随着人类社会的发展，现代交通和信息的不断升级，让球迷从一个相对小众的群体成为现代社会的流行群体。人们更加容易突破限制，成为异国他乡球队的拥趸。更有一些追星球迷，他们所支持的球队会随着球星的转会而不断变换。因此，球迷群体的类别和发展趋势在现代社会更加宽泛。本章将以集体身份认同作为划分球迷群体的核心，探讨不同群体类别及其发展趋势。

2.1 足球球迷群体类别研究

为了深入地认识了解英国足球球迷的发展概况，Taylor（1971）和 Critcher（1979）从马克思主义阶级对抗视角分析了足球流氓的性质，认为 20 世纪中期后，英国足球流氓是工人阶级和资产阶级的对抗结果，昔日足球球迷主体的工人阶级逐渐在足球商业化发展中被边缘化，为了捍卫自己的球场地位，出现了暴力形式的对抗[1][2]。Horby（1992）关于阿森纳球迷细致描写的《狂热足球》一书，给人们带来了关于球迷的新观点，使得人们更加深入地认识到球迷群体中的人文文化。进入 21 世纪后，学者开始运用认同理论对球迷群体发展进行研究。其中，Hognestad（2003）关注了集体身份认同下的球迷群体多元化发展[3]。Nash（2000）等人从球迷的自身行为，如随队远征、观赛活动、文化展现、支持行动、政治性投入、与球队关系、与社区关系以及对待自己主场的依恋等方面对球迷进行了比较[4]。从历史和地缘的角度出发，Nash 将传统球迷群体和商业球迷群体之间做了深入分析，认为传统球迷与俱乐部之间存在着更加稳固的认同感和归属感，并将自己的球队主场视为"家"或者"社区中心"。

基利安洛迪（2002）基于集体认同程度上的差异将球迷划分为：支持者（Support-

[1] Taylor I. Football mad: A speculative sociology of football hooliganism[J]. *The sociology of sport*, 1971, 4: 357–377.

[2] Critcher C. Football since the war[J]. *Working class culture*：*Studies in history and theory*，1979: 161–184.

[3] Hognestad, H. *Long–Distance Football Support and Liminal Identities among NorwegianFans* [M]. In Dance and Embodied Identities，ed. E. Archetti and N. DyckSport，Oxford：Berg，2003：97–115.

[4] Nash，R. Contestation in modern English football[J].*International Review for the Sociology of Sport*，2000，35（4）：465–486.

er）、追随者（Followers）、粉丝（Fans）和游离者（Flaneur）（见图 2-1）❶。其中，各个球迷群体在传统化/商业化这一维度上有显著的差异。传统化球迷对球队的历史、信息和发展保持一贯的关注，其对俱乐部持有的认同感经久不衰。商业化的球迷更多关注俱乐部荣誉性信息，同时在商业化购买行为上表现得更加功利和积极。

在基利安洛迪（2002）球迷理论中还包括热情/冷淡维度，主要指的足球队在球迷家庭、人生和生活中所扮演的不同角色，以及由此形成的球迷与俱乐部之间的亲疏关系。传媒学者麦克卢汉（1964）和鲍德里亚（1990）曾用冷/热这一维度对新传媒时代人与人之间亲疏关系进行研究❷❸。特纳（1999）以同样的维度考量了历史和文化发展变迁过程中，人类身体上所留下的印记❹。基利安洛迪认为，如若球迷始终对自己的球队热情高涨，就代表着他将自己完全地融入俱乐部这个集体中，与俱乐部一荣俱荣，一损俱损，对俱乐部的认同稳定而持久。冷淡态度所带来的效果则相反，这样的球迷缺乏对俱乐部的认同，与俱乐部之间保持着若即若离的关系，主动参与球队支持活动的兴趣不高，也不会和俱乐部产生太多的感情羁绊。

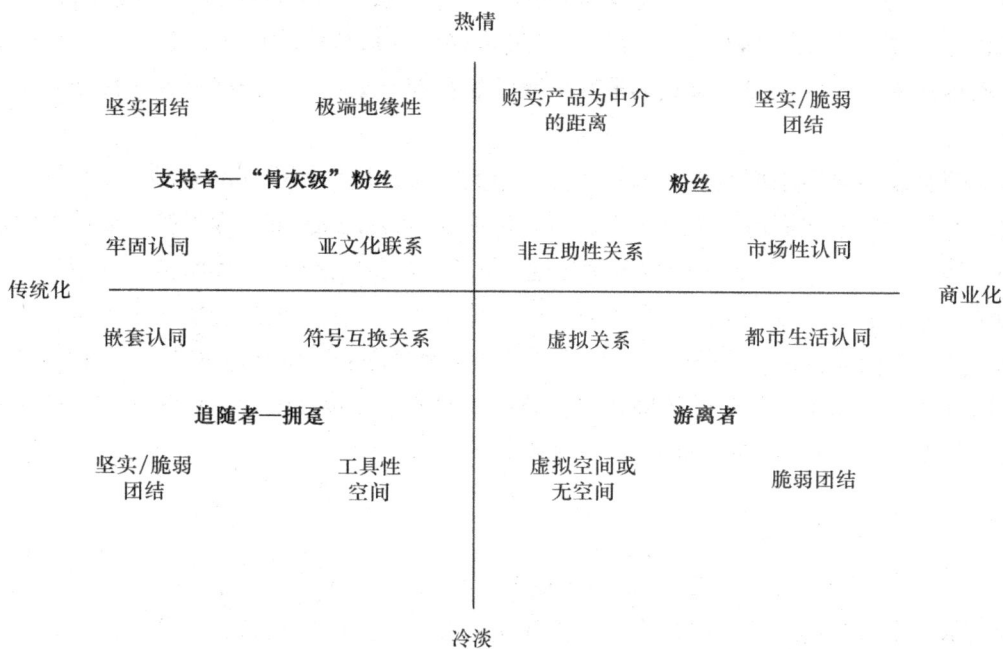

图 2-1 基利安洛迪球迷分类法

❶ Giulianotti, R. Supporters, Followers, Fans and Flaneurs: Taxonomy of Spectator Identitiesin Football[J]. *Journal of Sport and Social*，2002，26（1）：25–46.
❷ Mulvin D，Sterne J. Media，Hot and Cold Introduction：Temperature is a Media Problem[J]. *International Journal of Communication*，2014（8）：8.
❸ Kellner D. Reflections on modernity and postmodernity in McLuhan and Baudrillard[J]. *Transforming McLuhan. Cultural，Critical and Postmodern Perspectives*，2010：179–200.
❹ Turner，B. S.The possibility of primitiveness：Towards a sociology of body marks in cool societies [J]. *Body & Society*，1999，5（23）：39–50.

2.2 传统/热情球迷——支持者

2.2.1 支持者

"骨灰级"粉丝是传统/热情球迷的别称，他们被认为是俱乐部最为强大的后盾。在基利安洛迪（2002）球迷分类中，他们被划入支持者一类。数据研究表明，支持者对俱乐部保持着稳定而持久的情感支持，同时也在购买行为上保持一贯的投入，从比赛日消费，到纪念品消费，甚至是俱乐部相关股票或者其他较大的投入。值得一提的是，对俱乐部情感上的支持不是这种购买行为所能替代的。许多人用家庭关系或者朋友关系来比喻俱乐部和支持者之间的相互依存。这种依存或依恋关系是众多传统足球国家的共同现象。例如，在巴西和阿根廷等南美足球国家，足球俱乐部会被视为球迷家中的"母亲"，球迷自身则是"孩子"。尽管球员会随着转会、退役出现各种流动，然而，球迷心中有着稳固的神圣之地——球场。球场被球迷们当成家以外的另一个"家"，是情感的归属地。这种类似于家人依恋的情感让支持者球迷坚信他们对俱乐部的情感和物质投入是必需的、无可厚非的。而这些支持者对于支持敌对俱乐部采取的是零容忍态度，他们甚至无法接受脱离俱乐部这种行为。

支持者球迷对俱乐部有着深厚的情谊，他们将自己视为俱乐部的一部分，当然，他们的躯体也不例外。他们通过文身来表达对俱乐部的最直接的忠诚。为了研究支持者对俱乐部的忠诚度，Turner（1999）曾以英国球迷的文身为例做过调查。数据表明，在西方传统社会中，文身表达的是一个独立个人对社会实体的忠诚。无论是对国家、军事组织，还是家庭、女性伴侣或者是足球俱乐部，表达的都是一种高度的、恒远的忠诚[1]。与传统社会相比，后现代社会这种对集体的认同和忠诚更多地起的是一种修饰和美化的作用，反映出的是人际关系中的一种淡漠的或者虚幻的联系。

2.2.2 支持者球迷的社区认同

依照惯例，俱乐部的核心成员大都来源于其所代表的社区，因此地缘关系更加密切，足球俱乐部就成为所在社区的标志。根据涂尔干理论，周围的社区会把俱乐部作为一种图腾代表，这种对俱乐部的认可体现在支持者在赛场上所表现出的各种十分具有仪式感的行为，例如比赛中，长时间重复性地高喊球员或俱乐部的名字、全场整齐划一地高唱俱乐部队歌等（Bale，1994）[2]。身体被当作核心媒介，用来表达和交流对俱乐部炽热且恒久的情感。在赛场上我们可以看到，具有象征性的颜色被支持者们涂抹在脸颊、手臂或者衣服上。当比赛进入关键时刻，球迷们口中高呼口号、相互手挽着手、身体靠近身体，双脚以

---

[1] Turner B S. The possibility of primitiveness：Towards a sociology of body marks in cool societies[J]. *Body & Society*，1999，5（2–3）：39–50.

[2] Bale，J. The Spatial Development of the Modern Stadium[J]. *International Review for the Sociology of Sport*，1993，28（2–3）：121–133.

统一节奏踏着地面，用声音等形式给球员带来动力。除此之外，支持者对俱乐部核心地区有着狂热的感情。对他们来说，球场是唯一一个可以表达他们对俱乐部的强烈支持和获取存在感的场所，很多支持者在主场球场内有自己的专属看台就是一个典型代表。北京国安的北看台，利物浦的 KOP 看台等是中外著名支持者看台。

俱乐部所代表社区的历史、文化和认同由支持者群体维护和传承着。在发达的欧洲足球国家，俱乐部球场仅仅能够代表其所在地的周边地区，很难代表整个地区或者城市❶。纵观英国现代足球发展史，可以随处发现这种俱乐部与社区的相依相存关系，如托特纳姆代表哈林盖区，而切尔西则代表汉默史密斯市镇区，阿森纳俱乐部代表伊斯灵顿市镇区。而且，最初支持俱乐部建立的也是具有显著地域性特征的机构，如教会、企业和学校等❷。例如在教会的教区范围内成立的俱乐部有：阿斯顿维拉、富勒姆、南安普敦以及英超埃弗顿等。

此外，在各个地区的发展过程中，独树一帜的地域性让它们渐渐形成了不同的工人群体。例如，位于英格兰特伦特河畔的斯托克城煤炭和陶土广布，于是俱乐部与陶瓷工人之间就产生了紧密的联系。而位于英格兰南部约克郡的谢菲尔德联队则盛产钢铁，该俱乐部球迷与其他球迷相比，脾气要火爆得多。这种基于产业工人群体建立的俱乐部与地方之间存在着文化的、产业的和历史的种种联系，这种联系让支持者球迷始终对自己俱乐部充满感情。他们把对俱乐部的支持当作是生活中的重要组成部分，从骨子里热爱着自己所在的俱乐部。积极到主场支持球队，随队到客场远征等成为他们生活的一部分。同时，在支持者中，对俱乐部的情感和支持还以家庭内的代际传递发展着。新生代球迷从儿时起就随着父母一起参与各种球队支持活动，耳濡目染各种球队文化，这种亚文化传承也是核心支持者重要标志之一，与追随者、粉丝和游离者三类群体之间存在显著差异。

2.3　传统/冷静球迷——追随者

2.3.1　追随者球迷

基利安洛迪把对俱乐部或者足球相关人员进行持续性的、相对稳定支持的球迷群体称为追随者，也可称为拥趸。追随者往往对俱乐部或者球员有浓厚的兴趣。与支持者相比，追随者在地缘性和历史性方面有所欠缺，但是他们足够了解俱乐部和球员，对球队的支持和认同也比较稳定。但是，这种联结并不完全源自历史和地域性的关系，而是通过其他渠道，如媒体的相关报道等，因此该群体与俱乐部是一种间接的关系，体现的是对俱乐部符号意义的认同。追随者与俱乐部之间的联系不如支持者与俱乐部之间那么密切，但值得肯定的是，在他们与俱乐部或牢固或松散的关系中，他们之间的关系都包含真实的情感联结，并非完全的商业化成分。

---

❶ 梁斌，陈洪，李恩荆 . 集体认同传承与商业利润最大化矛盾下的英国足球球迷研究 [J]. 成都体育学院学报，2014，40（3）：17–23.
❷ 梁斌 . 英国足球俱乐部社区公共服务功能研究 [J]. 成都体育学院学报，2013，39（3）：20–25.

2.3.2　支持者与追随者差异

支持者对俱乐部的认同是长期的、稳定的和排他的。追随者与俱乐部之间的情感联系很难与支持者一样持有浓烈的地域性认同，对俱乐部的认同是相对短暂的、不稳定的，因此，对俱乐部认同程度的不同是追随者与支持者之间最大的区别。当俱乐部出现如人员、经营等方面的变动时，追随者的认同可能会随之松动甚至改变，从而另选球队追随。他们对俱乐部的这种认同也因此被视为一种"交叉认同"。这种交叉式认同可能会因为两种认同之间的矛盾和对立而变得异常复杂。例如，当追随者青睐的两个俱乐部交锋时，对两支球队的认同以及球场上两队的战况可能会让追随者处于一种复杂的、无序的选择困惑。

2.4　商业化/热情球迷——粉丝

2.4.1　粉丝球迷

基利安洛迪把对俱乐部或者球员持有一定的感情，尤其是喜欢、崇拜明星球员的新生代球迷称为粉丝。但是他们的这份喜欢是没有规律可言的，是模糊的。他们通过对俱乐部的支持来获取自我感情上的认同。大量粉丝是在足球商业化和现代传媒发展的基础上出现的，所以各地的球迷粉丝可以跨越时空限制与远方球队之间建立联系，让因为一个球员而喜欢上一个俱乐部这件事情成为现实。例如，在中国，巴塞罗那俱乐部拥有大批的粉丝，但是这些粉丝追寻的是梅西，爱上的是梅西超凡的球技。现代媒体让这些粉丝不再受到地域和时间的限制来获取自己感兴趣的梅西和巴塞罗那俱乐部的信息。但是，他们对梅西和巴塞罗那并非长时间积淀养成的，与支持者或者追随者相比，在地域文化和社区关联上存在着天然的割裂。粉丝对俱乐部和球员的支持主要是以商业渠道得以实现（Conn，1997）[1]，例如，商品购买、股票等都可能成为支持形式。在商业足球时代，如曼联等超级球会是非常需要粉丝群体的，对于他们的海外发展和品牌营销都非常有意义。

2.4.2　粉丝群体的多样性

粉丝与俱乐部之间的关系联结有强弱之分。对俱乐部持有强烈认同感的粉丝，对俱乐部的认同程度可以和支持者相媲美。他们的购买行为可以提高俱乐部球队在球场上的归属感。当球员在球场上奋力拼搏时，看见观众席上的粉丝们穿着俱乐部的传统球服在为自己摇旗呐喊，会获得更多的心理能量，也因此，粉丝有可能与支持者球迷一样，被视为球场上的"第12人"。而与俱乐部之间关联较少的这部分粉丝则更多来自于俱乐部物理空间较远地点，常常被视为是俱乐部散落的"星星之火"。这些粉丝与俱乐部在经济上也会产生一定的联系，购买俱乐部围巾、球服甚至是股权等，以此来彰显自己的归属感。必须肯定的是，粉丝对于俱乐部的发展是有突出贡献的，粉丝们的购买行为为俱乐部提供了巨大的

---

[1] Giulianotti R，Robertson R. The globalization of football：a study in the globalization of the serious life[J]. *The British journal of sociology*，2004，55（4）：545–568.

经济收入，也让俱乐部保持着稳定的发展趋势。但是一旦俱乐部的发展和营销不再符合粉丝需求，他们就会转投他队，甚至是其他项目队伍。因此，足球粉丝与我们平常接触到的明星粉丝十分相似，他们都是通过关注所喜欢的对象，投入一定的经济来表达自己的情感和支持。Tompson（1997）将这种黏合度不高的群体行为定义为"与远方对象之间保持的非回报型关系"●。明星是粉丝们生活中的重要组成部分。粉丝们热衷于搜集明星各方面的信息，对明星了如指掌，并且极有可能为明星花费巨大的人力、物力、财力，但却只有极少数的明星可以进行同等的回馈。就连足球明星也是如此，极少有正面给粉丝进行回馈的机会。即便是电视专访或者是亲笔签名等互动形式，也不过是一场例行公事的走秀。

2.5　商业化/冷静球迷——游荡者

最后一种球迷对俱乐部的感情呈现出冷静且理性特征，将球迷和俱乐部之间的关系定义纯商业化，该类球迷就是*游荡者*。这一球迷群体更多的是通过网络媒体观看足球赛事，而很少亲临比赛现场。随着俱乐部的商业化程度不断加深，球迷的认同感受到了不同程度的打击，例如，年迈的忠诚球员被无情地低价转让，俱乐部所有者和投资商更注重获取高额的利润，而忽视了一个俱乐部应有的底线和足球精神。随着足球商业化和球员娱乐化的发展，超级俱乐部成为明星球员聚集地，球员成为自带光环的明星。而游荡者就是对这种光环和荣耀进行追随的球迷，也就是"荣誉捕手"。这些游荡者通常拥有较高的社会地位，获得良好的文化教育，足球只是他们获得刺激体验的一种娱乐方式。与粉丝相比，他们更加个性化。他们的关注点始终保持在超级球会（皇马、巴塞罗那、曼城和曼联等）和贝克汉姆、梅西等明星球员身上。随着传媒对超级球会和明星球员的聚光报道，球会的更衣室秘闻、球员的私生活等都成为关注的焦点，带来了大量新闻围观者，其中就包括人数众多的游荡者球迷。

同时球员的高频率转会也会让球迷在对俱乐部的认同方面受到侵害。俱乐部球员每年的人员名单更迭不断，造就了追寻热点。追寻时尚足球明星的游荡者球迷群体，他们体现了当代社会的"善变忠诚"。他们的兴趣爱好一般十分广泛，很难长时间地维持对其中一个兴趣爱好的热情。游荡者在一定的时间范围内会对俱乐部持有高度的热情，但是过了这个时间段，他们可能会将对足球的关注转移到其他体育运动上，也有可能转移到媒体或者金融投资等其他娱乐方式上。但是如果俱乐部的规模足够宏大，就可以吸引游荡者的持续关注。因为大球会（曼联、巴塞罗那等）有大牌球员的加盟、气势恢宏的球场，并且比赛相对来说也比较精彩，游荡者可以从中获得身份认同感和愉悦感。

2.6　游荡者——支持者转化

俱乐部与球迷之间常常会形成一种互动双赢的关系。足球俱乐部不仅在赛场上通过优

● Thompson，J. B. *The media and modernity*：*A social theory of the media* [M]. Cambridge，UK：Polity，1997：4—5.

异的战绩回报球迷，同时也在场下通过各种社区公益活动融入球迷生活，表达对球迷支持的尊重。而且这种互动关系不是一朝一夕、一蹴而就的，需要数十年的深耕才能逐步提升球迷的归属感和忠诚度，最终形成跨越各个年龄段的球迷群体，更使得一个偶尔关注足球的观看者，逐渐向投入型、归属型，乃至职业型球迷发展（见图 2-2）。一旦球迷与俱乐部之间形成了稳定的、长期的互动关系，俱乐部会从球迷群体中获得长期发展的动力[1]。以中超球迷群体调查为例，由于近几年联赛投入的增加，比赛观赏程度获得了较大提高，俱乐部也更加重视和尊重球迷的利益，中超球迷群体出现了越来越多的追随者和支持者。图 2-3 和图 2-4 分别反映了球迷对中国足球顶级联赛的关注度和关注时间。同 2016 年相比，5~10 年和 10 年以上的球迷数量有一定的增加，更多的球迷对中超抱着持续关注的态度，追赛程看比赛和狂热球迷的数量获得了显著增加[2]。说明中国球迷群体对中超联赛的认可度正在增加，对自己球队的认同程度也在增加，追随者和支持者球迷的数量随着中国联赛水平和美誉度的提高而节节升高。

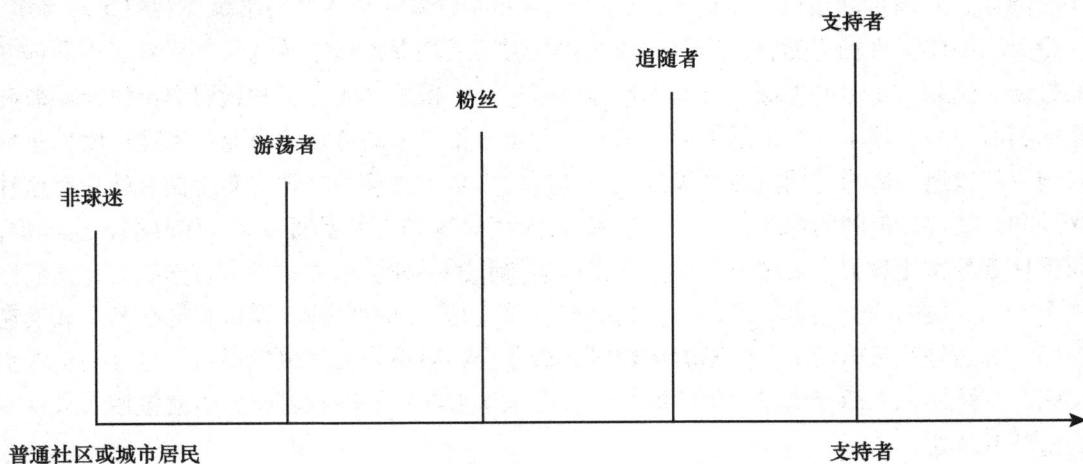

图 2-2　球迷 – 支持者连续图

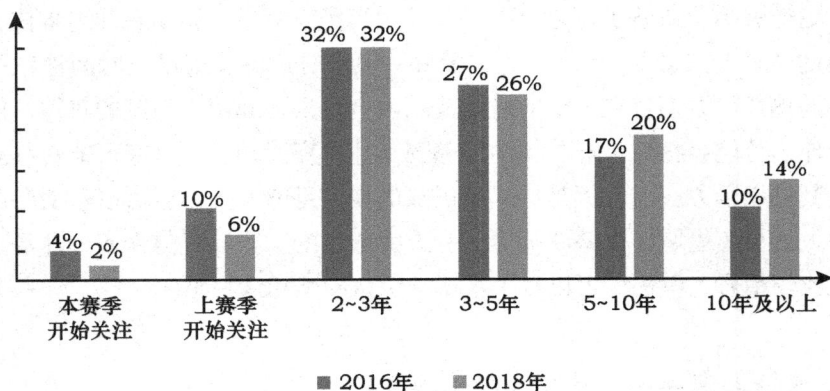

图 2-3　球迷对中超联赛的关注时间

数据来源：Deloitte：中超联赛 2018 商业价值评估白皮书。

❶　梁斌 . 英国足球俱乐部社区公共服务功能研究 [J]. 成都体育学院学报，2013，39（3）：20–25.
❷　Deloitte. 中超联赛 2018 商业价值评估白皮书 [R].Deloitte 中国，2019：21.

集体身份认同视域下中英足球球迷文化研究

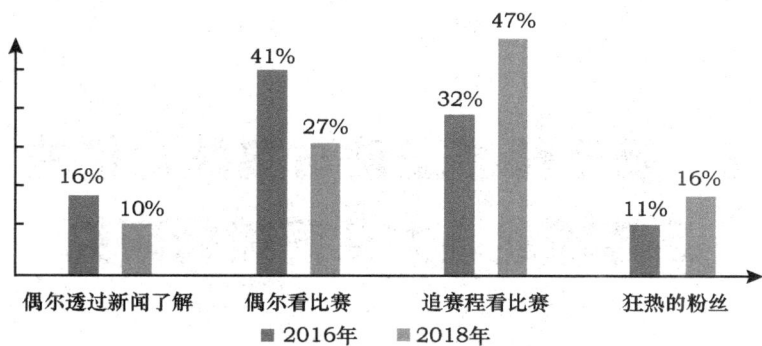

图2-4　球迷对中超联赛的关注度

数据来源：Deloitte：中超联赛 2018 商业价值评估白皮书。

2.7　结论

基于基利安洛迪的集体身份认同划分，将不同集体身份认同的球迷分类为支持者、追随者、粉丝和游荡者，并对各个群体的认同黏合度、行为和忠诚度等进行了一定的分析。结果显示，作为俱乐部最重要的球迷群体，支持者主要是基于与俱乐部有地理联系的人群生成的，在生成过程中，支持者群体与俱乐部通过各种形式的互动逐渐形成了心理的和文化的认同，并派生出一定数量的追随者球迷。现代社会的发展，特别是传媒的介入，催生出了商业化取向更为明显的粉丝和游荡者球迷群体，这两个群体的球迷不再如支持者和追随者一样执着于一生一世地支持一支球队，而是更愿意追随球队或球星带来的光环。相比较而言，支持者和追随者是足球俱乐部生存和发展的基础，而粉丝和游荡者球迷群体则是当代足球俱乐部提升品牌的重要引擎。

3 基于情感互动与集体记忆的
足球球迷地方认同建构研究

地方是现代人文地理学研究的重要视角之一，地方意义在身份认同建构过程中起十分重要的作用。作为世界现代足球发源地及当代商业足球中心的英国有人数众多的球迷，其中被称为支持者的传统球迷群体与所支持的俱乐部之间有着强烈的地方认同联系。本文从地方认同的角度分析了球迷地方认同的建构，认为体育，特别是足球是现代社会形成地方认同的重要途径。足球球迷、俱乐部和地方认同之间有紧密的内在联系，球场、旗帜和颜色等成为足球球迷地方认同的重要表征形式，足球的项目和比赛特点，主场观赛过程中的情感互动及共同的集体记忆都成为球迷形成地方认同的重要因素。

3.1 地方与地方认同

3.1.1 地方

人与地理环境之间的互动关系有复杂的形式与结构，20世纪70年代以后，段义孚等人本主义地理学家提出了"恋地情结"概念。他们认为，地方不再仅仅是人们认定的物理的、抽象的、理性化的空间概念，而成为一种社会文化意义和价值感知的载体❶。主观的感受和生活实践过程中的体验是形成地方意义的最为重要的特征。因此，经过人的主观性定义和建构，地方已经超越了以往我们认知的物理空间，成为人类社会中具有意义且不断被刷新和重构的社会文化实体❷。在这样的实体中，个人通过政治、经济、文化、军事和体育等活动实现动态互动，形成了关于地方的鲜明深刻的生活体验、标注了各种象征意义并构建了辉煌和失利的共同记忆。

3.1.2 地方认同

地方是人们形成自我和集体认同的"锚点"，具有重要的意义。因为人或群体需要以对体验、理解和表现地方意义的方式体验自我和存在，也通过地方意义形成社区的共享价值观和对集体认同的共识❸。地方构成个人或社会集体身份的一部分，不同年龄、性别、族

❶ 主朱竑，钱俊希，陈晓亮.地方与认同：欧美人文地理学对地方的再认识[J].人文地理，2010（6）：1–6.
❷ 朱竑，刘博.地方感，地方依恋与地方认同等概念的辨析及研究启示[J].华南师范大学学报：自然科学版，2011（1）：1–8.
❸ Harner, J. Place identity and copper mining in Sonora, Mexico[J]. *Annals of the Association of American Geographers*, 2001, 91（4）：660–680.

群等类型的人是地方的创造者，地方意义被认为是基于民族、性别和阶层的认同。地方这一概念包括三种成分：物理、行为和心理，其中，"心理"因其抽象化而比其他两种成分更隐蔽，从而更加难以把握，因此也更为重要。Proshansky 认为地方认同是"客观世界社会化的自我"，是通过人们意识和无意识中存在的想法、信念、偏好、情感、价值观、目标、行为趋势以及技能等的复杂交互作用，从而确定与物理环境有关的个人认同，可见，地方认同关注的是人们在认知层面与地方的联系。从这个意义上看，地方成为神圣的中心，每个地域都有它的神圣中心，它就是社会集体认同感的焦点，这个中心并不是物理意义上的地方，而是指一个社会核心的象征、价值和信仰。

3.2 足球——球迷与地方认同形成的媒介

3.2.1 足球与球迷地方认同形成

3.2.1.1 足球促进社会整合并形成地方认同

体育，特别是足球，被认为是人们形成和界定主观和想象社区的重要手段。涂尔干认为："任何社会都需要定期维护并重申其集体情感与集体观念，社会的统一与社会的个性即由此构成。如今，这种道德重塑唯有通过联欢、集会、会议的方式才能实现。在这些场合，个人再次共同确立了他们共有的情感。"[1] 由于工业化、宗教、社会组织以及教育等多种社会和历史因素的作用，英国人对自己居住的地方拥有鲜明的地方认同。而被视为英国国球的足球在居民形成地方认同过程中发挥了重要作用。众多学者认为一支球队是一个地方的标志和代表，对球队的认同会引起关于"我们"与"他们"，"这里"与"那里"的差异性认同。在足球比赛中，当球迷进入标志着城市名称、历史和荣誉的主场观赛时，表面上看似封闭物理环境的球场实则充满着意义，他们可能经历了球队荡气回肠的胜利，获得兴奋感和愉快感，赢得自己作为当地城市市民的自豪感和荣誉，也可能体验到被对手最后时刻绝杀带来的失望和愤怒，激发出捍卫城市形象的情绪和行为。

对于球迷内部而言，观看"自己"足球球队比赛正如同集会和会议一样带来了一种强烈的集体归属感，有助于形成关于地域边界性的认同，而这种认同能够实现和满足球迷希冀获得集体和领土认同的强烈需求。当球迷将俱乐部当成自己的家人，风雨无阻，年复一年地观看自己球队比赛，并将这种传统通过代际关系向自己的后代传递时，人们逐渐熟悉并习惯于各种基于当地的空间感，并使得地方成为自己认同和标志的核心元素。早在1988 年，John Bale 就体育与地方代表性之间存在的联系进行了明确表述："体育，例如足球，是获得人们地方支持性的重要资源，而这种地方支持性是一种地方主义，无可置疑的是现存各种地方主义表征（以及地域主义和国家主义）在体育中得到显著表现。"[2] 对球迷

❶ Casey, E. S. Between geography and philosophy: what does it mean to be in the place–world? [J]. *Annals of the Association of American Geographers*, 2001, 91（4）: 683–693.

❷ Bale J. The place of "place" in cultural studies of sports[J]. *Progress in Human geography*, 1988, 12（4）: 507–524.

外部而言，足球是标记和宣示领地，体现和交流地方认同的一种方式。对一支球队的认同体现了人们希望获得更大世界认同的愿望，希望球队的表现能够提供一种让人们为"自己"地方感到骄傲的合理方式。这种骄傲可以用威廉斯的"感觉结构"的概念来解读，这种难以捉摸的说法所要描述的是地方文化独特的气氛和风味 [1]。兴起于大工业时代的英国足球发展史清楚地表明，俱乐部的成立与成长与所在社区工业特色、产业工人劳动形式以及当地地理地貌等都有着各种联系，足球俱乐部成为人们表现、传播和彰显地方独特性的场域。在关于地方宣示的比赛中，地方大小并非最重要的 [2]。无论是地方、地域或者是国家层面都有相同的社会机制。地方认同是足球中最为重要的认同，但这种认同所基于的空间可大可小，也可互相转换，甚至地方主义、地域主义和爱国主义可以同时发生。因此，地域的大小并不重要，重要的是这种地方认同在体育比赛中以各种形式、过程和结果获得了体现和认可 [3]。

3.2.1.2　足球抵御现代性认同危机

Peach，Jackson 和 Smith 指出由集会和论坛演绎而来的体育竞技场能够体现地方性忠诚 [4]。在 Jackson 看来，正是体育竞技场，而不是市政厅、教堂、剧院等场所能够最强烈地体现地方认同。随着人类文明化的进程，人们抵御各种自然灾害的手段和能力越来越强，很少再像以往那样面对诸如洪水、暴风等这样的危险。当人们安居于和平生活的时候，人们在应对各种危机过程中所能激发和形成的社区和团体精神在不断被弱化。现代社会所追求和强调的个性化更导致大多数情况下，社区和群体之间很难像以往那样频繁互动，拥有共同的目标，反而需要孤单地面对众多的选择和不确定性。这最终导致形成错综复杂的人际、功利性突出的联结和无情冷漠的群体，导致韦伯强调的以目的理性模式和效率规范为特色的行动 [5]。吉登斯认为，这种现代性过程导致了一个失控的世界，这个世界中，不仅社会交换的速度比之前的任何时代都快，同时还包括广度和深度，这些对之前存在的社会实践和行为方式产生了深刻影响。尽管现代性的合理化系统不断加深，如民主和社会福利国家在不断地进步，但是消费社会的发展实实在在地给人们的认同带来了不安感。在前现代化时代和早期现代化社会，人们的生活方式和认同是有根基的，有结构的，具备明显的稳定性，而后传统时期的认同则具有更强的流动性。之前的关于性别、阶级、工作、种族、年龄，甚至是地方认同都被这种流动性、活动性、消费化和个性化所挑战、肢解和替代 [6]。

[1] 李丽.雷蒙.威廉斯的"情感结构"理论析论 [J].吉首大学学报（社会科学版），2015，36（3）：123–128.

[2] Van Houtum，H.，& Lagendijk，A.Contextualising regional identity and imagination in the construction of polycentric urban regions：the cases of the Ruhr area and the Basque country[J]. *Urban studies*，2001，38（4）：747–767.

[3] Van Houtum，H.，& Van Dam，F. Topophilia or topoporno？ Patriotic place attachment in international football derbies[J]. *International Social Science Review*，2002，3（2）：231–248.

[4] Peach C，Jackson P，Smith S J . Exploring Social Geography[J]. *Geographical Journal*，1986，152（1）：112.

[5] Weber M. *Economy and Society*：*An Outline of Interpretive Sociology*[M]. Univ. of California Press，1978：311–320.

[6] Giddens，A. *Modernity and self–identity*：*Self and society in the late modern age*[M]. Stanford University Press，1991：5–26.

从吉登斯的角度看，这些发生在后传统时代的所有变化都让个体引发存在性危机，因为他们开始丧失他们是谁，来自哪里的感觉，从根本上而言，人们和社区丢失了他们的本体安全性。

这种以结果定向的，以碎片化的功能性联结为主导的社会之所以继续存在，很大程度上要归功于通过体育形成的地方和国家观念。体育活动已经成为形成地方和国家认同的主要媒介，体育活动为和平时期人们之间形成有机团结提供了场景和场域。因为，当人们之间越发无法通过外界世界标记"我们"与"他们"时，人们就越发迫切地希望能够通过其他特性将自己与他人区分开来，而成为一家足球俱乐部的支持者正是这种特性之一。足球比赛中球员的对抗也以这种模式延展到了看台、球场以及城市。不同的颜色、行为和言语等标志着自己群体的身份，强调着基于"我们地盘"的地方认同。

3.2.2　足球在构建球迷地方认同中的特征分析

3.2.2.1　足球对抗性与地方认同

在体育中，代表不同地方和团体（城市、国家或学校）的体育队伍将一些社会团体置于当前民主和和平社会很难发生的对抗状态中（两支球队在场上的比赛和对抗）。在这种学校、城市、地区和国家之间的体育对抗中，人们的认同感获得了提升。特别是在英国足球中，双方群体之间原有的相似性被置于一边，基于英国历史上的城镇自治和各地区不同工业化形成的地方差异性表现得越发鲜明和强烈，来自不同地域的人通过支持球队的方式来捍卫自己的差异性和地方认同[●]。例如，很多人英超海外球迷熟知伦敦地区的切尔西、阿森纳、托特纳姆热刺和西汉姆联队等英超俱乐部，却很少有人知道在伦敦地区有一家拥有百年以上历史，由码头工人组建的俱乐部——Millwall俱乐部。尽管这家俱乐部长时间在英甲级别联赛征战，但是却拥有让各地英国球迷赞叹的主场气氛和球迷认同。一位Millwall球迷的话充分体现了球迷自己的地方认同："Millwall就像是我的家一样，我不可能让任何人未经我的同意而从前门大摇大摆地进入，足球是男人的游戏，战斗关乎着我们的骄傲，这种骄傲关乎着我们的地方和我们的土地。"[●]

3.2.2.2　赛事特性与地方认同

体育在建构地方认同方面的另一个独特的功能要归功于体育活动的延续特性。根据史密斯对涂尔干观点的解读，足球比赛如同定期举办的仪式，这些仪式事件中，需要使用身体和符号，让人与人彼此更加接近，因而促进了社会的整合。通过音乐、吟唱、咒语等手段的辅助，这些仪式让整个群体产生激动情绪，或称"集体欢腾"，这带来了强烈的集体归属感。不像很多临时化的和短暂化的公民仪式活动，体育具有固定的延续性，如足球通常拥有跨年度的赛季比赛，固定的比赛日程，你来我往的主客场比赛[●]。这种重复性为空

---

❶　Henricks, T. Professional wrestling as moral order[J]. *Sociological Inquiry*，1974，44（3）：177–188.

❷　Robson G. Millwall Football Club：Masculinity，Race and Belonging[J]. *Cultural Studies and the Working Class*，2000：219.

❸　Ingham, A. G., Howell, J. W., & Schilperoort, T. S. Professional Sports and Community：A Review and Exegesis[J]. *Exercise and sport sciences reviews*，1987，15（1）：427–466.

间、地点和地方感的认同构建、重构和互动提供了重复不断的时间和空间互动经历。球迷群体长期的、习惯性的和仪式化的观赛活动，实现了与地方的互动，通过这一过程，球迷群体将自身定义为某个特定地方的一分子，从而通过地方来构建自身在社会中的位置与角色。这样的情境下，地方不再仅仅是人类活动发生的物理背景，而成为自我的一个组成部分。而且不同体育对于形成地方主义意识的功能可能有所不同。团队型体育比个人项目更有可能形成地方联结。同时在团队型项目中也存在差异，例如，在英国，曲棍球在形成地方忠诚的过程中的作用就不及足球。原因在于曲棍球运动的典型价值观与维多利亚时代相连，这是一种根植于土地的联结，而不是像足球一样根植于工业和商业的联结 ❶。

3.2.2.3 媒体介入与地方认同

对一个足球队的认同是一种更大地域对当地的认可形式，一种重要性得到体现的感觉，这种感觉无论是对于小球会还是对于城市球队的球迷而言都很重要。从最初的口口小范围传播，到跨越地域的报纸、杂志等纸质媒体的地方性传播，再到广播、电视的全球化传播，直到现在的地域时空无差别的网络传播，借助媒体的发展，足球提升地方认同的传染力越发强大，例如，1973 年，以乙级队身份击败当时盛极一时的利兹联队，获得足总杯冠军后，桑德兰人的自我形象获得了改善，对于当时正在经历严重社会问题的桑德兰地区而言，经济、社会和人身问题让人们对该地区嗤之以鼻，但杯赛冠军给这个城市人民一针强心剂。铺天盖地的媒体赞誉让桑德兰球迷认为这样的冠军一扫笼罩在桑德兰的各种社会问题阴霾，让各地的人们重新认同桑德兰，不仅仅是这个城市的每个人，而是全国乃至整个欧洲都知道桑德兰赢得了杯赛冠军，桑德兰将在地图上显得更加突出。

3.3 传统足球球迷与地方认同

3.3.1 球迷的多元化分类及传统球迷

英国著名体育社会学家基利安洛迪根据全球化发展和集体认同程度上的差异，将球迷划分为支持者、追随者、粉丝和游荡者四类。其中，支持者是传统的足球球迷群体。无论是学界、球迷群体自身还是媒体，都认为传统球迷群体的发展与社区的地域性有强烈联系，他们对俱乐部持有更加长期的、地方化的和市民化的认同感。这种地理性的联系是在社会和历史发展的不断交互过程中形成的，在此基础上足球俱乐部和球迷之间存在紧密的心理和文化联系，这种基于地域联结形成的球迷是英国足球俱乐部生存和发展的基石。他们与商业化取向更为明显的粉丝和游荡者球迷群体有显著区别，虽然粉丝和游荡者球迷群体被认为是全球商业化背景下足球俱乐部提升品牌，打造百年俱乐部的重要引擎，但是传统球迷才是足球俱乐部生存和发展的基础，因此，本文主要对传统球迷的地方认同进行进一步分析。

❶ Hargreaves J，Tomlinson A. Getting there：Cultural theory and the sociological analysis of sport in Britain[J]. *Sociology of Sport Journal*，1992，9（2）：207–219.

3.3.2 传统足球球迷地方认同心理解析

3.3.2.1 共享意义下的地方认同

地方认同作为一种社会建构的方式，其内容是主观且多变的，多种文化意向都可能成为地方感所依托的要素，包括工业化活动、社会组织、教育、体育及重大事件等社会活动，其中，兴起于大工业时代的遍布全英的各级别足球俱乐部因其悠久的历史、一贯的公众关注度和强烈的地方根植性而成为重要的依托要素。通过足球活动，人与人之间、人与物之间的联系都可以建立在足球带来的共享意义之上，这些意义是以足球为媒介，从一个人与其同伴之间的社会互动中衍生和生产出来的。经过长时间的互动，人们与所在地方实现了共时性与历时性的各种关联，地方逐渐成为球迷认同的重要象征部分。

3.3.2.2 观点的对等下的地方认同

通常情况下，英国传统足球球迷基本来自于距俱乐部半径不超过 15 英里社区的居民。这些居民可能拥有共同的工作背景、相似的生活方式、颇具特色的口音及生活习惯等，加上世代对俱乐部的支持，这些传统球迷之间拥有共同的常识性知识，以相似的方式经验着现象世界，而且球迷之间以相同的方式，至少是能够满足实际目的需要的近似方式，选择并诠释着（实际的或潜在的）共同的对象及其特征。这正符合舒茨强调的"观点的对等"假设，有这种假设，主体间性（相互的理解）与实际行动才能得以形成 ❶。最终，观点的对等、实际行动与地方之间的互动逐渐成为人们形成认同的重要途径和经验。

3.3.2.3 情感寄托下的地方认同

人们在不同的地方会有不同的心理感受，这是因为人们曾经在此有过经历和记忆，地方的心理意义即存在于此。在对地方认可和社区凝聚力寻求的过程中，人们既可能对具有不同特点的小范围区域，如房子、社区、足球俱乐部、球场，也可能对大范围区域产生联系感，如城市和乡村地区等。足球和俱乐部官员在谈论自己的俱乐部时经常使用"家庭"这个词，而且历史悠久的俱乐部球场被认为是"家庭所在地"，很多球迷更是将俱乐部称为"妈妈"。这些充满内涵的情感词汇体现了俱乐部和球迷的集体语言和认同。通常情况下，球迷的支持传统受到了不同社会和地域传统的影响，因此在特定区域、常住人群、移民环境、俱乐部认同和基于地方认同的球迷认同之间存在复杂的联系。这种地方的联结感产生可能基于各种因素，但是，人们的社会活动性，居住的时间，共享意义和社会归属感最为重要。

3.3.3 传统足球球迷地方认同的意义与表征

3.3.3.1 "敌"和"我"的对抗意义

地方认同意味着褒贬一个人所认同的"地方"，就相当于对他的"自我"进行了褒贬。Van Houtum 和 van Naerssen（2002）将对地域的认同视为一种"策略" ❷。这种策略纯净化、

---

❶ 孙飞宇. 方法论与生活世界——舒茨主体间性理论再讨论 [J]. 社会，2013，33（1）：38–74.
❷ Van Houtum, H., & Van Naerssen, T.. Bordering, ordering and othering[J]. *Journal of Sport & Social Issues*，2002，26（1）：25–46.

美化和秩序化了人们心目中的地方。这种对某一地方的正向心理会造成对其他地方的差异性和排斥性，从而形成竞争和对抗，这一切在足球比赛中得到了鲜明的体现。足球是一种标示和宣示领土的方式，一种传达地方认同的方式。球迷认为可以通过支持球队，以球场上的成功获得外界的认可，获得地方荣誉和骄傲。两队之间的比赛使得主队球迷心目中的想象社区——"我们这里"，成为现实的，存在的，并可亲身体验的地方。同时，无论是到现场观赛的球迷，还是守候在家中电视机前的球迷，抑或是蜂拥到酒吧的球迷，球迷的每次比赛是对整个城市认同的肯定，是一次全城范围内的情感交流。

对于球迷而言，地方认同的最鲜明表征对象就是自己球队的足球场。足球比赛习惯地被分为"主场"比赛和"客场"比赛，"我们"对"他们"。其中，地方被视为"自己"的地盘，如"主场"，在自己的地盘来对抗"外来者"。足球比赛所具有的"主与客"的双重特点制造和增加了两支球队所代表地方的差异性。两支球队，主队就是自己，对手就是外人，同场竞技，各自防守着自己的半场，进攻着对方的半场。每个球场上的球员都与有不同颜色球服、姓名和队徽的对手进行直接对抗。在每个球队都有攻击手、组织者、穿插者和后卫，守门员是球队的最后一名防守队员，他们竭尽全力地保证自己的球门安全。在同级别联赛中，球队经常要回访比赛，在回访比赛中，会感受到对方球迷捍卫自己地盘所带来的压力。在与一些特别对手进行比赛过程中，支持者之间的对立感会更加强烈，特别是与感到被对方实力压制的一方。例如地方主义球队巴塞罗那与"统治者"代表的皇家马德里。那不勒斯与来自意大利北部的富豪球队等。同时，与地域临近的球队，或者来自经济和政治中心的球队比赛会显得意义重大。例如，英超球会斯托克城曾经与来自同一地区的博特维尔俱乐部经历了多年的德比比赛，这种比赛是关乎谁能代表斯托克城市形象和标志的比赛，两家俱乐部的球迷对立情绪鲜明，比赛过程也火爆异常。而当斯托克俱乐部与来自伦敦城的阿森纳比赛时，球迷的敌我感也非常强烈，这种强烈的差异性正是根源于各自城市在经济和政治方面的差异性。

3.3.3.2　物化与符号化的表征

对自己球队的认同既是物质化的，也是符号化的，物质蕴含着符号，符号体现着物质。Harner（2001）认为景观是建构地方认同的重要媒介，是形成地方认同的基本元素[1]。正如同博物馆、纪念馆和遗产遗址一样，足球俱乐部的主场也被视为这样的媒介。各个俱乐部的球场总是能够向人们传递独一无二的地方感和地方情节，球迷非常欣慰的是自己的球场能够在固定的时空架构中固定地方，球场所代表的物质性和纪念性实体实现了对地方意义和地方认同的物化。同时，各地不同的球场体现了不同地方人的体验和精神，传达不同的思想、观念和情感，唤起了群体清晰的归属感，成为群体表达认同的符号。

人对一个地方的爱恋被称为恋地情结，这种情结在足球球迷中有多种形式行为表现[2]。

❶　Harner, J. Place identity and copper mining in Sonora, Mexico[J].*Annals of the Association of American Geographers*, 2001, 91（4）: 660–680.

❷　Bale, J. The spatial development of the modern stadium[J]. *International Review for the Sociology of Sport*, 1993, 28（2–3）: 121–133.

首先，当当地球迷买票入场观看比赛时，他们不再是当时的公民，而是成为球队的支持者，来自两支比赛球队的球迷自然分为"主队支持者"和"客队支持者"。2015—2016年从英超降级的纽卡斯尔俱乐部拥有整个英国最负盛名的球迷群体和文化，其中主场球迷歌曲 *We Love Newcastle* 充满了球迷对纽卡斯尔城市及俱乐部的地方依恋和认同。在比赛中球迷集体以抑扬顿挫的声音反复高唱"We love Newcastle, we do. We love Newcastle, we do. We love Newcastle, we do. Ohhhhhh Newcastle we love you...（重复）"虽然歌曲的歌词简单且重复，但由于俱乐部是以城市名称命名的，球迷的重复高唱一方面突出了与其他城市之间的差别性，另一方面实现了足球俱乐部和城市两种认同的统一性，强调了两者之间合二为一的一致性。坐落于这座城市的纽卡斯尔俱乐部被视为城市荣誉和形象的代表，这种代表根植在俱乐部和城市之间的历史联结中，而且这种历史的联结还会因为足球比赛的存在和延续而得到强化和延展。

根据 Anderson（1988）的观点，一个支持者群体可以被视为一个想象社区。在这样的群体中，目标非常一致："我们在这里，这个地方是我们的！"对于神圣主场的象征性的行动和保护在足球比赛中是非常重要的❶。在主场输球被认为是耻辱的，如果在客场赢球则被视为真正的胜利，这意味着在对方地盘上的摧城拔寨。代表球队传统和历史的旗帜、歌曲、口号、颜色甚至是文身，象征性标示与宣示了自己的地盘。如此地对于一个足球俱乐部的空间认同就如同个人穿上了象征外衣，使得球迷群体想象式的统一变成了现实。而这种认同并非短暂或临时性形成的，是基于从小到大的一次次的观赛经历形成的，在年复一年的经历中，俱乐部的旗帜、徽章、歌曲、口号和颜色等逐渐成为彰显球迷心中荣誉，凸显地方存在感的标志。

3.3.4　基于集体记忆的传统球迷地方认同传承

对于足球球迷而言，集体记忆成为地方认同传承的重要载体。记忆，不论是个人的还是社会的，都是产生对地方的归属意识和感情的重要因素。地方，无论大小，也是通过个人和社会的记忆而被建构和提及的。Fentress 和 Wichham 认为："记忆是有群体认同建构的：'每个人会记忆作为家庭成员的孩提时代，作为社区成员的邻里生活，作为工厂工人、办公室工作人员、党派成员等的记忆，这些都是集体记忆。个体的记忆可能仅仅能够存在于群体间特殊的交叉的、独特的产物。'"❷一家俱乐部、一支足球队正是引发人们对居住在一个城市的朋友和亲属等人记忆的触发器。这些记忆是动态的，当个体回忆时，这些记忆随着每次的重现和演绎而变化。但是，一些元素自始至终都保持不变，形成了联结：故事传承者、指示物和地点。故事传承者是动态地理记忆的重要创造者。球队主场的故事、各种比赛的故事、球队降级的故事，以及夺冠的故事都成为地方认同的重要内容。老的支持者将这些故事传承给年轻人，而年轻人在支持球队过程中经历更多的辉煌与低潮，并不

❶ Anderson, B. Lass A. Anderson, Benedict: Imagined Communities: Reflections on the Origin and Spread of Nationalism[J]. *Bohemia–Zeitschrift für Geschichte und Kultur der böhmischen Länder*, 1988, 29（1）: 184–186.

❷ Fentress, J., & Wiohham, C. *Social memory*[M]. Oxford: Blackwel, 1992: 68.

断传承下去 ❻。其中，地方德比比赛往往是球迷群体中集体记忆的重要内容，在集体记忆的构建和重构过程中，传统印记、叙事风格、浪漫情节、刻板印象、象征意义和传奇构建等一系列主观加工促使德比双方之间关于火爆比赛情景、过程和结果的集体记忆得以延续。正如阿尔布瓦克斯认为的："关于英雄、史诗事件和群体缘起的故事，为人们提供了在情感和励志上团结起来的基础。" ❷ 因此，集体记忆会随着一代代人的更替，不断地被更新和重新塑造，并逐渐成为城市文化的重要内容 ❸。

同时，在俱乐部和社区之间的联系中，个体和集体的地理记忆也会发生重合。例如当传统球迷被问及是否是曼彻斯特球迷时，他们会表示："我来自曼彻斯特，我在这里上学！"这样的回答比直接回答"是"或"不是"更具意义。暗示着在一个地方的成长，经历了孩提时代、成人时代，拥有了众多与曼彻斯特城市有关的记忆，这些记忆会因为一个简单的"你是否是曼彻斯特球迷？"而被唤醒，而这样的个人记忆过程恰恰是众多曼联俱乐部传统球迷的相同记忆，是个人记忆与集体记忆的重合。

而且，在个人和集体关于足球的记忆中，俱乐部的主场往往是核心。贝拉在《美国的公民宗教》一文中指出："我们应该考虑涂尔干的观念，即每个群体之中都有宗教的层面，即存在公民宗教。" ❹ 球迷群体有自己的历史、英雄，自己的神圣事件和圣地，以及自己的庄严仪式和象征。因此，对于球迷而言，作为俱乐部圣地的主场足球场不仅仅被简单地视为足球俱乐部的标志，正如 Missiroli（2002）所说：安菲尔德路，不仅仅是一个地址，而是利物浦本身，也代表着著名的利物浦球迷口号："你永远不会独行" ❺。这一点在英国俱乐部是普遍存在的现象，正如老特拉福德与曼联，海布里与阿森纳，白鹿巷与热刺，阿普顿公园球场与西汉姆，斯坦福桥与切尔西，而温布利则是国家球场。Bale 认为这些球场通常是具有内嵌意义的，世代生活在周围的球迷与这些球场有着地理上的联系 ❻。他们对这些特殊的公共场所有着深厚的情感。尽管比赛是人们关注球队的重要因素，但是比比赛结果更为重要的是这些比赛所留下的记忆。这些与球员和俱乐部相联系的记忆成为人们潜意识中的内容，当人们在生活中触及一些片段和相关事务时，这些记忆立刻会重现在人们的脑海中。而且，对于众多地方人群而言，与足球相关的片段，还是家庭或朋友之间的经历、记忆和故事，这些不一定与比赛直接相关，而仅仅是这些记忆的触发器，正如著名的阿森纳球迷 Hornby 写道："阿森纳对阵布里顿，1980 年 11 月 1 日，我记住这场比赛并不是因为过程和结果，只是因为这是我和父亲最后一次去海布里球场看球！"

❶ Hague E., & Mercer J. Geographical memory and urban identity in Scotland: Raith Rovers FC and Kirkcaldy[J]. *Geography*: *Journal of the Geographical Association*, 1998, 83（2）: 105.

❷ Halbwachs M. *On collective memory*[M]. University of Chicago Press, 1992: 22–25.

❸ Yiftachel O. Nation - building or ethnic fragmentation? Frontier settlement and collective identities in Israel[J]. *Space and Polity*, 1997, 1（2）: 149–169.

❹ Bellah R N. *Beyond belief*: *Essays on religion in a post–traditionalist world*[M]. University of California Press, 1991: 216–230.

❺ Missiroli, A. European football cultures and their integration: The "short" twentieth century[J]. *Sport in Society*, 2002, 5（1）: 1–20.

❻ Bale J. The changing face of football: Stadiums and communities[J]. *Soccer & Society*, 2000, 1（1）: 91–101.

3.4　结论

　　足球是传统足球球迷形成地方认同的重要途径，这种认同是在长期的与俱乐部互动过程中形成的。对于家庭而言，这种地方认同是亲属交流和代际传承形成的；对于个人而言，这种认同是孩提时代至年迈时代的重复体验，以及由此产生的集体记忆形成的。这种通过足球和俱乐部形成的地方认同是球迷对所居住的城市、文化和人际关系等的认同，是对所根植的当地生活方式的认同。虽然在社会流动性不断增强的今天，英国等国家传统足球球迷的地方认同受到了挑战，但是这种地方认同仍然是英国足球成长的根基。区别于将足球视为娱乐活动的游离式球迷，传统球迷是支撑英国庞大足球俱乐部体系存活和繁荣的根基。正因为此，即使是一支征战业余联赛的英国球会也很有可能拥有悠久的历史和忠实的球迷群体。对于商业化水平不断被推高的中国足球而言，如何在球迷、俱乐部和城市之间形成有效而稳固的地方认同是我国足球事业能否持续、良性和正确发展的重要因素，英国的球迷文化和球迷地方认同形成过程无疑对我国足球文化的发展具有现实的借鉴意义。

4 现代传媒视域下足球
球迷群体发展趋势

自从德国社会学家滕尼斯引入"社区"这一概念后，社区研究逐渐引起社会学家和其他社会科学领域的关注。近代社会和经济的发展与变迁促进了社区概念内涵和外延的不断丰富，也使得社会学、哲学、宗教及政治学等范畴的理论与实践研究对"社区"的理解始终处于一种变动和发展之中。桑德斯从地域、心理和行动三个维度对社区进概念进行了界定❶。台湾学者徐震年在桑德斯理论基础之上，根据社区本身的变迁以及社区研究的历史演进，对社区内涵进行了梳理❷。贺志峰以变动性为视角认为社区应该包括：以地域为基础，更强调共同特性的"社区"和以潜在兴趣为基础，更强调行为者暂时性结合的"社区"两个方向❸。Bauman（2002）和Cohen（1985）针对现代社会的流动性分别提出了衣帽间式社区和象征性社区❹❺。一系列对社区的研究显示现代社会的社区内涵正在由地域性、文化性、历史性向虚拟性、符号性和临时性发展。本研究从社区概念和现实演变角度对现代足球球迷群体进行探究，从而为我国足球球迷群体发展提供借鉴意义。

4.1 以地域为基础的社区与足球球迷群体关系

4.1.1 以地域为基础，强调共性的社区

滕尼斯的社区突出了基于地方的文化和归属心理联结，这种社区更接近于传统乡村社会社区。吴文藻认为滕尼斯在使用"社区"一词时虽然没有提及地域特征，但是他将社区降至社会之下，就已经具有了地域意义❻。徐震年将社区界定为地域性社区和功能性社区综合体。地域性社区根植于地理区域界定，功能性社区则突出在问题、兴趣和利益等方面的共同点。

❶ Sanders I T. Theories of Community Development[J]. Rural Sociology，1958，23（1）：1.
❷ 徐震年. 徐震教授论社区工作 [M]. 台北：松慧出版，2007：1–6.
❸ 贺志峰. 社会工作学视野下的社区内涵探析 [J]. 社会工作，2012（11）：61–63.
❹ Bauman，Z. *Liquid Modernity* [M]. Cambridge：Polity，2000：199–201.
❺ Cohen，A. *The Symbolic Construction of Community* [M]. London：Tavistock，1985：19–22.
❻ 董长弟. 吴文藻社区研究思想及其现实启示 [J]. 齐齐哈尔大学学报（哲学社会科学版），2008（4）：69–71.

4.1.2 地域性和功能性社区综合体下的球迷社区

4.1.2.1 地域性社区与球迷群体

整个欧洲存在着近百个历史达到百年以上的俱乐部，它们的诞生、发展、波折和复兴过程都与所在地方和社区之间有根深蒂固的关联，更有学者将球迷社区与地缘社区等同对待。球迷社区的"地域性"特征表现在两个方面。第一，通常足球俱乐部在建立时都会选择将所在地方或社区名称加入俱乐部名称中。这种情况英国仍然随处可见。第二，英国历史悠久的足球俱乐部建立的背后都有教会和公学等社会组织的支持，而这些组织又具有很强的地域特征。

4.1.2.2 功能性社区与球迷群体

功能性社区突出的是文化和心理层面共性，指具有相同问题、共同倾向或相近背景的社群。社区不仅仅是一种地域空间单元，更是一种社会关系网和集体认同的单元。19世纪下半叶，英国出现面积巨大和人口众多的城市，在这样的社会中，个体始终都要面对不稳定性与不确定性的威胁，持久和延续似乎随时都有可能被打破，让人们缺乏安全感。这种突然到来的城市生活让人们亟须寻找到能够体现共同认同感的事物，获得一种新的情感"纽带"，于是足球逐渐成为城市娱乐生活的焦点。从1888年参加第一支足球联赛的球队就可以看出这一点，参加比赛的球队中有10支都是来自人口超过80000人的大城市，大城市居民希望通过足球比赛使这个城市充满集体的认同和纽带。

4.1.2.3 地域性社区和功能性社区关系的变化

1930年前后，球迷群体的地域性特征开始呈现出降低发展的趋势，他们不再仅局限于俱乐部所在社区，而是扩展到相对更大区域。这种泛地域性球迷群体的发展在20世纪50年代后开始加强，这种趋势程度的变化主要源于两种社会发展趋势。第一，欧洲社会结构的变化。20世纪后，由于传统制造业的衰退和合并，以往以工业为基础的社区聚集区开始萎缩，大量社区人口外迁，来自非洲和亚洲等地的移民迁入社区，社区人群呈现了显著的变化，不再是"单一"白种人聚居地[1]。带来的影响是以往依托于社区单一白种人发展的俱乐部面临着新的多样化人群。也因此，俱乐部肩负的社会责任之一为促进社区多种族人群的融合。第二，随着交通和资讯的发展，球迷的时空限制逐渐减少，有更多机会和便利可以选择更远地点的球会作为自己支持的对象。在这两大社会发展因素的作用下，众多球迷开始突破时空限制，找寻更符合自己的球队作为支持球队。

4.1.2.4 地域性和功能性社区关系变化下的球迷群体发展

尽管球迷的地域性特征出现了降低趋势，但英国足球俱乐部的发展还是非常依赖于国内的球迷，俱乐部的政策、运营根基依然是建立在地域性和功能性社区基础之上的[2]。俱乐部球场周边地区和所在城镇球迷是主要人群，更大地域以外的球迷人数正在缓慢增加。近

❶ Taylor, N. Giving something back: can football clubs and their communities co–exist？ In S. Wagg（Ed.），British Football and Social Exclusion [M]. Oxon: Routledge，2004：47–66.
❷ 王胜，张勇，梁斌. 英国球迷群体认同多元化发展研究 [J]. 广州体育学院学报，2016，36（4）：26–29.

几年英超各支球队辐射的地域广度在不断增加，2007~2008 年，英超俱乐部现场观赛球迷分布在平均为 49 英里的范围内，这一数字在 2006~2007 年和 2005~2006 年分别为 45 和 47 英里。在所有英超现场球迷观众中，有接近五分之一的观众来自于 100 英里以外的区域。在所有的英超俱乐部中，利物浦和曼联是球迷来源地域最为广泛的两家俱乐部，分别达到了 82 和 78 英里（见图 4-1）●。2017 年调查结果表明，51.4% 的现场观众来自于 15 英里以内，8.7% 的现场观众来自于 200 英里以外。在赛季现场观赛超过 15 场的观众中，只有 2% 的观众来自于 200 英里以外，在定期观赛的观众中，有 64.5% 来自 15 英里以内●。而 2017 年英国每日电讯报根据 google trend 数据对英超球会球迷分布进行了分析。其中，曼联俱乐部在过去十几年的优秀表现让它成为一个基于曼彻斯特城，但却获得整个英国广大球迷支持的俱乐部。阿森纳俱乐部的球迷则主要集中在伦敦，并且在英格兰地区获得了广泛支持。同曼联相似，利物浦俱乐部的成功让它成为基于默西河畔都市郡，同时获得英国广大球迷支持的俱乐部。切尔西俱乐部的球迷主要分布在伦敦地区，特别是东南部地区●。因此，对于大多数英国俱乐部而言，在来源地域不断扩展的情况下，球迷群体的主体仍然植根于各个俱乐部所代表的地区。

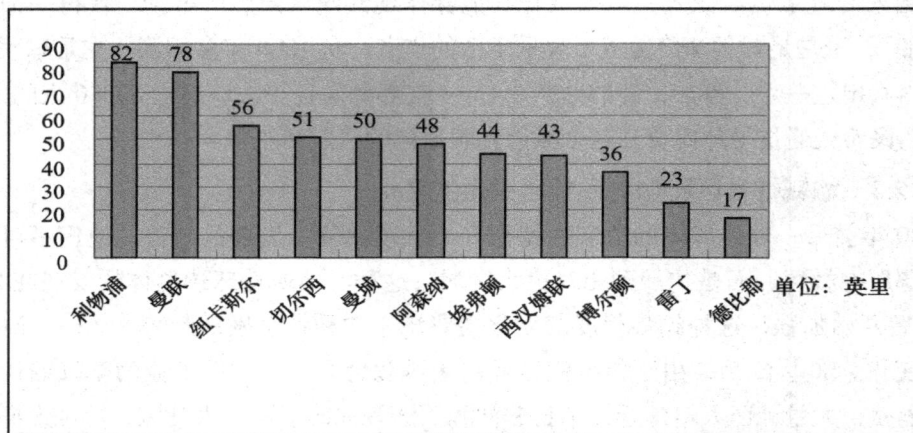

图 4-1　2007—2008 赛季英超俱乐部地域性球迷分布范围

4.2　以潜在兴趣为基础的社区与足球球迷群体关系

4.2.1　以兴趣为基础，更强调行为暂时性的社区

由于地域具有人们能够直接感受物理特性，而纽带关系、认同感或归属感等心理现象

● Premier League. National Fan Survey Report 2007/2008 [EB/OL]. http：//www.premierleague.com/ content/dam/premierleague/site—content/News/publications/fan—surveys/national—fan—survey—2007—08.pdf.
● Premier League. National Fan Survey Report 2016/2017 [EB/OL]. http：//www.premierleague.com/ content/dam/premierleague/site—content/News/publications/fan—surveys/national—fan—survey—2016—17.pdf.
● The Telegragh.Every Premier League club's fans mapped – how local is your team's support？ [EB/OL]. https：// www.telegraph.co.uk/football/2017/08/17/every—premier—league—clubs—fans—mapped—local—teams—support/chelsea—fans/.

需要找到锚点才能外显，因此，地域空间成为社区界定的前提条件。但是，现代社会发展带来的产业化、信息化推动了社会和人群在空间上的变迁，原来的地域性社区已经无法反映人们的共同关系与认同，而虚拟社区在人们的日常生活中变得更为重要。鲍曼提出了"衣帽间式的社区"，在这种社区中，需要场所或舞台来进行展示，吸引并激发本来不相联系个体的潜在的兴趣，并成功凭借该种兴趣将人群聚集在一起。这种兴趣社会为人们带来了心理的庇护，暂时逃离现实烦恼❶。

Cohen 提出的"象征性社区"概念则进一步弱化了社区"地域性"，认为应该更多地用"象征性"特征对"社区"的边界进行界定。Cohen 认为人们通过象征性的行为来完成自己的仪式，并据此将自己归属为不同的群体。同时 Cohen 认为他们之间的这种符号并非固定的、先验性的，相反，是会不断地被解释和构建，从而导致群体内行为的不断变化。在这样的社会中，关系与归属的重要性更甚于地域或空间。这一观点与鲍曼保持一致，即人类社会的"液态化"是从一开始就启动了的。

4.2.2　液态社区下的球迷群体

进入现代社会，尽管仍然呈现为临时性的状态，但是接连不断的、各种各样的"液态"逐步成为人们生活和行为的常态。特纳对各种仪式中的"阈限"与"交融"时刻的"脱离常规"进行了分析。并强调了在这些过程中人们短暂"同质化"和"共享时刻"的出现❷。Smith 和 Ingahm（2003）以特纳理论分析了球迷群体，认为处于比赛观赛现场的球迷行为呈现出"非寻常"的行为。特别是在狂欢时，主队球迷陷入"无差异"状态，来自不同群体的球迷瞬间统一在了"足球符号"之下❸。而且，信息时代的加速到来也更加提升液态球迷群体的聚合速度和频率。虽然很多球迷无法亲临自己支持球队的主场，但是信息渠道提供的各种虚拟论坛等让他们依然可以实现认同群体的集聚。这些虚拟社区活动中，大批球迷群体的聚集已经脱离了地域的限制，黏合他们的是兴趣，在这种社区活动中，个人的社会性差异，如民族、文化和阶层的区别逐渐被消融。例如，2015 年 11 月 21 日，亚冠联赛决赛第二回合比赛在天河体育场举行，比赛当日，无数异地的恒大球迷或聚集在酒吧或在网络进行社区活动，观看着比赛，为恒大最终夺冠狂欢。

4.2.3　液态社区下球迷群体的心理与行为机制

迅猛发展的社交媒体成为人们投身俱乐部各种活动的平台。社交媒体使动态的、不受时间空间限制的、大群体之间的、接近于现实的交流活动越发频繁。基于关注人群的庞大，体育成为人群线上平台交流最突出的市场和产业。而且鉴于社交媒体的包容性，其可以容纳不同种族、社会、经济和教育多样性。Vale 和 Fernandes（2018）针对足球球迷动

❶　Bauman. liquid modernity and dilemmas of development[J]. *Thesis Eleven*，2005，83（1）：61–77.
❷　冉雅璇，卫海英，李清，等. 心理学视角下的人类仪式：一种意义深远的重复动作 [J]. 心理科学进展，2017，26（1）：169–179.
❸　Smith J.& A. Ingahm. On the Waterfront：Retrospectives on the Relationship Between Sport and Communities[J]. *Sociology of Sport Journal*，2003（4）：252–274.

机需求与社交媒体上活跃性之间的关系论证了液态社区下球迷群体的心理与行为机制（见图 4-2 和表 4-1）。其中，球迷对球队的普通型支持——消费性行为如观看视频和图片等，与球迷的信息获取动机关系最显著，也与社会互动和品牌青睐具有一定的动机关系。球迷对球队的积极性支持行动，如在网上参与对俱乐部建设和发展的谈论，以及积极在俱乐部社交媒体上发表看法，提出建议等。这些行为主要受到心理激励和社会互动的动机影响。球迷对球队最具创造性的支持行动，如原创性的视频剪辑与创造等，这些行为受到更多动机因素的影响，包括自我认同、社会交往、心理激励、回报期待和品牌热爱[1]。由此可以看出，液态社区下球迷群体的心理与行为之间更加强调兴趣、动机和互动等因素，这与地域性社区下的球迷群体情况有较为显著的差异性。

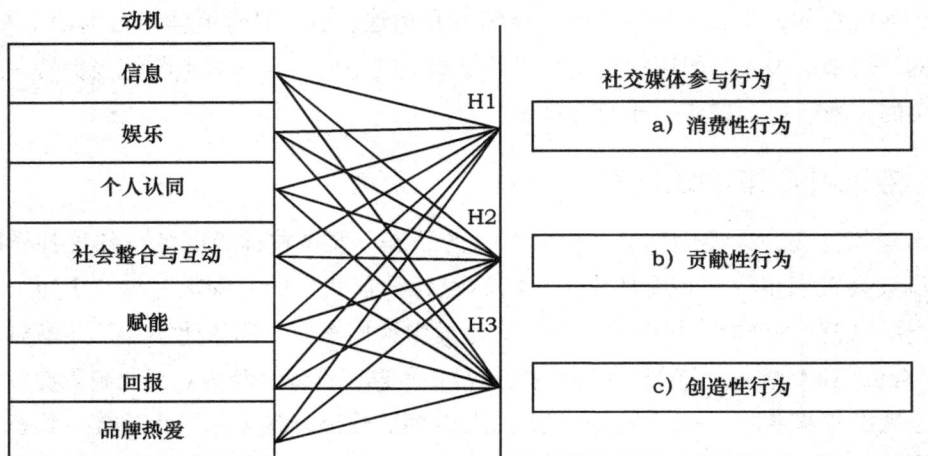

图 4-2　球迷社交媒体参与行为模型

表 4-1　球迷社交媒体参与动机与行为的相关性研究

社交媒体参与动机	消费性行为	贡献性行为	创造性行为
信息	0.433	ns	ns
娱乐	ns	ns	ns
个人认同	ns	ns	0.121
社会整合与互动	0.197	0.250	0.190
赋能	ns	0.397	0.156
回报	ns	0.112	0.156
品牌热爱	0.168	0.079	0.233

---

[1]　Vale L，Fernandes T. Social media and sports：driving fan engagement with football clubs on Facebook[J]. *Journal of Strategic Marketing*，2018，26（1）：37–55.

社交媒体参与动机	消费性行为	贡献性行为	创造性行为
R^2	0.550	0.598	0.497

注：ns 表示不显著。

4.3 足球球迷群体组织区别

4.3.1 以地域性为基础的球迷群体的组织结构

地域性球迷群体联盟是由传统地域性球迷群体组成的。联盟代表长期活跃的球迷群体，这些球迷群体坚持着地缘性的优势和历史的纽带并寻求更多与俱乐部进行双向互动的机会，并且球迷与球迷群体之间也发生了互动。两者之间逐渐形成了强烈的社区足球文化，俱乐部和球迷之间是"血肉和情感"的联结。经过多年与俱乐部的合作和互动，联盟在组织球迷观赛方面形成了非常统一和系统的组织。他们在球迷会员招募、球队季票发布、主场球票代购、客场观赛组织、助威口号、标志和歌曲组织以及球队非卖球迷用品分发等多个方面都从俱乐部获得优先待遇[1]。

4.3.2 以兴趣性为基础的球迷群体的组织结构

以兴趣为基础的，有很强流动性的液态球迷群体与俱乐部的关系更倾向于一种"象征性"关系，这些球迷更像是散布在世界各地的小群体（见图4-3），他们很难有机会现场观看比赛并在比赛中与球队形成双向互动。正是由于地域和文化的缺失导致液态球迷群体更多是因为"兴趣"原因而形成的。不过液态球迷的人数众多，而且越是传统豪门球队获得的液态球迷的支持越多，这也让越来越多的俱乐部开始重视这部分球迷。图4-4显示2010年世界10大豪门俱乐部世界球迷人数和国内球迷人数，从两组数字的对比可以清晰地看出液态球迷是俱乐部球迷的重要组成成分。英超有4家球会位列十大球迷青睐俱乐部，包括曼联、切尔西、利物浦和阿森纳俱乐部[2]。这些液态球迷让俱乐部的电视转播、广告和冠名权收入稳步而快速地增长，因此被称为"俱乐部发展和扩张的最重要引擎"。但是俱乐部与液态球迷之间的关系是松散的，这部分球迷对球队的兴趣更多的是源于球队战绩和球队中的球星，现代全球化背景下的球迷更像是媒体勾画出的虚拟足球世界中的"追星族"，导致以广播电视为首的媒体带来球迷"数量"激增的同时，也不可避免地引起了球迷"质量"的下降。因此，地域性球迷群体联盟是俱乐部球迷群体中"质"的体现，而流动性的球迷群体则是"量"的体现。

[1] Zagnoli P., Radicchi E. The Football Fan Community as a Determinant Stakeholder in Value co-Creation[J]. *Physical Culture and Sport Studies and Research*, 2011（11）：1532–1551.
[2] Sport+Market.Sport+Market Top 20 2010[EB/OL]. http：//www.play the game.org/uploads/media/20100909_SPORT_MARKT_Football_Top_20_2010_Abstract_Press.pdf.

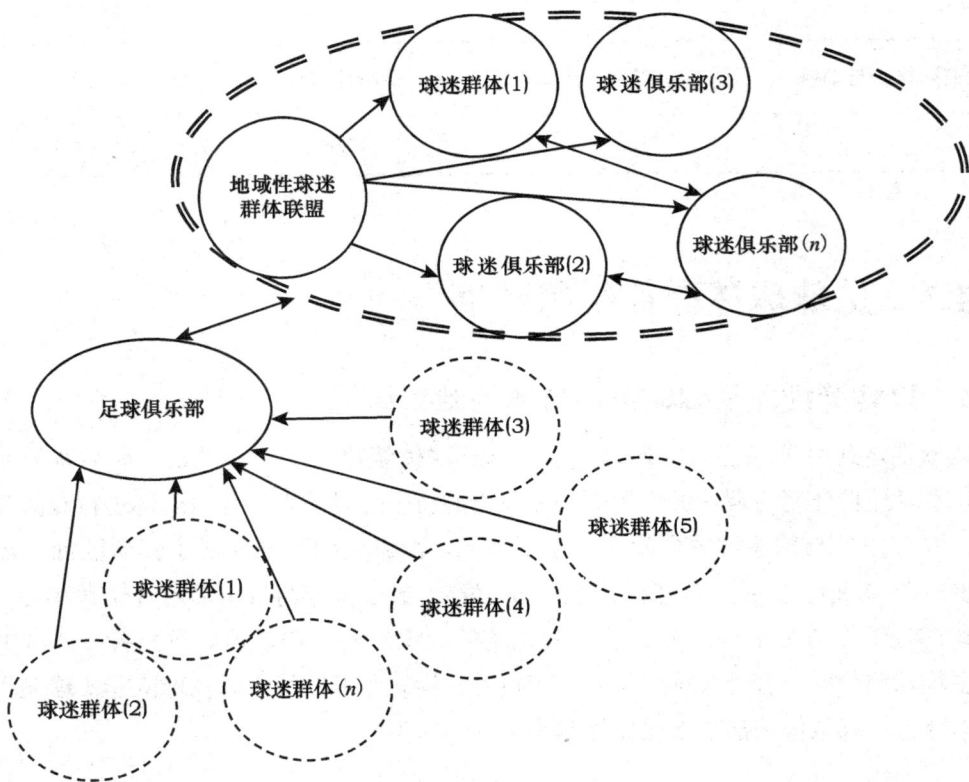

图 4-3 英超联赛两大不同球迷群体组织结构

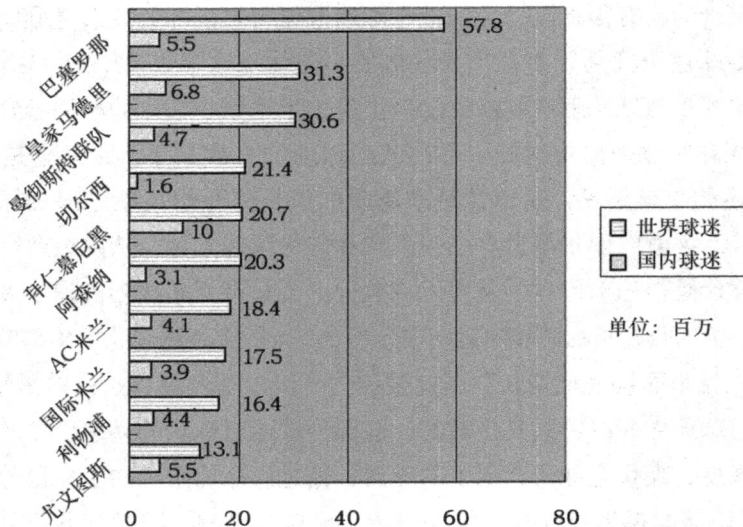

图 4-4 十大职业足球俱乐部世界和国内球迷人数对比

4.4 足球球迷群体发展效益

作为现代足球的发源地,英国足球球迷群体的形成历史具有明显的地域性和文化性特征。但是，越来越多的以兴趣为基础，象征性行为为代表的流动性球迷群体出现。球迷群体的多样化带来了俱乐部与球迷之间的不同关系，也影响着俱乐部所秉承的经营策略。对于处于职业化运作初期阶段的中国职业足球，社区内涵视野下的英国球迷群体研究具有一定的意义。

首先，英国足球的发展是建立在以地域性和历史性为基础的球迷群体之上的。俱乐部所在地区的社区居民为俱乐部发展提供了财力和人力的支持，是俱乐部初期运行并逐渐成长的最为基础的支持人群。2004~2018 年英超三大收入来源显示，由球迷贡献的门票、纪念品和其他收入一直都稳定地占据着四分之一的收入份额。因此，从英国球迷群体发展历史的角度看，我国职业足球俱乐部改革是在缺失传统球迷群体文化下的商业运作。俱乐部和球迷之间因此缺乏历史性的、心理性的和结构性的沟通和合作，导致了球迷与俱乐部之间的黏合性不强，难以形成保证俱乐部发展最为基础的地域性球迷群体。因此，成功营造百年足球俱乐部重要基础之一需要在俱乐部所在地的社区或地区中形成坚实的忠诚球迷，为俱乐部发展提供相当数量的、长期的和可靠的球迷群体。

其次，随着信息业不断发展，来自全球各地的粉丝群体对足球俱乐部发展的影响将不断扩大。这意味着，根植于社区的足球俱乐部必须将液态球迷群体作为重要的关注群体。这部分群体人数会随着球队成绩的不断攀升而快速增加，并成为为俱乐部注入商业受益的重要引擎。而且，他们的快速增长也是联赛进一步与包括广播、电视上的众多利益相关方进行讨价还价的基础。从俱乐部经营战略看，保证液态球迷稳定和持续的发展状态的最直接方法就是在比赛战绩和球星引进上做足功课。

4.5 结论

基利安洛迪（2002）把球迷划分成了传统/商业化和热情/冷静四个维度，我们以此为基础，可以更清晰、立体地研究分析足球俱乐部的发展和俱乐部与球迷之间的关系发展。球迷支持社区俱乐部的近百年发展历程是英国社区足球的发展历史，同时也是英国足球开启超商业化发展模式的基础。英国足球是一点一点发展起来的。英国最开始的足球是朋友间组织的小团体，活跃在社区周围的公园里，一般规模较小，被人们称为"业余俱乐部"。其中的一部分俱乐部不断发展扩大，朝着职业化方向发展。虽然有一部分俱乐部由社区业余俱乐部发展成了职业化的俱乐部，但是以小团体形式存在的俱乐部在数量上依旧远远多于职业足球团体。俱乐部为球迷们提供了一个宛若大家庭般温暖的环境，让球迷们产生了强烈的归属感，支持者就此产生。支持者球迷与俱乐部之间形成了守望相助的关系，支持者在俱乐部大发展过程中不断地注入新的活力，促进俱乐部的良好发展；而俱乐部则给予支持者一个承载感情的载体，让支持者在团体中获得认同感和归属感。俱乐部在向好发展的过程中，慢慢地收获了追随者、粉丝和游荡者的关注。支持者不仅是社区俱乐部发展的活力，同时也是英国足球可以稳定发展的基础。正因为有了社区足球的支持者，才有了众多的社区足球，而英超球会则是从众多社区足球中脱颖而出的、具有超强实力的球会。

许多国家的职业足球改革都沿用了英国足球的模式，中国也不例外，但是这种一味地模仿却忽视了英国足球具有浑厚的历史文化底蕴。我国的职业足球改革缺乏相应的球迷群体的历史文化背景，球迷与俱乐部之间缺乏沟通交流，地缘性也不强，很难像英国俱乐部与球迷之间那样形成紧密的联系。如果我国职业足球的发展脱离于群众，脱离于球迷，球迷缺乏对俱乐部的认同，俱乐部的发展则成为无源之水、无本之木，很难进行长足的发展。所以，假若我国的职业足球想要得到稳定的、跨越性的发展，需要重点关注社区发展足球文化，积极鼓励和培养社区足球人才，并且为发展足球提供更多的资金和政策保障，将足球发展成人民的足球，扩大足球的影响范围，最终实现足球俱乐部的公共价值和商业价值。

第二部分
足球球迷文化共性研究

5 从地方、地域到国家：多重嵌套下足球球迷国家认同理论、模型与实现

中华人民共和国成立以来，特别是改革开放以来，中国体育不断释放发展潜势，随着我国从体育大国向体育强国的迈进，体育活动逐步深度融入社会各主要领域。体育在经济、政治和社会发展中持续而深入地发挥作用让中国体育的地位和作用得到前所未有的重视，也让中国体育发展与国家和民族发展密切联系。诸如体育与国家、社会、文化和国际影响力等一系列挑战性的新问题的背后都与认同相关。我们要以新的视野和高度把握体育与国家认同的关系，从而把握"体育强"与"中国强"的关系并推动我国强国战略中的作用与路径发展。

5.1 建构主义理论下的足球球迷多重集体身份认同

自 20 世纪 70 年代以来，Tajfel 等人提出社会认同理论。身份认同一直都是人文社会科学热点话题之一。随着研究的深入，学者对身份认同的理解也经历了一系列演变。社会学、心理学家等方面的学者更加倾向于身份认同的本质主义观点。随着传播学和语用学等学科的兴起以及相关交叉学科的发展，身份认同观点以社会建构主义理论为基础，出现了一些革新（Brewer 和 Gardner，1996[1]；陈新仁，2013[2]；佐斌，温芳芳，2017[3]），其主要观点为认同未必一定是事先给定的，可能是在个人或群体间的交际互动中建构和重构的。认同的形成并不意味着一成不变，可能会随着动态交际互动情景被影响、塑造或变更。

个体从一出生就具备了包括国籍、种族和性别等集体身份特征，并且在社会化过程中，通常承担和扮演了多重角色。特别是进入现代社会后，全球化带来的社会分工和个体流动性让人们必须同时拥有多个个人或集体身份才能顺利适应社会生活。建构主义认为集体身份认同并不是个人认同的简单认知建构，而是建立在共同态度、价值观和经历之上的特定集体认同。集体认同的变化意味着两个方面的变化：个体与其被认定团队成员身份变化和由个人界定的特质或价值观的变化。Brewer（2011）认为在人们保持较高水平的对特定集体认同的基础之上，集体认同是动态变化和发展。而动机在这个动态趋势中起到了重要作用。归结起来，也就是 Brewer 的最优差别理论（Optimal Distinctiveness Theory），认

❶ Brewer M B, Gardner W. Who is this "We"？ Levels of collective identity and self representations[J]. *Journal of personality and social psychology*，1996，71（1）：83.
❷ 陈新仁. 语用身份：动态选择与话语建构 [J]. 外语研究，2013（4）：27–32.
❸ 佐斌，温芳芳. 当代中国人的文化认同 [J]. 中国科学院院刊，2017，32（2）：175–187.

为人天生便具有两种相反的需要：包容需要和差别需要 ❶。球迷集体认同满足了球迷包容的需要，同时球迷总希望自己区别于他人满足自己群体特征化的需要。最优差别理论试图协调这两种动机之间的平衡作用，群内成员之间的吸引和群外成员的排斥呈现一种动态表现。球迷群体成员之间的吸引性越来越强，也就意味着对其他球队球迷群体的排斥性被进一步激活。相反地，当球迷群体成员之间的吸引性逐渐降低，对其他球队球迷的排斥性也就降低，原有的异化现象就可能向同化方向发展。因此，包容和排斥的动机会根据情景满足认同与排斥需要，包容由组内归属感实现，排斥由组内和组外的差异实现。为了能够实现这一过程，球迷个体选择的集体应该对他有两种方向的意义：实现组内球迷成员获得更大集体包容的意愿，实现对其他球迷集体排斥的意愿。而包容和排斥之间的均势是通过对出现最优偏差时的校正来实现的。无论是包容动机还是差异动机被剥夺时，特定的社会认同将被接入以实现新的最优化区别。Brewer 的最优偏差理论主张通过采取特定的集体身份认同来实现满足包容与排斥这对矛盾的统一需要。随着全球化和欧洲一体化发展，多重集体认同的存在、功能及机制受到了关注。特别是欧洲学者在个人多重认同形成了较为一致的认可。因此，不能再如以往一样，以零和的方式或思维来思考如地方、地域和国家等的认同，如果以零和的思维来思考，就会出现对社区和地方的认同而降低对国家的认同。

政治调查数据与社会心理学实验都显示大多数拥有强烈国家认同的欧洲人，也同样对自己的欧洲人身份持积极观点。"国家认同优先，但欧洲认同也重要"这样的认同状态在很多欧洲国家公民身上并未出现矛盾。总之，大多数欧洲公民认同他们的地域与国家社区身份，同时也接受欧洲公民身份，欧洲公民身份包含着文化和历史的空间认同，也包括着政治实体的认同。在足球球迷领域这种多重集体认同表现尤其明显。对于绝大多数球迷而言，既是自己所在社区球队的球迷，又是所在城市的球迷，更是自己祖国国家队的球迷。同时还包括各种历史、社会和政治带来的个人或集体身份。Roccas 和 Brewer（2002）归纳认为个体的集体身份包括国家、民族、性别、职业、宗教、政党派别和社会经济地位等 4~7 种 ❷。例如，一名中国男足的球迷，可能同时是广告公司的设计工作人员、一所 985 高校毕业的设计专业毕业生、中国龙之队球迷会的一员以及一支中超球队的球迷等。无论是个人身份还是集体身份，这名球迷多重身份通常情况下不会在某一时刻同时凸显，而是根据情景、动机等因素一个或组合式地出现。

5.2　体育多重认同研究

整个世界经历着一对矛盾体的变化："全球化"和"全球在地化"，地方局面面临着更加全球化的生活方式，其认同结构也不再局限在当地和本国。Kaplan 和 Herb 强调在我们谈论国家认同时要关注其层层递进发展的状态。而不是将国家认同视为是固定的，这会让

---

❶　Brewer M B. Optimal distinctiveness theory: Its history and development[J]. *Handbook of theories of social psychology*，2011（2）：81.

❷　Roccas S，Brewer M B. Social identity complexity[J]. *Personality and Social Psychology Review*，2002，6（2）：88–106.

"国家认同"成为地方情结和全球化倾向连续体中的一点。他们的理论体系中，第一过程是以强化领土内的内部凝聚力和认同依恋为目的的"强化巩固"过程；第二个过程是以超越原有边界限制容纳多重领域为目的的"扩大"阶段；第三个阶段是以如何将各有不同或分散的因素结合起来，形成更加完整的国家认同为目的的"连接"阶段❶。体育活动在这种认同发展过程中的作用获得了全方位的研究。

首先，是对体育活动与国家认同关系的研究。Maguire 和 Poulton（1999）对公共形象和符号如何激发个体与国家之间的情感关系，特别是在国际大型体育赛事中的作用进行了强调❷。Vincent（2010）解释了集体记忆和想象社区创发性的经历如何创造我和我们之间的情感纽带。这些我和我们的记忆和情感联结赋能大家共享公共事务，同时也成功地将我们和他们区分开来。这是形成国家认同的基础。媒体在报道中体现了"媒体爱国情结"，通过在媒体使用个人性的名词，创设出对我们国家公共形象的支持❸。因此，媒体对大型国家体育赛事的报道凸显和加强了作为我们的球迷的习性代码。

其次，在全球化背景下，文化、政治、经济和种族等相互融合，也让当代西方社会学者将如何实现域外移民和域内多种族的国家认同作为研究重点。Spaaij 和 Broerse（2018）强调了在塑造澳大利亚和荷兰的索马里移民国家认同中的作用，将体育视为一种文化实践，通过社区体育俱乐部的形式，促进移民在其原有种族、民族、宗教等文化认同基础之上，形成新的国家认同❹。Rowe（2017）认为现代体育已经成为塑造国家认同的重要介质。通过对澳大利亚体育发展的研究，他认为体育正在将不同种族认同、不同阶层和不同地域的人交织和绑定在一起，形成国家的象征文化❺。Heere（2016）等人通过对 2010 年世界杯观众的调查显示通过增强凝聚力，大型赛事起到了降低种族认同、强化国家认同的作用❻。Stanfill 等人（2017）研究表明移民球迷在世界杯观赛中表现出的一种超国家亲密感，即：他选择支持原有国还是现居国，取决于当时情景对他们认同选择的影响，球员、媒体和球迷群体都会成为影响决定的因素❼。John Harris 和 Wise（2011）针对居住在多美尼加的海地移民调查发现，足球在形成海地移民的社区和地方认同方面起到了重要推动作用❽。Guin-

❶ Kaplan D H，Herb G H. How geography shapes national identities[J]. *National Identities*，2011，13（4）：349–360.

❷ Maguire J，Poulton E K. European identity politics in Euro 96：Invented traditions and national habitus codes[J]. *International review for the sociology of sport*，1999，34（1）：17–29.

❸ Vincent J，Kian E M，Pedersen P M，et al. England expects：English newspapers' narratives about the English football team in the 2006 World Cup[J]. *International Review for the Sociology of Sport*，2010，45（2）：199–223.

❹ Spaaij R，Broerse J. *Sport and the Politics of Belonging*：*The Experiences of Australian and Dutch Somalis*[M]. Places of Privilege. Brill Sense，2018：105–122.

❺ Rowe D. We're all transnational now：sport in dynamic sociocultural environments[J]. *Sport in Society*，2017，20（10）：1470–1484.

❻ Heere B，Walker M，Gibson H，et al. Ethnic identity over national identity：an alternative approach to measure the effect of the World Cup on social cohesion[J]. *Journal of Sport & Tourism*，2016，20（1）：41–56.

❼ Stanfill M，Valdivia A N.（Dis）locating nations in the World Cup：football fandom and the global geopolitics of affect[J]. *Social Identities*，2017，23（1）：104–119.

❽ Harris J，Wise N. Geographies of scale in international Rugby Union[J]. *Geographical Research*，2011，49（4）：375–383.

ness 和 Besnier（2016）通过民族志的研究方式对斐济橄榄球运动与认同之间的关系进行研究。发现尽管部分最好的斐济橄榄球运动员开始选择代表其他国家出赛，但是在他们的认同中仍然拥有对斐济、斐济橄榄球以及斐济橄榄球英雄的认同。同时，全球化、全球在地化与认同之间的关系也是研究的热点之一[1]。Meier 和 Leinwather（2013）通过观众对德国国家队比赛的评分分析提出了"品味多样化"趋势这一观点。指出随着越来越多移民成为德国公民，德国国家队的人员不再单一，而是如整个国家的种族和政治网络一样发生了变化，而作为观众的德国公民对于这种国家队人员多样化的趋势持有一种"品位"的消费者观念，解释了在体育、认同和区分性态度上存在更为复杂的关系[2]。Juventeny（2019）在巴塞罗那足球俱乐部的研究中认为该俱乐部的兴盛是 2003—2014 年，成为加泰罗尼亚民族主义和国家主义兴起的重要因素[3]。Knijnik 和 Spaaij（2017）针对西悉尼地区足球球迷的调查发现，尽管政府推动球迷之间的文化融合，但是全球在地化的影响，让球迷内部认同加深，外部排斥也加深[4]。

5.3　足球球迷多重认同模型

5.3.1　多重认同理论

社会建构主义在多重认同的一个重要假设是多种认同之间的融合，可以将人的政治认同逐层分解为"地方、地域和国家"等层面，同时也包含思想认同和各种社区认同。越来越多的欧洲学者强调国别认同与欧洲认同之间的关系应该是和谐共处、互为你我。社会建构主义学者认为无论是欧洲还是各个欧洲大陆的国家，都可以视为"想象中的共同体"（imagined communities）。作为成员的个体不再是单一的政治身份，而是多重政治身份的拥有者。也就意味着在自己本国认同基础之上，个体有理由拥有一种更加广大而深邃的欧洲认同感，这种"共同的欧洲性"与国别认同的重叠带来的不是相互削弱，而是相互之间的加强和巩固。社会建构主义学者给出了三种具体的模型来假设集体认同的激活呈现出多种组合，所代表的是个体在不同认同之间的选择与组合，是个体主观差异性的情境性体现。以多重认同中的双重认同为例，分别有三种可能的双重集体身份认同。

[1] Guinness, Besnier. Nation, nationalism, and sport: Fijian rugby in the local–global Nexus[J]. *Anthropological Quarterly*, 2016, 89（4）：1109–1141.
[2] Meier H E, Leinwather M. Finally a "taste for diversity"? National identity, consumer discrimination, and the multi–ethnic German National Football Team[J]. *European Sociological Review*, 2013, 29（6）：1201–1213.
[3] Juventeny Berdún S. Much "more than a club": Football Club Barcelona's contribution to the rise of a national consciousness in Catalonia（2003–2014）[J]. *Soccer & Society*, 2019, 20（1）：103–122.
[4] Knijnik J, Spaaij R. No harmony: football fandom and everyday multiculturalism in Western Sydney[J]. *Journal of Intercultural Studies*, 2017, 38（1）：36–53.

5.3.2　足球球迷认同排斥模型

　　图 5-1 代表排斥模型。此模型中，两个圆所表示的是球迷个体的两个完全不同的集体认同，譬如，一名球迷对上海申花的认同或对中国足球国家队的集体认同，与作为一名联合国动物保护组织成员的集体认同，作为个体可能意识足球和动物保护这种社会现象给他带来的两种认同的共存，但是，一般情况下，这两种集体身份认同不会在同一时刻出现，这两个认同之间处于相互独立，甚至在一些情境中互不相容的状态。例如作为一名中国球迷，可能同时也是英格兰代表队的球迷，这两种球迷集体身份认同在同一个球迷身上出现。当两支球队分别比赛时，这个球迷可能会到现场为国家队助威，也可能在世界杯期间亲赴赛场为英格兰队呐喊，也可能通过电视转播和网络视频的方式分别表达自己对两支球队的支持。但是两支球队作为对手进行比赛时，这名球迷就需要在两支球队之间做出选择。爱国主义的动机在这时就会驱使球迷将认同自己作为身着红色龙之队服装的球迷，以与身着白色传统英格兰队球服的球迷之间的差异和区分。如果将对中国国家队球迷身份的集体认同视为认同 A，对英格兰代表队球迷身份的认同视为认同 B，这两种认同分别在各自的情景和动机中实现了吸引与排斥。当认同 A 凸显的时候，所有 A 群体成员都属于 A 群体，B 认同群体与 A 认同群体完全不相关。

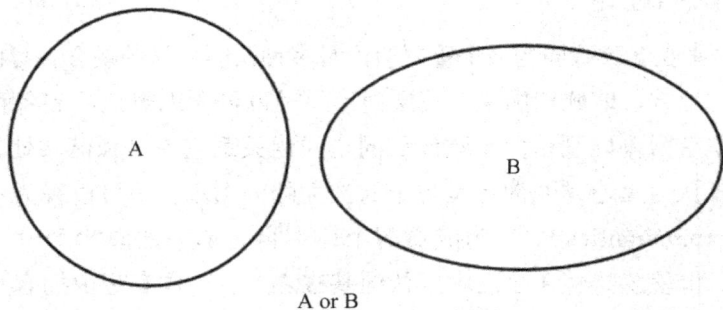

A or B

图 5-1　足球球迷认同排斥模型

5.3.3　足球球迷认同交叉模型

　　当球迷具有两种集体认同时，且这两种认同同时凸显，就会出现双重认同，包括同心圆和交叉两种模型（见图 5-2）。其中交叉模型（the cross-cutting model），这类模型对应复合式认同，持有复合式认同的球迷通常兼具两种集体认同：A 和 B，这是两种集体身份认同的交集，因此并非两个球迷群体中所有成员都拥有这样的符合认同，而只是其中的一部分。在中国，意甲 AC 米兰和英超曼联球队有人数众多的球迷，大部分球迷可能会从两支球队中选择一支作为自己支持的对象，但是，有一部分球迷兼具了 AC 米兰球迷和曼联两支球队的球迷身份。

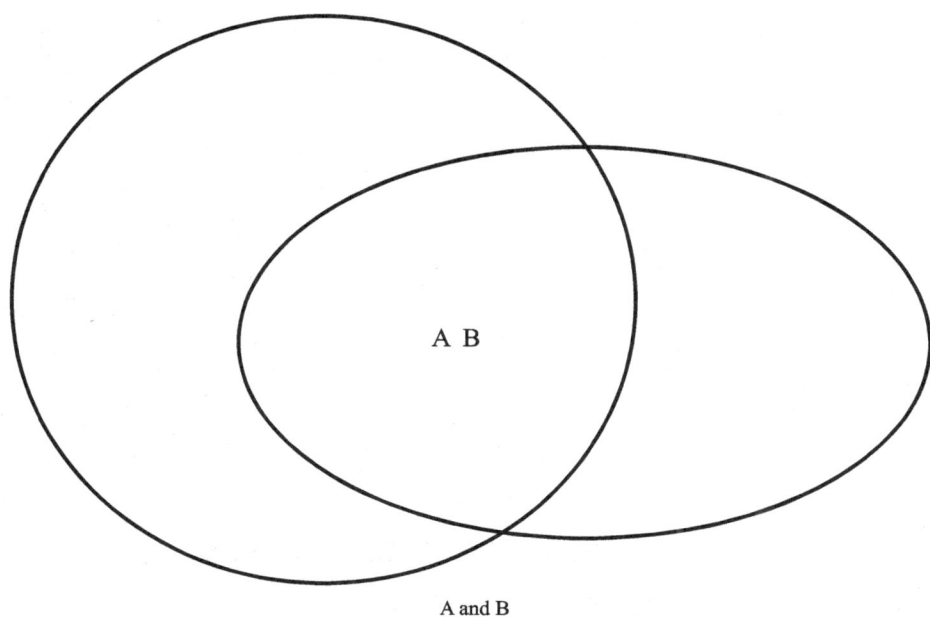

A B

A and B

图 5-2　足球球迷认同交叉模型

5.3.4　足球球迷嵌套认同模型

5.3.4.1　同心圆模型（the concentric circles model）

该模型（见图 5-3）是类似于"俄罗斯套娃"（the Russian doll model）的嵌套式认同，各种层级的认同一环套一环，这类模型属于简单嵌套认同。该模型中，球迷的多重身份是一种相互嵌套和分层的关系，层层与级级之间以一种有序叠加和包含构成。这种模型下的各国球迷对于国家队集体认同 A 处于上级认同地位，地域性足球俱乐部集体认同 B 则是中级认同。当年，中国足球职业化改革之初，四川全兴不仅仅是四川当地球迷的认同对象，还是整个西南，包括重庆、云南和贵州球迷的认同对象。而球迷对地方性足球俱乐部的集体认同 C 则可能处于一个下位认同地位。例如，重庆当代力帆球迷对于自己球队的认同可能就是这个嵌套认同中的下位认同。这三类认同可能的凸显主要以不同情境下的个人动机为主。作为国家队球迷认同的上位集体身份认同运行并实现了最大化的集体吸引功效，使得国家队与中国人之间的身份实现了关联和融合。中位和下位集体身份认同则实现了与来自其他地区的球迷的差异和排斥，如对四川全兴和重庆力帆的认同，就会与北京国安，上海申花等球迷群体的认同相互排斥和对峙。在嵌套认同中，球迷各层次的集体身份的凸显并非存在上位为先、下位为后的关系，而是可能因情况而差异。例如，在国家队比赛时，上位集体认同 A 可能凸显，下位集体认同 B 则是次要，甚至成为隐形认同。但是，当进行各级国内职业联赛时，作为下位集体认同的 B 则凸显，上位集体认同 A 的身份成为背景。

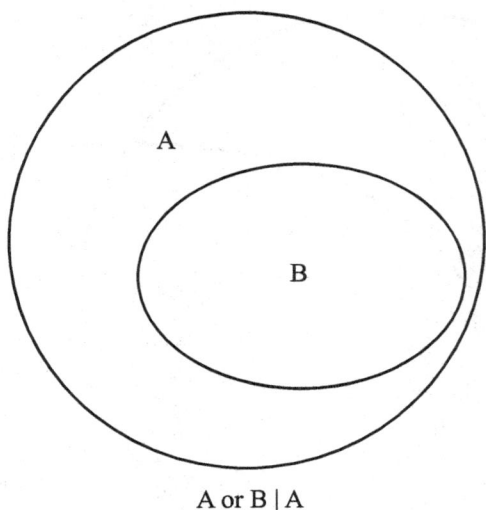

A or B | A

图 5-3　足球球迷认同嵌套认同模型——同心圆模型

5.3.4.2　大理石花纹蛋糕模型（the marble cake model）

这种认同模型就如大理石花纹蛋糕一样呈现相互交叉的状态。球迷个体在同一时间里归属于多个不同的群体，例如，一个中国国家队球迷，既是中国人，又可能具有一定宗教信仰，还可能是某公司职员。可以看出，这一模型实际上是一种各个不同认同之间存在更为复杂关系，同时又存在层层包容的同心圆模型，只是该类模型的各类认同更杂乱地体现。该类模型呈现着一个球迷的多重身份之间形成的各种各样的、间接的互融方式，体现为个体的各种集体身份不能被均匀分层和归类，而是相互混合、互为影响因素的网状结构。这暗示了球迷的民族和国家认同中存在的更为深刻的归属和依恋感，比如，作为中国人的球迷，意识里存在着鲜明的对中国的国家认同和对中华民族的民族认同，而且这种会在其不断的足球观赛、球迷行为等社会互动中被激发、强化、巩固。而且，这种模型暗示着这种国家认同和民族认同是中华人民共和国成立以来我国奉行的各种成功的民族、政治、文化和教育政策的结果。总而言之，该模型较为有利地论证了国家认同和民族认同是如何与宗教、职业、家庭和阶层等身份认同的共存，同时也就避免了需要放弃某一方的尴尬。因此，这些模型的建立使一个共同的中国人身份认同和中华民族身份认同不仅成为可能，更成为一种必然。

5.4　足球球迷多重集体身份认同嵌套模型现实实现

Lock 和 Funk（2016）借用 Brewer 关于社会群体分为集体型和关系型两大类别理论，认为其相对应的认同分别为集体认同和关系认同。集体认同是大的包容性群体（如国家认同、性别和球队等认同），是基于对组内信仰、符号意义及相对应群体特征等的追随。尽管这种集体认同可能会受到成员间互动关系的影响，但是对这种集体认同的生发却主要源于个体及集体成员对集体特点的正向评估。关系认同则不同，主要是基于人际之间的关联，并且对个人概念起到一定作用❶。正如 Prentice 等人（1994）指出的，在关系认同中，关联的强度部分取决于个体之间在多大程度上相知、相亲和相近❷。

　　个人可能会拥有反映个人生活不同方面的多重的集体或关系认同。从更大的范畴看，个人的社会或集体认同提供了一种一致性和稳定性。这些认同有可能不需要出现相互作用。例如，作为一个工人集体成员的个人，其家庭和朋友身份完全可以与之无关。一个有消费能力和意愿的球迷有可能以联合的方式（如既是学生又是球迷）或层级的方式（如球队认同和次级集体认同）。图 5-4 中呈现了三个层次。最大的环代表上位集体认同：对于球迷而言，最具抽象象征意义认同对象（球队、品牌、组织和国家等）。从俱乐部角度看，作为上位认同对象的俱乐部对应的本球队所有的球迷成员。因此，它是整个框架里最具包容性的层级。次级群体包含在上位群体中，是球队球迷的次级组成部分。相关研究显示次级群体从外部群体汲取思想并与之互动。最低一层的包容层次是关联性群体，包括朋友、家庭、工友等范畴群体。图 5-4 显示了三类群体。环 A 代表着外部社会化，通过将上位群体以外的人内化为上位认同、次级认同、上位与次级认同。B 环标识次级群体关系，是与次级认同群体拥有共同成员特征的关联群体。环 C 则为拥有与上位群体认同一样的认同。各个环的虚线形式标识表明每一个群体认同都是动态的，边界具有渗透性。因此，个体可能会在不同的认同层级间转换以满足不同的社会需求。虚线还代表群体的大小、类型和结构都会随着时间而起伏和变化。新成员会加入或一个关系群体成为一个特色鲜明的子群。例如，某个曼联球迷身着红色主队队服观赛，与他一同前来的是身着同样曼联球服的，作为关联群体成员的朋友。这些随行的朋友，有可能因为这次经历而成为上位群体或子群体，实现了三层次群体的转换。同时，在上位群体和子群体之间也可能发生变化。例如国安球迷，因为对"御林军"球迷会忠诚信念、助威文化和非商业理念等的认同而从上位球迷群体加入御林军子群体，反之亦然。Jim O'Brien（2017）从西班牙国家足球队首夺南非世界杯的事件研究了西班牙民众的国家认同感。结果显示，地方自治以及民族主义给西班牙带来各种层次的地方认同、民族认同以及文化认同，这种认同之间的冲突与激化甚至影响了西班牙作为国家的统一。但是西班牙国家队在南非约翰内斯堡的夺冠成为融合多重认同，形成共同认同的符号与仪式。这场胜利使在地方、地区和国家各个层面上长期根深蒂固存在的矛盾得到缓解，从而在一定程度上使已成为焦点的西班牙国内关于民族和种族的认同争论得到平息❸。

❶ Lock D J，Funk D C. The multiple in–group identity framework[J]. *Sport Management Review*，2016，19（2）：85–96.

❷ Prentice D A， Miller D T， Lightdale J R. Asymmetries in attachments to groups and to their members：Distinguishing between common–identity and common–bond groups[J]. *Personality and Social Psychology Bulletin*， 1994， 20（5）：484–493.

❸ O'Brien J. *In the Shadow of the State*：*The National Team and the Politics of National Identity in Spain*[M]. Football and the Boundaries of History. Palgrave Macmillan，New York，2017：73–97.

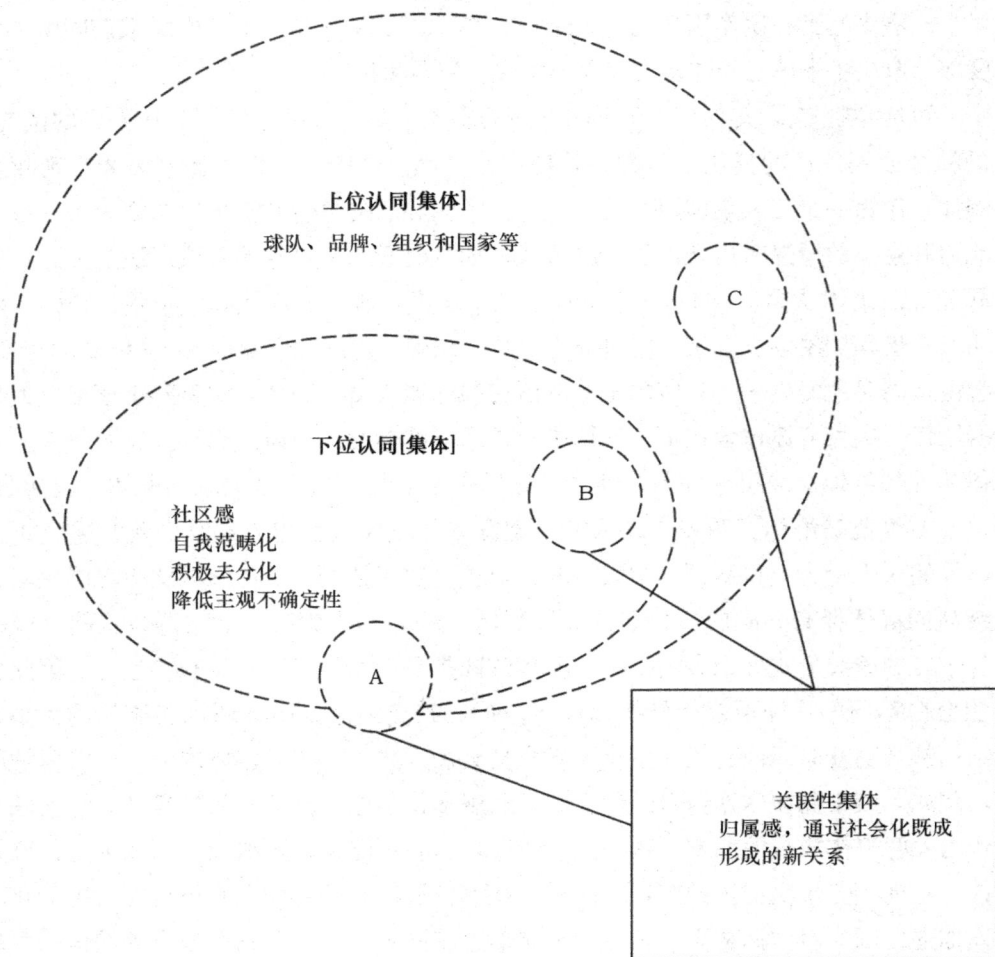

上位认同[集体]

球队、品牌、组织和国家等

C

下位认同[集体]

社区感
自我范畴化
积极去分化
降低主观不确定性

B

A

关联性集体
归属感，通过社会化既成
形成的新关系

图 5-4 不同层次集体认同关系

5.5 结论

　　球迷的认同具有多重嵌套性，各种认同之间是一种相互嵌套和分层的关系，各层级是一种有序叠加和包含的关系，并且在特定的情境中凸显某一层关系。其中，球迷的民族和国家认同中存在的更为深刻的归属和依恋感。中国作为后发的现代化国家，一直强调中华民族的国族建构与中华人民共和国的国家建构并重。特别是，随着国家经济等方面的发展，我国体育发展中心由过去向促进国家建构倾斜，转向促进国族建构和国家建构并重，体现在现实发展中就是"强国体育"与"强民体育"的并行发展，从而通过体育推动中华民族的国民现代化。足球被作为党和政府以及全社会关注的项目，在这一历史进程中的作用是其他体育项目无法取代的。因此，需要通过足球项目，传递、衔接、促进和巩固各种认同的发展和融合，促进中华民族的国族认同、国族文化的整合与创新、国族的社会整合及培养国民的现代意识。

6　足球球迷集体认同内外辩证互动
——基于看台文化的象征建构

近年来，足球不再被视为一种简单的体育活动，而是成为社会学、管理学、经济学和人类学等学科研究的人类文化活动。其中，集体身份认同成为各个学科探究足球球迷现象的共同的、重要的理论。学者从表现形式和仪式展现等方向对球迷文化"固态"特征的分析有效地推动了理论和实践发展。但是，随着研究的深入，球迷文化"液态"图景的重要性越来越突出。球迷群体群际冲突是一个动态的过程。如何理解这一过程中不同球迷群体的认同对抗？如何理解个体认同的异质性被集体认同的同质性所覆盖？这些问题的有效分析将为理解集体认同与球迷群体关系提供更深层次理论。本文将球迷文化作为探究人类社会关系的重要内容，以集体认同内外辩证互动关系解构球迷看台文化，分析球迷群体如何通过象征建构实现集体认同对个人认同的包裹以及主客队球迷群体的对抗、互动和协商，以期为我国球迷文化的健康发展，为足球文化的超体育发展，为社会主义核心价值在球迷群体中的传播提供一定的借鉴。

6.1　认同理论

6.1.1　认同释义

自 20 世纪 90 年代起，认同被视为知识讨论的一个统一架构，成为包括社会学、人类学、管理学和哲学等多个学科在内的重要议题。根据《牛津英语字典》可以溯源至拉丁字源（identitas，源自 idem，意思是相同）及其所涵盖的两种基本意义：①绝对同一，即这个和那个等同。②一致性或连续性，是具有时间跨度的独特状态。詹金斯认为可以从两个方面接近"同一"这个概念，一方面是类同，另一方面是差异 ❶。因为，认同实际上在人或事物之间确定了这两种可能的比较关系，人与人之间的类同与差异意涵了他们彼此之间认同。在人类社会极度多样的形式里，类同和差异两者都是内在与外在发展的大原则，在类同与差异的辩证互动中，认同不再是一种静止的状态，而是被接受为过程，理解为存有或流变。

❶　詹金斯，王志弘.社会认同 [M].许妍飞，译.台北：巨流出版社，2014：5.

6.1.2 集体认同内在与外在辩证关系

认同有个体认同与集体认同之分，两者皆存在内在与外在的辩证关系。对于集体认同辩证关系的认识主要源自对主我和客我辩证关系的认识。主客我辩证关系经由库利（Cooley）和米德（Mead）的原创贡献，源自美国实用主义。从他们的著作里可以看出，他们所理解的自我，乃视其为持续性的，而且实际上同时是内在自我定义和外在他人提供的定义之综合。米德区分了主我（独特个别性的持续要素）与客我（重要他者的内化态度），并强调自我意识（实际上是认知本身），唯有采取或预设了他人的位置才能达成，我们如果不能从他人的角度来看待自己，就无法看到自己。认同是社会生活的必要先决条件，反之亦然。因此，个人认同所体现为社会的和集体自我的一部分，可被视为初级社会认同，这显现于原初与持续的社会化过程，也见于个人在其一生中，定义及重新定义自身和他人的持续社会互动过程。个人认同内在与外在辩证关系的这一模板支撑了以詹金斯为代表的整套社会认同论证的基本模型，亦即认同的内外辩证，这是一切个人和集体认同据以建构的过程❶。对于集体而言，类同和差异永远是同一个观点的函数：我们的类同是他们的差异，反之亦然。类同和差异并非完全重合或天各一方，而是横越共同的边界，并彼此反映。在边界上，我们和他们彼此认识，我们从我们的东西里，认识确认我们是谁。詹金斯认为有两种不同的集体认同。第一种，作为集体成员的每个分子认同自己是集体的一员，对自己是谁及相关状态有较为一致的认识。第二种，成员可能知道自己是其中一分子，但对于集体存在的状态却比较模糊，甚至完全不知。因此，第一种情况是只要成员认可了集体，集体就存在了。第二种集体的存在则源于旁观者的承认而成立。两个集体中，前者被视为集体或群体，后者为类别，即集体的内在界定是集体认同化，外在定义是社会类别化。两种集体认同化的内外辩证正是集体认同化的内外态势：一方是集体认同化，另一方是社会类别化❷。双方都是认同之集体辩证里的相依态势，实现之基础是象征建构。这意味着任何一方都不会先行出现，也不会独自存在。这种相依态势决定了集体认同的过程性，是持续互动的面向。而且两种认同在边界上的互动里是弹性的，随情景而变的。

6.2 足球看台文化的空间中心、焦点与象征建构

6.2.1 看台文化空间中心——球迷角互动

在很多俱乐部宏大的足球场中，有两个位置是核心球迷最喜欢的位置：一侧球门正后方区域和客队球迷旁区域，球迷在比赛中，通过"标语""歌曲""口号""行为"把这两个区域从物理空间构建成为人文地方。

首先，球门后方的看台是忠实球迷的固定位置，如利物浦足球俱乐部 Kop 看台，切尔西的马休哈丁看台，曾经的阿森纳海布里北看台，以及中超北京国安工人体育场、山东

❶ 詹金斯，王志弘．社会认同 [M]．许妍飞，译．台北：巨流出版社，2014：20–29.
❷ 詹金斯，王志弘．社会认同 [M]．许妍飞，译．台北：巨流出版社，2014：20–29，133–145.

鲁能大球场和绿地申花的虹口足球场都形成了自己的"北看台文化"。通常情况下，该位置的球迷全部是拿季票的忠实球迷，这类球迷的长期存在，与客队球迷的敌对性互动使这块看台成为看台文化的空间中心。基利安洛迪认为两个球门后方的看台曾经被视为低收入、低票价区域，是英国传统工人阶层人群的球场活动中心，而这个区域相对宽松的空间特点让它比中间位置的看台更有吸引力❶。由于这些低收入群体是狂欢荒诞助威行为的主要群体，这也就不难理解在球门后面的站席为什么总是代表着最传统的口号。正如利物浦站席看台上时时发出的"你永远不会独行"一样。尽管随着现代化的进程，以往的这种阶层性被弱化甚至消亡，但是通过一定的习惯化过程，球门后面歌唱和口号的行为被广泛地传播，成为一些忠实球迷的标配。

其次，对于更多忠实球迷群体而言，更喜欢选择紧靠着客队球迷的角落区域。也就是说，他们会选择紧挨着位于一侧球门后面的客队球迷区，因此这个角落区域也被称为"球迷角"。球迷在这一区域的互动交流方式和内容与球场中心位置显著不同，在这个区域球迷可以实现整个身心的互动。Argyle（2013）认为个人的视觉、语言和行为是相互一致的❷。其中，注视代表着关注的方向，对待他人的态度，是与语言相互同步的，也与身体的运动相协调的。这种情况既存在于个人之间，也存在于群体沟通之间。例如，在比赛中，位于看台中间区域的球迷，呼喊口号时，举起手臂指向所注视的球场中。在这种情况下，口号成为为枯燥比赛造势或在死球时间为自己球队打气的方式。但是，当位于球迷角区域的球迷进行互动时，口号伴随着同样的注视和行为，然而所指方向截然不同，所针对的对象成为旁边的客队球迷群体。这种以牺牲观赛为代价的行为，其实质是主队球迷针对客队球迷进行的对话，也是主队球迷在自己的主场实现集体认同优势的方式。当然，对于球迷而言，他们有很多潜在的对话群体：球员、裁判等。在比赛中，当球迷开始歌唱时就进入一个内外对话的认同过程。球迷首先通过歌唱增加内部认同，并向客队球迷彰显这种认同。同时，注视和姿势在交流行为的建构和传递中也起到了重要作用。身体和眼神对客队球迷的指向性标明了两个群体之间的认同区分。口号中"你们是谁？"之类的语言则进一步深化了两者之间的认同过程的内部和外部对话。

6.2.2　看台文化的焦点与认知

6.2.2.1　焦点体现为集体认同和社会类别化边界对峙

球迷群体是现代社会各个地域、地区和国家定期的球赛中不可分割的部分。场内与场外世界中，真实与虚拟世界中，球迷的各种行为实质是在社会实践中球迷群体认同互动、调整和强化。看台席上，在两方球迷群体交织混杂和分庭抗礼过程中，各自群体的类同和差异延伸为群内类同、群外差异、群体认同化和社会类别化。例如，广州恒大足球俱乐部的球迷之间强调人与人之间的类同，他们相信拥有的共同点。在恒大足球俱乐部成立

❶　Giulianotti R. Football: a sociology of the global game [J]. *Scraton，S.& Flintoff，A.（red.）Gender and sport: a reader*，2002：55–70.

❷　Argyle M. *Bodily communication*[M]. Routledge，2013：153–168.

之初，大批的具有鲜明集体认同的球迷并不突出之时，一部分球迷就一定在球场比赛过程中，在看台上用口号、身体语言和标语等表明其作为广州球迷的共同点，不管当时这个共同点有多模糊、微不足道或是虚幻不实，都会成为群体认同化的起点。

因此，球迷群体首先存在于集体的定义过程里，在于被群体成员所认同，以及在于成员之间的关系。球迷群体成员在认定自己是群体成员时，有效地构成了他们相信自己所归属的群体。然而，一个只得到成员承认的球迷群体，即一个秘密团体。因此，他人的分类是任何一个群体的社会现实的一部分。这诠释了"包含蕴含了排斥"，如果没有描述差异，类同也就无法确认。差异和类同在主客队球队球迷之间创造了一条界线，超过本方球迷界限的任何球迷就不属于该集体，对方球迷群体的差异性成为社会类别化的起点。

从柯亨的出发点看，共同体涵盖了类同与差异的观念。我们（主队球迷）与他们（客队球迷）这两个群体的关系重点发生在边界，也是双方各自归属感态势最为明显的地方。因为，差异感存在于人们对文化觉察的核心，当人们站在边界时，开始觉察到自己的文化。以社会学角度看，这种差异和类同并不存在性质上的差异或品质的高低，同一支球队的球迷都拥有的共同点之一，就是我们跟他们不一样。面对其他球迷群体的差异，如口音、队服颜色，甚至是各自的地方饮食习惯，我们的类同才浮现出来，进入焦点。定义我们球队球迷时，也牵涉了定义其他球迷群体。集体认同的辩证关系也就延伸出两个论点。第一，球迷的集体认同同时产生在群体认同化和社会类别化过程中。在球迷看台文化中，主导的主题可能是群体认同化和社会类别化的交替主导。两者总是呈现为集体认同化辩证里的态势，即使可能只具有潜能。第二，社会过程最主要是由实际存在的人所谓的社会实践。因此，球迷集体及其集体认同不会只存在于心灵中或纸面上，需要在一定的情境中得到外显表达，球迷看台行为让看台物理空间成为意义空间 ❶。

6.2.2.2 认知体现为集体认同与集群行为的对峙

球迷内部的各种支持行为和外部的各种对峙行为都被普遍视为集群行为，并且这种集群行为体现了球迷集体认同作用下的认知、情绪和行为过程（梁斌，2018❷）。球迷群体行为所具备的集群性让他们在认知、情绪和行为方面体现出鲜明边界以及在边界上的对峙。对球迷而言，这种边界的认知和对峙无处不在，包括领地、语言、颜色甚至是声音的对峙。而当自己所支持的球队陷入"困境"时，这种对峙形式会在球迷情绪的作用下更加鲜明（Taylor，Faraji 和 Dimova，2018❸；Knapton，Espinosa 和 Meier，2018❹）。例如，当本队球队处于劣势时，球迷们对自己集体身份认同的认知令他们更有可能将这种"困境"归结为是由对手或其他因素造成的，随之而来的是领地、语言、颜色和声音的对抗。因此，使相互对立的两个球迷群体有了更加明显的群体边界。近几年，球迷文化研究也体现了对

❶ Jenkins R. *Social identity* [M]. Routledge，2014：120–150.

❷ 梁斌，夏忠梁. 冠军庆典与空难悼念的仪式解读——基于莱斯特城和沙佩科恩俱乐部事件 [J]. 成都体育学院学报，2018，44（3）：6.

❸ Taylor J，Faraji S L，Dimova S，et al. Violent and Antisocial Behaviour at Football Events[J]. *Santa Monica，CA：RAND Corporation. RR–2532–QAT. As of*，2018：21.

❹ Knapton H，Espinosa L，Meier H E，et al. Belonging for violence：Personality，football fandom，and spectator aggression[J]. *Nordic Psychology*，2018：1–12.

集体身份认同视域下中英足球球迷文化研究

球迷认知过程的关注，众多学者认可，球迷文化的核心是建立在集体身份认同基础之上的认知和情绪心理过程，这种认知和情绪是球迷在对俱乐部历史、现状和荣誉认可的基础上形成的球迷集体的统一和固定的认同（Besta，Kossakowski，2018[1]；Lee，2018[2]）。

6.2.3 看台文化的实质——象征建构

6.2.3.1 象征建构客体——足球俱乐部

一家职业足球俱乐部的球迷人数少则数千，多则上百万，特别是历史悠久，成为城市象征的俱乐部，更是成为整个城市居民的认同中心。多样化也因此成为足球俱乐部球迷的重要特征。这种多样化的来源宽广，从社会的共时性和历时性特征看，包含了宗教、经济、政治、教育、种族和地域等多种多样的差异；从个人的共时性和历时性特征看，包含了个人的生理、心理、家庭、发育、价值观和世界观的差异。那么，如何理解一家俱乐部能够覆盖如此之多的差异性从而形成统一的社会认同；柯亨的共同体和其他集体认同的象征建构模型很有用，也具启发性。柯亨认为共同体成员身份取决于一张大家都穿戴的类同面具的象征建构和表意，那是一把可以遮蔽大家的团结大伞。因此，共同体成员身份的类同乃属想象。然而，就它是人群生活里强大的象征呈现而论，却不是凭空虚构[3]。

戈夫曼以框架概念来总结人生和经验的多变复杂。就社会世界的组织构成而言，特定的社会场景都是框架，每种都有其特殊的意义和规则，互动则在框架内部组织起来。球迷个体对于人生的体验，犹如一连串不同的布景或舞台（可能是正式或随性的组织）。每个人对于球场场景，以及其中发生的事件，都有不同的体会，但共享的框架会创造足够的一致性和相互性，使互动持续下去。

柯亨认为地域和聚落的共同体作为想象及象征性建构的程度深厚。特别是，伴随着集中和政治整合，基于地理—社会领地边界日益消融，居于地方的人们渴望地方认同锚定的心灵的边界需求日益重要。在这个过程里，共同体承受的变化压力越大，作为代表不同地区的足球俱乐部的边界象征化就越活跃鲜明。一方面，通过俱乐部象征建构出来的地方类同感受，被视为唯一有效地保护地方文化的防卫方法，球迷在比赛中参加统一的仪式、呼喊共同的口号等。构建出一个共享的事物感和共享的象征世界。看台行为成为实践和操作俱乐部象征化的过程，这期间，共同体的象征价值便被生产与再生产出来。另一方面，通过俱乐部之间的比赛，主队和客队球迷之间的口号、歌曲、标语等一系列看台对抗行为的象征建构，凸显了球迷各自代表的地方差异，建立在这种地方差异之上的集体认同感在看台文化的对抗中不断被建构、强化、再建构、再强化，即相对于他们（对方球迷）而肯定了我们（本方球迷）。

[1] Besta T，Kossakowski R. Football supporters：Group identity，perception ofin-group and out-group members and pro-group action tendencies[J].*Revista de Psicología del Deporte*，2018，272：15.

[2] Lee M. Self and The City：Social Identity and Ritual at New York City Football Club[J]. *Journal of Contemporary Ethnography*，2018，47（3）：367-395.

[3] Cohen Y A. Social boundary systems[J]. *Current Anthropology*，1969，10（1）：103-126.

6.2.3.2　象征建构的主体——球迷

（1）看台文化象征表面的名义均质性

球迷在支持和追随球队过程中逐渐以俱乐部或球队为主题建构象征。首先，象征产生了共同的归属感。例如，一支足球队可以激发共同体全部或多数成员的拥护，进而凝聚向心力，而且随着时间的推移，这支足球队会成为共同体对成员和外人的象征。球队的各种仪式（夺冠庆典、功勋球员退役等）都可以为共同体代言，成为共同体的象征。其次，成为共同体象征的球队和俱乐部不仅仅是球迷心理上的象征建构，还是人们在修辞和策略上援用的象征建构。支持球队被视为要维护共同体最佳利益，或是代表共同体来做事情，确实都是很有力的主张。根据柯亨的说法，共同体基本上供奉在主客队球迷之间的象征边界里，它除了象征包含，也象征排斥。最后，共同体的成员身份意味着与其他成员分享类似的事物感，参与共同的象征领域❶。但这并不要求当地的价值共识或是行为的一致。例如，共同体涵盖了各种意义，而且对于不同成员而言，意指不同的事物。透过共同体，可以表达同样宽广的各种意义。共同体的象征也是如此。例如，英国各地的足球俱乐部，对于前任的球员，刚刚移居到当地的一家居民，以及一个刚刚失业却又在俱乐部狂喝烂醉的工人来说，在经验和认识上都有所不同。但他们可能都自认为支持这支足球队，尤其是球队在比赛里表现杰出时。对每个球迷而言，这个俱乐部在某方面可以代表社区。重要的不是人们是否以相同方式看待或理解事物，或是以不同于其他社区的方式来看待或理解事物，而是他们共享的象征让他们相信自己确实如此。

另外，无论我们谈论的是共同体的象征，或是以共同体作为象征，这个观念和意向的力量，取决于象征是否有能力涵盖和浓缩各种不见得和谐一致的意义。在定义上，象征在某种程度上是抽象、不精确的，永远具有多种面向，而且在界定上经常是隐含的或被视为理所应当，因此，某种程度上，人们可以把自己的意义赋予象征之上或之内；当他们说或做同一事时，可以根本不是说或做同一件事。就如同名义和实际的区别，俱乐部可以成为名义（认同化的名称或描述，因此是语言上的），永远是象征性的。球迷可以借由文身、衣着、仪式或其他物质和实质形式来深化象征。而对于每个球迷而言，其对俱乐部的理解和象征建构又存在显著的差异。

（2）看台文化象征的实际多样性

球迷共同体表面上的均质或连贯感只是表面而已，而且每一寸都是社会与象征的建构，这也就是为什么名义可以不必更改或抛弃，就能与各种各样的实际事物联系在一起。而实质上，球迷群体内每个人与俱乐部的关系、情感和态度都有差异，按照巴斯的说法，共同体的联结和结合，是聚集而非整合❷。真正被当成共同点的往往不是那么实质，是形式，而非内容。成员之间的内容往往差别很大。同一个共同体内，成员彼此的意见（以及世界观、宇宙观和其他基本信念）不同，是很正常，甚至是无法避免的。这些歧见隐

❶　AP Cohen.*Belonging*：*identity and social organisation in British rural cultures*[M]. Manchester University Press，1982：79–96.

❷　Barth F. *Process and form in social life*[M]. Routledge Kegan & Paul，1981：79–81.

藏在共享的共同体象征所产生的同意和聚合表象底下，共同体成员参与了建构和强调成员和非成员之边界的共同象征论述。因此，球迷群体实质的认同化是被名义认同化包裹或覆盖的。作为共同体的象征化内容的俱乐部成为大伞，不同背景、经历、喜好以及心情的球迷的特殊性和多样性可以在底下蓬勃发展，它是相当程度的异质性有可能存在于后面的面具。这里的面具和伞可以概念化为名义认同化于看台口号等语言中，但也可能展现于其他形式，如服饰和标语带来的视觉。

作为共同体成员身份的球迷个体的实践与经验，相对于其他成员和外人，则是共同体认同化的实际向度，也就是真实向度。例如俱乐部的旗帜可能只是俱乐部历史的名义象征之一，是覆盖着每个球迷态度和行为差异性的大伞。而大伞下面所包含的真实认同则多种多样。有些球迷个人以严肃态度看待俱乐部旗帜，甚至愿意付出生命来捍卫它。有些则将其视为展示看台文化的物品而已。因此，认同的象征化在这方面的最重要面向，是它使个体多样性和集体类同可以共存于同一个社会空间。通过象征的名义化建构将各色线头编制成为独特的生涯与个人认同线索，在往来互动间，他们织出了一块复杂的多元文化地毯。

6.3　看台文化中的集体认同内在外在辩证过程

6.3.1　群内同质性建构

主队球迷来自不同的人群，如学生、工人，对于他们而言，"我是……队支持者，直至死亡"有着每个人的不同理解，尽管他们拥有对自己主队的相同认同，这就如同戈夫曼理论中的后台。但是，具有象征意义的歌曲的歌唱将球迷之间的个人差异统一到了相同的"前台"形象，这种统一的前台形象成为标识主客队球迷集体认同差异的边界标识。因此，群体认同这一想象性转化为一个区分主队和客队球迷的社会现实。正如 Cohen 所言，共同体可以被界定为彼此之间具有一定共同点，并与其他群体显著区别的群体成员。Jenkins 使用"集体性"一词来形容所具有的共同性，这种共性，无关乎是现实的还是想象的，是琐碎的还是重要的，是强烈的还是虚弱的，它的存在形成了集体性。无论是"共同体"还是"集体"都蕴含着"相同"与"差异"之意。"恒大、恒大、恒大""国安、国安、国安"这些口号既代表"我们"这一包容性，也代表"你们"这一排斥性。

歌曲和口号过程中蕴含的其他重要性是球迷体现出的被 Bale 称之为恋地情结的情感，这是球迷对社会空间和共享意义的积极情感互动。例如，北京著名"御林军球迷"群体的口号："这是哪里？""北京！""我们的球队是？""国安！""我们与国安一起？""战斗！"这种互动曾经可能是英国工人阶级文化的内化过程，但是同样适用于致力于保持目前和未来生活特色的人们。这种对地方文化遗产的保护在球迷文化中得到了体现。Robson 认为参与歌唱的球迷之间拥有对同一个地方共同的情感经历，尽管歌曲言简意赅，以及简单的重复看似随意，但是却暗示其中拒绝个人风格的意味，在公众场合以一种"经历和认同统一"的形式展现。

6.3.2　群外异质性建构

在构建内群体同质性或相似性的同时，主场球迷还要体现与客队球迷之间的异质性，特别是针对那些与主队存在地理、经济或宗教相近性的球队，在客队球迷面前以歌曲和口号的形式诋毁对方俱乐部是主队球迷划定和捍卫自己地方边界的有效方式。因此，主队很多歌曲都是针对客队俱乐部的带有诋毁性语言的歌曲和口号。球迷针对一些特定对手的歌曲会进一步推进内群和外群的认同对话，从而进一步表明他们与对手的不同，表明他们与对手之间的区别 ❶。而且，球队球迷对于不同对手的这种诋毁程度是有区别的。Scunthorpe俱乐部所在地区周围有四个地理位置相近的城市：Grimsby，Hull，Lincoln和Doncaster。但是 Grimsby 和 Hull 两家俱乐部成为 Scunthorpe 球迷诋毁的最大对象，因为来自 Grimsby和 Hull 的球队对 Scunthorpe 球迷的内群体地方认同产生最大的威胁。尽管 Scunthorpe 和Lincoln、Doncaster 两支球队也确实有竞争，但是却不是该队所关注的，或者说，与其他两支球队的地方认同对话并未能威胁到主队球迷的地方认同。因此，地理、媒体、联赛和球迷等多种因素造成了球迷群体之间内群体和外群体之间认同对话的差异，以及随之产生的不同程度的各自边界的捍卫。特别是对那种边界经过历史形成，成为无可商议的两支队伍而言，所带来的认同对抗往往是最为激烈的。Jenkins 使用了"首要认同"一词来表述"更牢固，更不易改变"的认同，而这种认同通常弥漫在我们日常生活中，在主场比赛中，球迷通过"我们是……""不是……"来强化这种首要认同。

6.3.3　异质化与同质化的协商

认同并非被动的消费，它是一个不断进行的协议过程，双方球迷都在争夺话语权。因此，球迷在自己的主场进行的内群体—外群体对话并不会始终按照他们希冀的方向和方式进行，会受到对方球迷的反应、比赛进程、裁判表现等一系列因素的影响。因此，比赛过程中，球迷群体的认同既是一个内部建构的过程，也是一个外部建构的过程。任何一方球迷都在试图以自己的方式建构不同于对方的独特的地方性和地方认同。Armstrong（1997）使用"拼贴"或"文化包裹"来形容球迷是如何通过一系列的文化实践让他们各自群体彼此区分 ❷。例如，当英国 Swansea 球迷在表达自己的地方和文化认同时，总会被对方报以"绵羊、绵羊"的回复。当胡尔城球迷高唱"我们是骄傲，我们是地区骄傲"时，总被对方报以"你们只是一个充满垃圾的城市"的回复。这里的隐含意味是，因为你们没落了，所以你们成为没人要的球队。球迷正是通过这种形式来进行认同的相互协商，而这个过程几乎要覆盖整个比赛过程，呈现出你方唱罢我登场等话语权的更迭，更迭的内容主要是各自球迷群体以拼贴方式组织起的内容，以期维护自己的集体认同，诋毁对方的集体认同。

❶　Brown A. *Fanatics！power，race，nationality and fandom in European football*[M]. 1998：265–278.
❷　Armstrong G，Young M.The law and football hooligans[J]. *Legislators and interpreters*，1997：175–191.

6.4　现代性冲击下的看台文化延存及意义

6.4.1　看台文化困境

　　球场是一个人化的空间，也是很多球迷口号和歌曲的中心。现代职业体育的结构是基于代表着不同地理和文化认同的球队之间的比赛。20世纪后期，英国泰勒报告的结果是英国众多球会的主场取消站席，改造为坐席。一系列的球场改造带来了两大主要效果：球场容量的减少使票价上扬，导致传统的、工人阶级的、狂欢荒诞行为类的球迷无法负担票价，被挡在了球场之外；能够进入场地的此类球迷也会发现，在标准化的坐席空间以及随之而来的坐席分配制度让人们无法如以前那样身体互动、营造亲密无间的气氛。但是，对于英国一些低级别联赛而言，球迷的歌唱和口号传统得以保存。因为，这些球会的球场并未进行标准化改造，球场容量、站席、球票价格都保持稳定，传统站席文化得以在低级别联赛中延存。Bale认为球场的现代化发展带来了证明非地方发展的各种证据。例如，曾经能够给主队带来优势的人工草坪的女王公园巡游者俱乐部和卢顿俱乐部的球场被要求改造。例如，曼联一样的世界级超级球会的出现则代表着足球不再是以地方作为锚定点的活动。根据鲍德里亚和阿莱费的观点，甚至可以夸张地预测空间的同质性和标准化不再给球迷带来以往异质化和多样化的球场体验。同时，前述的对球迷进行的各种束缚与管制不断增加着球迷的"非地方"感觉，最终，球迷将只会在电视机前观看比赛，留下一座座空荡荡的球场。而球迷的歌唱和口号能够带来从这些"非地方"再造"地方"❶❷。

6.4.2　看台文化困境的破解——政府与球迷行动

　　英国足球超级商业化给球迷带来的看台文化困境首先引发了球迷的反对行为，其中最为鲜明的反对行为就是2005年曼联俱乐部被美国老板格雷泽尔收购时，部分曼联忠实球迷进行了反对、抗争、分离的道路，最终由这部分球迷自己建立联合曼彻斯特俱乐部（简称联曼）。尽管联曼俱乐部目前仍然在低级别联赛征战，但是众多球迷认为类似于联曼的足球俱乐部才是延续英国传统足球看台文化的希望。随着球迷与俱乐部在商业化发展上的分歧越来越多，英国政府也开始介入，在一定程度上支持球迷的行动，在政策和资金上帮助球迷成立自己的基金会，并通过基金会等形式参与足球俱乐部的管理。目前，已经形成了以英国政府主导，球迷作为公民参与行动为主要特征，以球迷基金会为主要依托，球迷参与俱乐部管理为主要手段，鼓励球迷现场看球，延续和发展看台文化为目标的英国球迷参与足球治理的主要行动框架，并获得了一定成效。欧盟体育与文化委员会甚至已经将英

❶ Redhead S. Some reflections on discourses on football hooliganism[J]. *The sociological review*，1991，39（3）：479–486.

❷ Arefi M. Non - place and placelessness as narratives of loss: Rethinking the notion of place[J]. *Journal of urban design*，1999，4（2）：179–193.

国政府所支持的球迷"足球参管"作为整个欧洲足球治理的模本（Piskurek，2018❶；梁斌，2018❷）。

6.4.3　看台文化延存意义

6.4.3.1　从无地方到地方的重构

比赛中歌曲和口号是集体认同构建与协商过程中的重要成分。在持续进行的比赛过程中似乎存在一种悖论。足球球场、规则以及警察监管似乎在比赛过程中形成了一种无地方的状态，然而球迷群体存在于一支长期存在的球队和与当地形成的各种情感纽带。看台口号，尽管在不同的球队呈现了不同的形式和内容，但是始终作为比赛日体验的重要内容，为球迷提供了刺破各种"囚笼"限制，在无地方环境中复苏"地方感"的方式。通过整合Jenkins，Amstrong 和 Bale 等学者的研究，尽管现代化的"合理性"进程让球场从一个充满人文内容的"地方"变成了如同标准化生产线的"非地方"，但是球迷的歌曲和口号成为"构建"和"重构"人地之间认同感的重要渠道❸。球迷以这样的方式构建并修饰这种集体认同。通过在客队球迷面前的呈现，借用拼接或文化包裹的方式，一方面谈判着自己的集体认同，另一方面不断诋毁和挑衅着对方球迷的集体认同。

6.4.3.2　建构世界意义及共同体

以法国社会学家为代表的社会学家一贯的论证进路认为人的社会关系，提供了事物之间逻辑关系的原型。这条脉络始于涂尔干和牟斯，经过列维，再到福柯，以及道格拉斯和布迪厄。贯穿于这条脉络的是象征化和社会认同化间的相互依存意义。也就是说，社会认同并不能简单地视为文化象征中的二级集合。作为集体和个体之间类同与差异关系的象征建构，通过人们和人群之间的类比、比喻和异质同构等，集体认同实现了世界意义之建构，为世界共同体提供了思维与实践的基本模板。也因为此，社会认同作为文化根基的姿态得以浮现，这也呼应了马克思和米德的观点：人际交互是意识的先决条件，反之则不。现代媒体让足球成为一项无边界的运动，一个俱乐部的球迷也不再仅局限在地方锚点上。球迷之间的接触，也从面对面拓展到了同代人。根据舒茨理论，区分了日常社会世界里我们对同伴之间的面对面知识，以及我们对同时代人的间接社会经验，而所谓同时代人，是我们从未见过，或许也永远见不到的人❹。现代足球在全球的传播、发展和繁荣，其实质是世界一体化的体现。大航海时代的发展让世界的联系逐渐紧密起来，同时，西班牙人和葡萄牙人率先在南美及其他各地将足球传播开来，足球成为全世界的运动，成为开启世界一体化发展大幕的一种文化表征。随着足球的发展，各国之间的比赛日益增多，足球从一种游戏成为一种国家和民族的属性。但是，当代社会下，足球作为商业化发展最为成功的体

❶ Piskurek C. *Football Fan Cultures and Their Structures of Feeling Fictional Representations of English Football and Fan Cultures*[M]. Palgrave Macmillan，Cham，2018：57–82.

❷ 梁斌，陈洪. 公民行动：英国球迷参与足球治理研究 [J]. 北京体育大学学报，2018（6）：43–48，56.

❸ Clark T."I'm Scunthorpetill die"：Constructing and （re）negotiating identity through the terrace chant[J]. *Soccer & Society*，2006，7（4）：494–507.

❹ Schutz A. *The phenomenology of the social world*[M]. Northwestern University Press，1967：176–250.

育项目，也被作为代表现代体育文化的最重要体育形式，全世界球迷可以通过媒体观看最好的、最远的和最陌生地区的足球比赛和球迷文化，并在足球这个舞台上实现意识和认知的融合，形成人类共同的足球文化，国家和民族之间文化的认知和互渗在足球球迷群体中得到了有效的发展，足球及其文化也就从代表一个国家和民族的"我的足球"变成了代表整个世界文化的"我们的足球"。球迷在虚拟或媒体空间中的交流实现了集体认同化和社会类别化，彼岸重未见过的本队球迷成为"我们"，对手的球迷则亦然是"他们"。随着球迷不断望向与我同时代的人的世界，球迷群体的集体认同将变得更遥远、更匿名，但却遇见了可证明对某些未知而言富有意义的人，一道构建于自己群体有意义的世界和共同体。

6.5 结论

足球看台是球迷文化的重要展演舞台，承载着球迷群体之间集体认同冲突，对看台文化的研究有助于认识象征化和集体认同化之间的相互依存及其在人类关系发展过程中的意义。本文从集体认同内外辩证互动关系角度，对足球球迷看台文化进行研究。结果显示，球迷群体的内在界定是集体认同化，外在定义是社会类别化，这种内外态势之基础是球迷对于自己支持球队的象征建构。象征建构将球迷个人的多样化、个人认同聚合在球迷群体的集体认同之下，实现了表面的均质化。球迷群体之间的对抗是群内同质化认同建构与群外异质化认同建构的冲突与协商。看台文化的延存与发展有利于重构被现代化侵蚀的人地关系，在现代媒体的助力下建构世界意义及共同体。

第三部分
中英足球球迷行为文化研究

7　球迷多重效应下的足球产业上下游体系研究
——基于体育卫星账户理论

（此章节已作为中期研究成果于 2017 年 11 月发表在《上海体育学院学报》第六期）

随着我们职业足球的发展，数量巨大的球迷群体已经形成，并形成了较为全面的消费体系。但是，我国的足球产业发展毕竟还处于起步阶段，与国际一流的足球产业发展存在显著差距。本文将基于欧洲体育卫星账户理论，从足球球迷消费体系角度，对中英两国足球产业进行对比，以期为我国足球产业发展提供更好的发展视角。

7.1　英国足球俱乐部收入结构分析视角的发展与变化

7.1.1　前商业时代的收入结构分析视角

前商业化时代，各个职业足球俱乐部之间公平地竞争是维持联赛运营的机构——联赛委员会始终坚守的原则。第一次世界大战后，联赛委员会不仅规定了主队和客队应平均分配比赛门票所获取的所有收入，还会在赛季结束后，把从全部联赛俱乐部的门票收入内征收的 4% 的门票税收平均分配给每一个联赛俱乐部。联赛俱乐部的收入和支出结构相当单一（见图 7-1）。在如此的联赛结构下，球员的薪资收入被俱乐部严格地约束，俱乐部使用了有利于其财务情况一直稳定的顶薪机制，降低了俱乐部的运营成本，直至 1963 年，这一机制才得到解除。不仅如此，球员也无法自由流动，即使赛季结束，合同期满，球员也不能自由地离开俱乐部，在 1994 年博斯曼法案之前，世界足球界都在使用这个体系。因为采用了严格的管理制度，使得整个联赛的财务得以平衡，俱乐部也可以将财务收支平衡控制得很好，所以财务危机状况几乎不会出现。但是，在 20 世纪 60 年代这一稳定的局面被打破，由于废除了最高工资的限制，球员的薪资不断上涨，很多球员的薪资从 1961 年前的每周 20 英镑暴涨到每周 100 英镑，但是更让俱乐部害怕的还是明星球员工资的上涨。因此，俱乐部为了减小工资上涨带来的压力，不得不主动地拓宽收入来源，使得商业化运营开始萌芽。一些啤酒赞助商首先提供了小额赞助，使得职业足球赞助的大门被打开。在 20 世纪 60、70 年代，电视媒体对于足球商业价值的提升也逐渐体现，但是因为英国的公共电视市场长期被 BBC 和 ITV 两家垄断，它们之间呈现出很好的攻守平衡默契，使得在相当长的时间内，职业足球的媒体价值都没有被开发。1983—1984 年，由于球衫赞助商的广告限制被赛季足球取消了，因此出现了许多球服广告商，加之电视的进入，赞助商的等级也在持续提高，由地区性向世界性的品牌扩张，前商业化时代俱乐部主要收入结构见图7-1。而在1992年，才开始了全面变化，英超开始进入后商业化阶段。

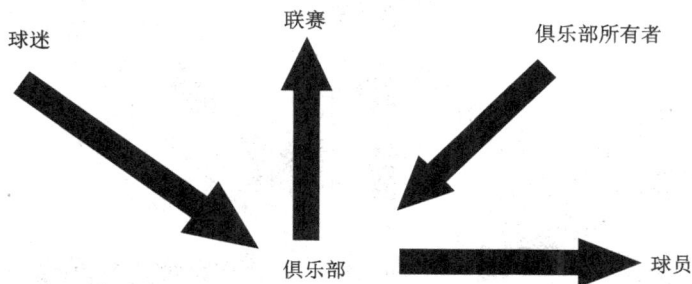

图7-1 前商业化时代俱乐部主要收入结构

7.1.2 后商业时代的收入结构分析视角

进入后商业化阶段后，盈利逐渐成为英国足球俱乐部的重要目标之一，其中又以英超俱乐部为代表，由此，英国俱乐部追求利益最大化的趋势日益显著。但不与否认的是，英超俱乐部的商业利益最大化的追逐使其本身得到了极为强势的发展，也奠定了其在同行业中领头羊的地位，同时对于本行业的其他足球俱乐部而言，为它们指明了方向。"商业化"成为俱乐部追逐的高级目标，而这几乎成为英国职业足球的代名词。

利益的驱使下，英超俱乐部的构成更加复杂，它的收入结构不再像以前那样简单划一，这时期的英超俱乐部就如同一个巨大的商业产品生产线，拥有较为稳定的成本来源，更为完备的生产线，甚至通过各种渠道不断地售卖自己的产品。自英超在1992年创立以来，这片历史最为悠长的足球市场，成为大资本家在体育领域投资的优先选择。由于英超本身的良好商业化前景和未来高盈利可能，以及英国经济政策的高度开放性、包容性和容纳性，成为英超备受青睐的三个主要因素。

根据马克思主义政治经济学理论分析，投入成本要素数量和比例占有比重越多，分配就越趋于复杂化。因此，此时期的英超俱乐部收入来源也逐渐呈现出多元化趋势，广播电视商以及赞助商给俱乐部持续注入巨大资金，成为俱乐部的重要经济来源。同时前商业化阶段中球迷、联盟和球员与俱乐部之间的联系也出现了新的变化（见图7-2）[1]。俱乐部所有者和投资商更加赤裸裸地将盈利作为俱乐部运营的第一目标。为了利益最大化，他们从不同的方向着手，不断开拓新的渠道来诱使球迷为支持自己的球队而支付更多资金。对于球员，为了能使他们在赛场上发挥更大的潜力，获得更好的表现，俱乐部不断以更高的转会费和工资奖金水平诱惑球员；使其为了保护自己的利益而将自己的权益委托给专业的经纪人。在此过程中，日益庞大的球迷团体则成为广播电视商、赞助商和联盟三者合作的主要基础。

---

❶ Hamil，S，&Chadwick，S. *Managing Football*：*An International Perspective*[M]. Butterworth Heinemann，Oxford. 2010：247–250.

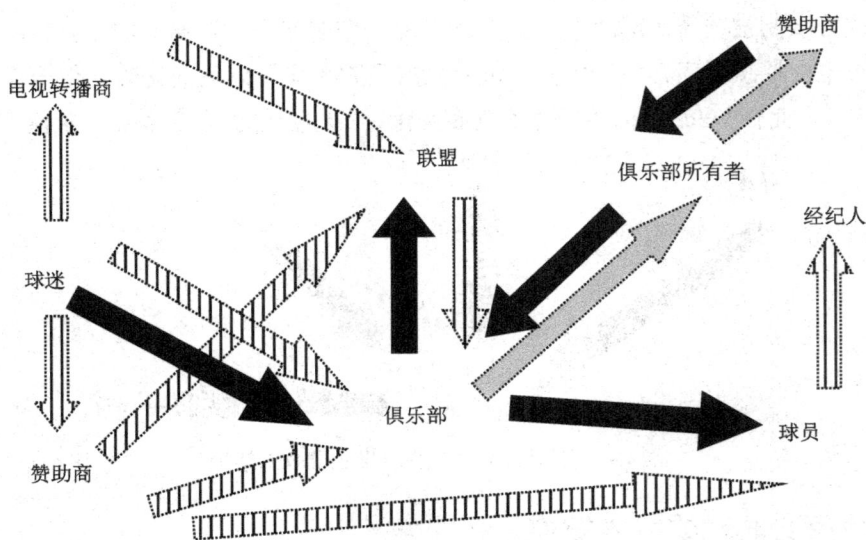

图 7-2　后商业化时代俱乐部主要收入结构

注：■➡ 代表传统的前商业阶段收入流　▥➡ 代表后商业阶段新出现收入流

　　▱➡ 代表后商业阶段投资者从俱乐部获得的利润

随着球迷的基础作用日益明显，将球迷对俱乐部收入的作用分为传统和媒体两类。鉴于商业化的不断发展，媒体作用对俱乐部收入作用所起的作用越来越重要。传统意义上的俱乐部收入有球迷购买俱乐部的球票和球服等产品及服务。为追求利益，俱乐部不断提高球票价格，并且越来越频繁地发出新球衣以及球队其他产品，促使球迷为自己所支持的球队支付更多金钱。据资料显示，从 1989—1990 赛季到 2018—2019 赛季英超票价迅速增长。与此同时，球迷支付的电视转播费用也在不断增长，这是因为球迷对俱乐部收入的另一不可忽视的作用是建立在现代网络信息发展的基础上。电子产品的迅猛发展，使球队、球迷、广播电视商以及赞助商之间产生了日益密切的联系。球迷与广播电视商之间的联系主要是支付电视费用，所以广播电视商的广告收入也在不断地迅速增长，间接地促使了英超球队从广播电视商那里获取更大份额的电视转播合同，使得每个赛季获得更多广播电视分红，同时赞助商也通过与英超品牌的强势联合，实现它在众多球迷群体中提高品牌知名度，提升品牌效益的目的。

7.1.3　超商业时代的收入结构分析视角

7.1.3.1　欧盟体育卫星账号的发展历程

联合国国民账户 93 版（SNA93）的中心框架分类和账户中，每一个单位、交易、产品、目的都有一个特定的位置，而且只有一个位置，这些位置上的固定导致其外延不足。基于此，联合国提出针对某些重要领域，如文化、教育、体育、旅游、资源环境保护、研究与开发、运输等，可以建立与中心框架不完全统一的附属框架，即"卫星账户"，解决其未在国民账户的核心框架中得到充分描述和测量的问题，同时保持与核心框架的兼容性。欧盟委员会在 2006 年成立了欧盟体育和经济工作组，在欧盟体育与经济工作组的统一引导下，奥地利于 2009 年建立起 SSA，随后塞浦路斯、波兰、英国、荷兰和德国等国也推出了自己的 SSA。

7.1.3.2 体育产业统计的基础：Vilnius 体育概念的界定

（1）不同层次的体育概念

体育概念是体育产业统计的基础与前提，因此，从确定开展体育卫星账户研究与编制工作之初，明确体育的概念进一步遵循一致的概念和统计方法，就一直是欧盟体育与经济工作组的重中之重。经过不懈努力，2007 年 10 月，欧盟体育与经济工作组就体育的经济学意义上的概念达成了一致，并确定为"体育的 Vilnius 概念"[1]。这一概念的确定，标志着欧盟体育卫星账户（SSA）的发展进入了统计实施阶段，为后续工作奠定了基石，也成为体育产业统计进行国际间比较的基础。具体而言，Vilnius 体育概念共包括三个层面，即：统计学意义上的体育；狭义层面上的体育；广义层面上的体育（见图 7-3）。这三个层次分别对应着与体育有不同相关性的产品（CPA，欧盟产品分类标准）和产业（NACE，欧盟产业活动分类标准）。

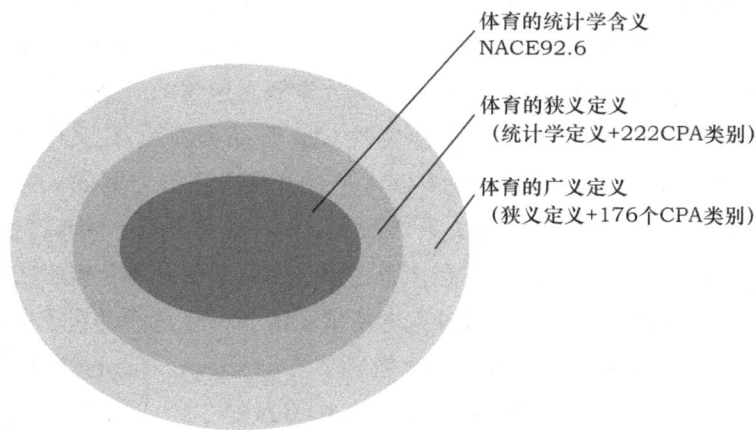

体育的统计学含义
NACE92.6

体育的狭义定义
（统计学定义+222CPA类别）

体育的广义定义
（狭义定义+176个CPA类别）

图 7-3　欧盟 SSA 体育概念

（2）体育的统计学概念

Vilnius 体育的统计学概念是指各种以体育活动作为主要业务的公司和组织所进行的各类经营活动，这些活动被限定在欧盟 NACE 92.6 Rev1.1 类别中。NACE92.6 也是整个 NACE 体系中唯一一个体育专属类别。事实上，体育的统计学概念所包含范围正是欧盟 NACE92.6 体系中的各类体育活动（Sport Activities）。

体育的统计学概念所包含的产品和服务范围在各国可能存在分类形式上的差异，这是因为不同的国家还会根据 NACE 体系对本国的体育产业进行分类。以荷兰为例，该国依据 NACE 体系制定了 SBI 体系（Standard Bedrijfs Indeling），该体系在主要层次上与 NACE 系统相一致。

---

[1]　SIRC.2004–2006 Sport Satellite Account for the UK[R]，*Sport Industry Research Center*，*Sheffield Hallam University*，2010：8–9.

（3）体育的狭义概念

体育的狭义概念包括两部分：第一，包括体育的统计学概念所涉及的体育产品和服务，这部分产品和服务具有完全的体育相关性；第二，还包括开展体育活动（产出）所使用的产品和服务（投入），这部分产品和服务的体育相关性需要进一步确定。例如，轿车（CPA 34.10.220）被归入狭义概念，但是只有赛车才具有体育相关性。与体育的统计学概念相比，狭义的概念包括共 222 个额外的 CPA 产品类别。

（4）体育的广义概念

广义体育概念所包括的内容更为广泛：第一，包括统计概念与狭义概念所指的产品和服务；第二，包括与任何体育活动之间存在直接和间接关系的产品。例如，体育电视节目、体育传媒内容、体育医疗和体育赛会交通服务。同狭义的概念相比，广义的体育概念多了 176 个 CPA 产品类别。

（5）基于生产活动上下游关系的统计、狭义和广义体育概念解析

从概念体系看，Vilnius 统计、狭义和广义体育概念可以被视为一种递进关系，这有利于理解三种体育概念所包含范围。但是，随着人类体育形式的不断更新和活动范围的不断延展，体育相关产品的形式和内容也层出不穷，引起狭义和广义体育概念所包含内容的不断变化和扩展，这种发展要求必须更进一步地明晰两个问题：如何在体育产品和 Vilnius 体育概念之间建立明晰的关系；如何正确认识统计学概念包含的产品和服务、狭义体育概念特有产品和服务（狭义概念包括的 222 个额外 CPA 产品类别）、广义体育概念特有产品和服务（广义体育概念包括的 176 个额外 CPA 产品类别）三者之间的关系。基于此，欧盟在 2010 年引入体育生产经营上下游关系体系，从而在体育经营、体育产品和 Vilnius 概念之间建立起明晰的关系体系。该体系在体育经营、体育产品和体育概念之间构建出一个体育关系链。此链条关系中，体育的统计概念所涵盖的各种经营活动居于中间环节，狭义体育概念所涵盖独有产品和服务内容居于上游环节（up stream sectors），广义体育概念所涵盖独有产品和服务居于下游环节（down stream sectors）。

7.2　基于球迷多层消费的足球产业上下游产业体系

7.2.1　中英球迷群体分析

7.2.1.1　英国超球迷群体分析

就英国国内球迷群体而言，2009—2018 年的英超上座人数统计显示，2009 年英超平均上座人数为 34 215 人，2018 年平均上座人数为 38 495 人，英超球迷现场观赛人数总体呈现稳定增长状态。比平均上座人数更具说服力的是上座人数与球场容量比的上座率，2018—2019 赛季的数据显示，20 支英超俱乐部上座率基本上都在 90% 以上。其中，最高的阿森纳 60 000 人的主场的平均上客率为 99.2%。最低的为托特纳姆热刺，上座率

为 58.4%（见表 7-1 和图 7-4）。但是托特纳姆热刺情况比较特殊，其平均上座人数超过 52 000 多人，但是，由于新主场的建设仍在进行，因此，热刺俱乐部只能选择 90 000 人容量的温布利球场作为临时球场。一方面，临时主场影响球迷的观赛热情；另一方面，温布利高达 90 000 人的容量也大大降低了上座率。尽管英超球队之间的球员水平和比赛成绩呈现显著的两极分化，但是英超各队仍然超高的主场上客率，充分说明了各支球队在所属地区拥有独特而主导的认同性，这种认同带来了球队对自己俱乐部的长期、稳定和忠诚的支持。

2016—2017 年海外球迷人数不断增长，188 个国家转播英超带来了更大量级的海外球迷群体，同时，新社交媒体成为联系英超和海外球迷之间的媒介，目前英超各家球会社交媒体海外球迷达到 3 亿 5 千万，16 家英超球会与球迷在各大社交媒体的互动次数都超过 100 万次，英国本土以外的梦幻英超经理玩家超过了 400 万。

表 7-1 英超各支球会 2017—2018 赛季上座率统计

球队	场均人数	最低	最高	总数	球场容量	上座率（%）
曼彻斯特联队	74 503	74 400	74 556	1 043 036	75 731	98.4
阿森纳	59 887	59 493	60 030	898 309	60 355	99.2
西汉姆联队	57 759	56 881	59 950	808 625	59 950	96.3
曼彻斯特城	54 121	53 307	54 511	811 819	55 074	97.8
利物浦	52 870	50 965	53 373	740 177	54 074	98.2
托特纳姆	52 584	29 164	81 332	736 170	90 000	58.4
纽卡斯尔联队	50 849	48 323	52 217	762 732	52 404	97.0
切尔西	40 520	40 178	40 721	567 273	41 841	96.8
埃弗顿	38 957	38 113	39 380	584 361	39 600	98.4
莱切斯特城	31 809	30 558	32 184	445 329	32 500	97.9
卡迪夫城	31 095	29 402	33 028	466 421	33 280	93.4
狼队	31 019	30 130	31 358	465 282	31 358	98.9
南安普顿	29 683	27 077	31 654	415 568	32 689	90.8
水晶宫	25 445	24 738	25 781	330 782	25 781	98.7
富勒姆	24 231	22 008	25 401	339 235	25 700	94.3
哈德斯菲尔德	23 080	17 082	24 263	346 202	24 500	94.2
伯恩利	20 278	18 497	21 741	283 893	22 456	89.9
沃特福德	20 211	19 510	20 540	282 956	21 577	93.7
伯恩茅斯	10 514	9 980	10 986	147 196	11 464	91.7

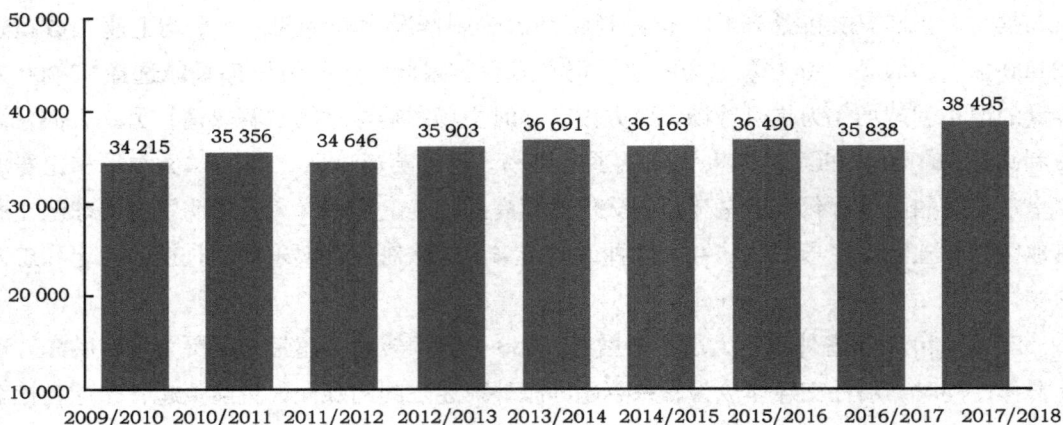

图 7-4　2009—2018 英超上座人数统计

7.2.1.2　中超球迷群体分析

（1）国内球迷群体

同英超联赛一样，随着各家俱乐部的持续大手笔投入，越来越多的国际一线球星的加盟以及中超联赛在赛事包装上的成功，中超联赛球迷上座率近几年持续上涨，从 2014 年的场均不足 20 000 人，连续增长，达到接近场均 24 000 人，反映出中超联赛不断提高的吸引力（见表 7-2）。但是，如果将场均人数与球场容量以及城市人口进行比例计算后，就会发现中超上座率仍然存在很大的提升空间。以 2017—2018 赛季为例（见表 7-3），上座率最高的四支球队广州恒大、长春亚泰、北京国安和河南建业的上座率分别为 78%、75%、70% 和 63%，同英超各家球会普遍达到的 90% 的上座率相比，差距较大。如果再将城市人口数考虑进去，那么中超各家球会的上座人数并不值得炫耀。2018 年的球迷满意度调查数据也显示，各家俱乐部在主场设施、氛围、球票、社交媒体互动等各个方面进行深耕，从而获得更深的球迷认同感（见图 7-5）。

表 7-2　2014—2018 中超场均到场球迷人数

年份	场均人数
2014	19 629
2015	22 349
2016	24 162
2017	23 860
2018	23 982

表 7-3　2017—2018 赛季中超俱乐部球迷上座率

球队（所在城市）	场均人数	球场容量	上座率	城市人口（万）
广州恒大（广州）	47 000	60 000	78%	1270
长春亚泰（长春）	18 819	25 000	75%	767
北京国安（北京）	41 743	60 000	70%	1961
河南建业（郑州）	18 401	29 000	63%	862
上海申花（上海）	21 477	35 000	61%	2301
重庆斯威（重庆）	32 434	60 000	54%	3017
大连一方（大连）	33 144	61 000	54%	669
河北华夏幸福（廊坊）	16 082	30 000	54%	435
江苏苏宁（南京）	32 507	65 000	50%	800
山东鲁能（济南）	24 784	60 000	41%	681
北京人和（北京）	12 533	31 000	40%	1961
上海上港（上海）	21 631	56 000	38%	2301
广州富力（广州）	10 254	30 000	34%	1270
贵州恒丰（贵州）	16 703	51 000	33%	432
天津权健（天津）	19 665	60 000	33%	1293
天津泰达（天津）	17 716	60 000	20%	1293

数据来源：中超各俱乐部官方网站

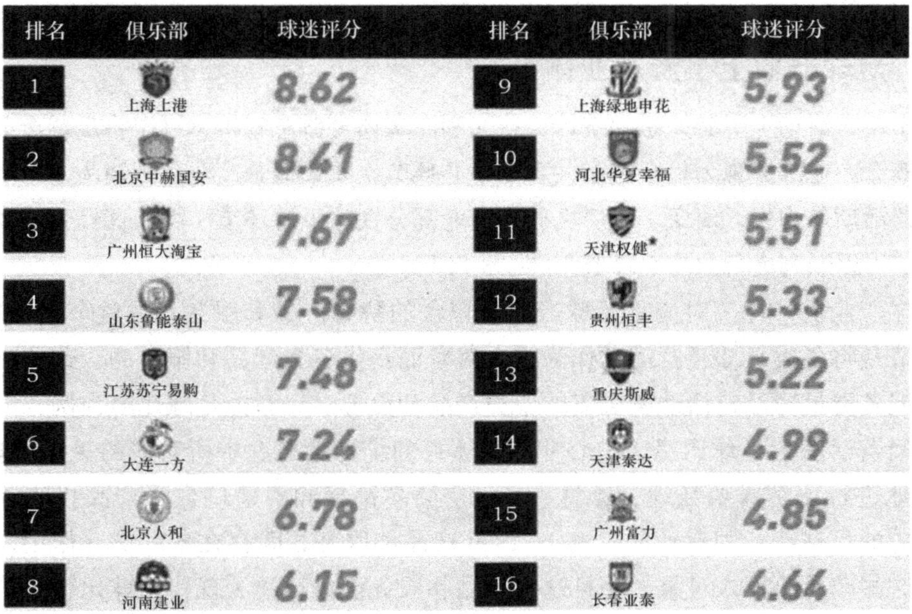

排名	俱乐部	球迷评分	排名	俱乐部	球迷评分
1	上海上港	8.62	9	上海绿地申花	5.93
2	北京中赫国安	8.41	10	河北华夏幸福	5.52
3	广州恒大淘宝	7.67	11	天津权健*	5.51
4	山东鲁能泰山	7.58	12	贵州恒丰	5.33
5	江苏苏宁易购	7.48	13	重庆斯威	5.22
6	大连一方	7.24	14	天津泰达	4.99
7	北京人和	6.78	15	广州富力	4.85
8	河南建业	6.15	16	长春亚泰	4.64

图 7-5　2018 各家足球俱乐部球迷满意度调查

（2）国际球迷群体

近些年来，中超联赛发展势头强劲，彰显了蓬勃发展的生命力，中超俱乐部不仅在亚冠联赛中的成绩越来越高，而且在世界上的排名也越来越靠前，这在一定程度上促使其在世界范围内扩大了知名度和影响力，并且这无疑为其在今后的长远发展中产生了不可磨灭的重要作用。随其影响力的剧增，世界范围的球迷们呈现出一定增长的趋势，中超联赛可以覆盖的人群和所受的关注也越来越大，讨论的力度也越来越强。中国足协2018赛季中超联赛总结工作会议上指出，中超联赛的电视直播覆盖了全球96个国家和地区，将近24亿人口收看，每场平均观赛人数达到2.41万人，相对上赛季高出了2.38万人，仅次于德甲、英超、西甲、意甲和墨西哥超级联赛。此外，2018赛季中超联赛电视收视达到了3.37亿人次，新媒体直播点播数据高达10.54亿；场均净比赛时间由2017赛季的50分43秒，提升到了51分15秒。2018年，ESPN与中超联赛签订合同，中超联赛电视直播将在美国首映，巴西、英国、法国、比利时等国已实现转播，中超版权方体奥动力数据显示，中超海外版图将不断增加至德国、意大利、保加利亚、波兰等欧洲国家。中超海外播出覆盖范围也将由71个国家和地区增加至96个国家和地区。至此，中超联赛在巴西、英国、法国和美国等足球强国中进行直播，ESPN与Sky、Fox、DAZN等国际媒体机构也成为中超联赛海外转播阵营的国际顶尖平台。不过，通过国外媒体人以及球迷在社交媒体的反馈看出，中超联赛受到关注更多的原因大多是外部因素，即大批欧美足球明星加入以及联赛过程中的非足球因素。就稳定的长远的发展动力而言，要想取得长远而有力的发展，必须提升自身的"魅力"，即进一步更深层次地提升联赛本身的精彩程度、吸引力、球员职业素养等，唯有如此，才能真正吸引和形成海外球迷团体。

7.2.2　足球产业上下游产业体系

基于生产活动上下游关系的统计、狭义和广义体育概念解析，可以将足球产业所包含的统计概念产业部分视为整个链条关系的中心环节，狭义概念产业部分视为上游环节（将足球经营活动作为投入对象）和广义概念产业部分视为下游环节（将足球经营活动作为投入内容）得以顺利进行的核心环节[1]（见图7-6）。

足球产业上游环节对应是足球产业所包含的特有产品和服务，在整个链条关系中，上游环节是将各类足球经营活动作为投入对象而提供各类产品和服务的，这些产品和服务是开展各类足球经营活动所必需的各类产品和服务。以举办足球比赛为例，中间环节的体育经营活动为足球比赛（中心环节，体育的统计学概念中所对应的足球产业），为了顺利地进行比赛需要场地、器材、培训、商品销售和赛事广告等产品投入（狭义概念所对应的足球产业独有产品范畴），这些产品和服务之间存在各种交互作用，足球比赛成为这些产品的投入对象，而且这些产品和服务已经被视为现代足球比赛所不可缺少

❶ Gratton C, Kokolakakis T. A Satellite Account for Sport：The European Project[J]. *Sports*：*Economic*，*Management*，*Marketing & Social Aspects*，2011：25.

的投入。因此，对于举办足球比赛而言，上述一系列的产品和服务都属于上游产品和服务（狭义概念所对应的足球产业独有产品范畴），下游环节对应的是广义体育概念所对应足球产业包含的特有产品和服务，在整个链条关系中，下游环节是将各类足球经营活动作为投入内容而提供的各类产品和服务，这些产品和服务并不一定是各类足球经营活动所必需的产品和服务，但是仍然可以依托各种足球产品和服务开展经济活动（见图 7-6）。

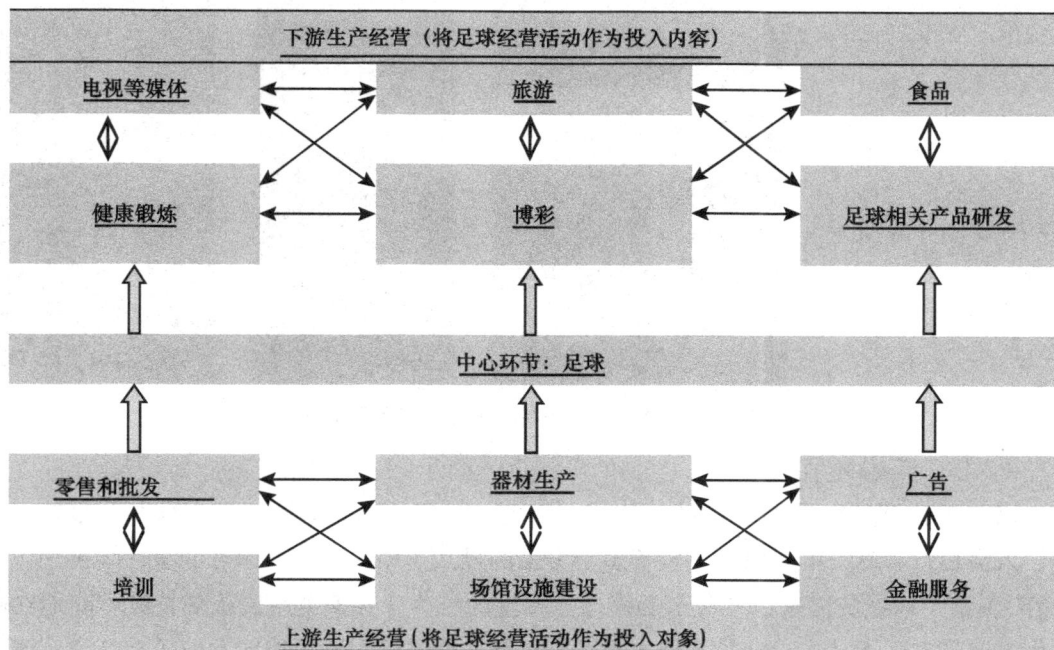

图 7-6　足球生产经营上下游关系体系

7.3　足球球迷消费体系

7.3.1　英超球迷消费体系

英格兰足球联赛在 100 多年的历史中，作为现代足球的发源地之一，不仅自身得到了极大地发展，而且在世界足球历史上成功地创造了众多现代足球纪录。自 1992 年英超联赛创建后，依靠成熟的管理模式、大手笔的联赛投入以及国际资本的持续充裕的资金，成为世界足坛的第一品牌。也正因为此，该联赛成为世界球迷认可度最高的联赛，在英格兰甚至世界范围内都拥有数量众多的球迷群体。这些球迷也成为围绕英超赛事形成的中心乃至上游生产经营体系以及下游生产经营体系发展迅速并成熟的重要基础（见图 7-7）。

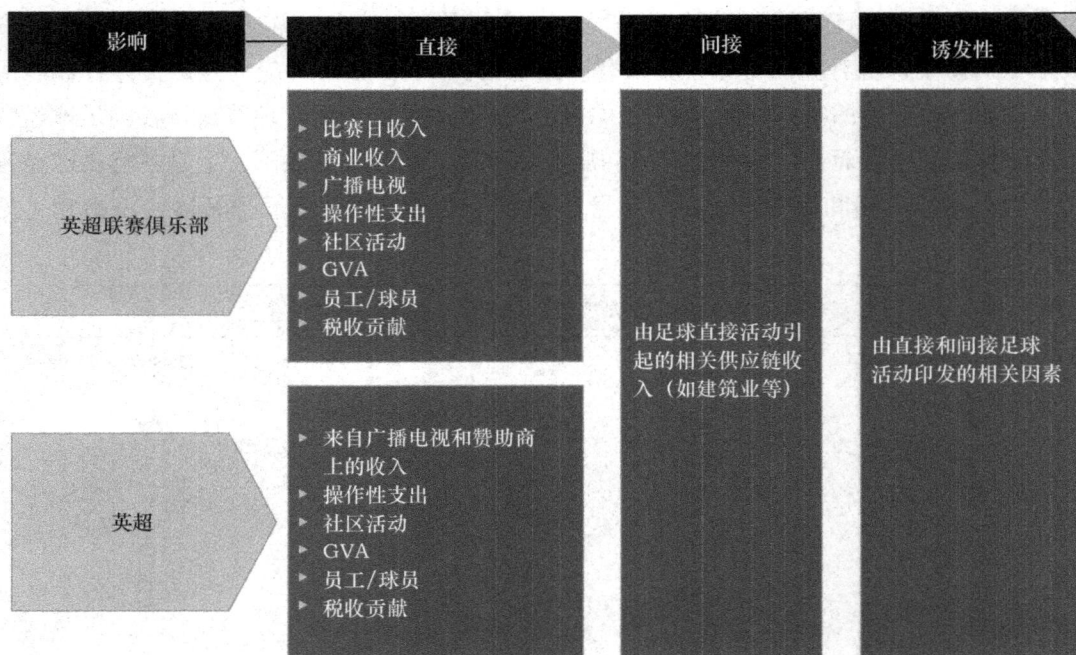

图 7-7 基于球迷多层消费的足球产业体系

7.3.1.1 中心环节

以英超比赛（如曼彻斯特城德比战）为例，举行比赛，需要场地、器材、服装、比赛、人员运行和球员购买以及工资等多个方面的投入（中心环节，体育的统计学概念包含内容）。鉴于球迷的需求以及吸引更多球迷关注的压力，各家英超俱乐部持续不断地在吸引优秀球员方面下功夫，球员工资水平不断提高，这实际上是在战绩和俱乐部品牌发展等压力下产生的球迷隐形消费产业，见表7-4。

表 7-4 2013—2017 年间英超部分俱乐部收入（百万磅）

序号	俱乐部	2013—2014	2014—2015	2015—2016	2016—2017
1	曼城俱乐部	£216m	£205m	£193.8m	£225m
2	曼联俱乐部	£187m	£215.8m	£203m	£220.8m
3	切尔西俱乐部	£190m	£192.7m	£215.6m	£218m
4	阿森纳俱乐部	£166.4m	£180.4m	£192m	£200.5m
5	利物浦俱乐部	£140m	£144m	£152m	£165.6m
6	托特纳姆热刺俱乐部	£112m	£100.4m	£110.5m	£121.2m

7.3.1.2 下游生产经营

伴随联赛和比赛而生的是，以足球比赛作为中心环节，吸引 Sky 和公司的电视等媒体转播、球迷旅游观赛、博彩、体育视频、健康锻炼和体育相关产品研发等一系列经济活动（下游生产经营）。而且这些经济活动之间还会派生出各种经济活动，足球比赛成为上述一系列活动的内容之一，但这些活动与足球比赛之间并非相互依存的关系，一方面，足球只是电视转播等活动的一种内容，只是这些活动众多形式的一种；另一方面，电视转播等活动也不会成足球比赛举办的必须产品，电视等媒体介入、博彩、旅游观赛等种种活动仅仅是足球比赛影响力扩张的媒介或形式，而非决定足球比赛进行与否的必需品。

（1）电视

随着大批世界级球星的加盟以及对抗和观赏程度的不断提高，英超作为世界第一联赛的地位获得了持续巩固，其影响力也早已从英国和欧洲扩展到了全球。随之带来的是电视转播版权收入的暴涨。1992—1997 年间，英超广播电视收入额度仅为 1 亿 9 千 1 百万镑，但是到了 2016—2019 年间，已经激增到了 51 余亿英镑。而且近期英国《每日电讯报》消息称英超在 2019—2022 年周期海外版权收入还将增加，其中仅今年海外转播版权收入就将首次突破 40 亿英镑（见图 7-8）。随着英超作为电视传媒内容竞争力的提升，带动了包括视频、旅游、博彩和健康产业的井喷式发展，英超的下游生产经营链条和网络也越发丰富和完善。

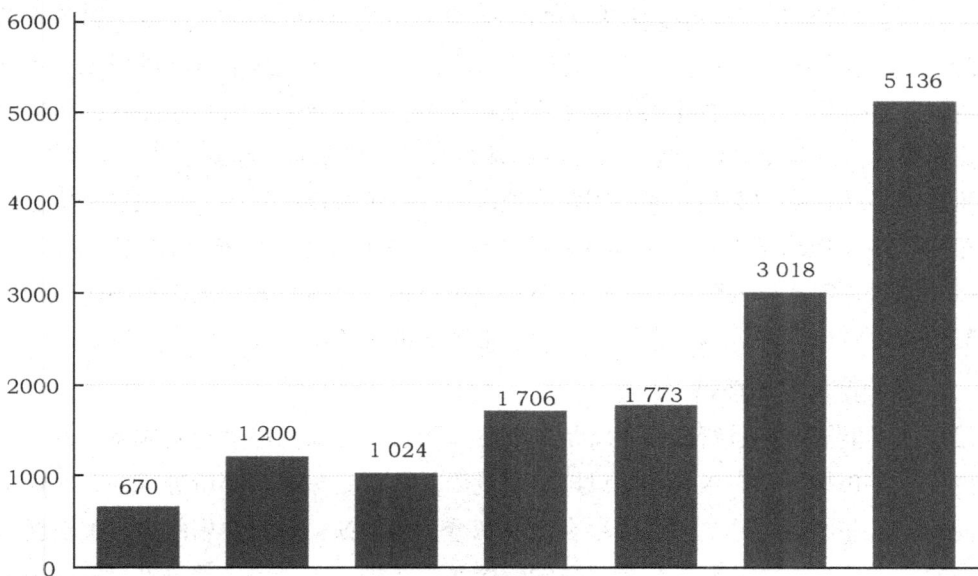

图 7-8　1992—2022 年间英超广播电视收入增长情况（百万镑）

（2）博彩与旅游

自 2005 年英国博彩法案公布后，英超比赛的激烈性、观赏性以及不可预测性，使众多博彩公司将英超比赛作为竞猜内容的重中之重，吸引了众多球迷高频率的参与英超足球竞猜活动。博彩公司对英超各家球队的球衣广告投入也逐年上升（广告为上游生产经营，但是通过博彩公司的广告投入变化可以清晰地分析出球迷对博彩业的青睐）。同 2002—2003 年相比，博彩公司的投入增长了超过 2000%，成为继体育产品、金融服务、航空和汽车行业之后第五大对英超投资行业。统计显示，在英国传统博彩行业如赛马等收入持续下降时，英超竞猜却在球迷中获得持续增长，这主要源于英超对 20 岁左右年轻男性的巨大吸引力。2016 年英超海外收视人群达到 11 亿，到英国现场观看英超的国际游客数量达到 68 600 人次。国内球迷客场观赛人次超过 81 万人次。

（3）足球相关产品的研发

这一方面目前最重要的就是以英超为背景原型的各种电子竞技的研发与推广。此类产业发展包括两大类别，第一大类别是经英超授权使用英超联赛内容，第二大类别是创立英超电子竞技平台。前者主要体现在英超官方与国际游戏巨头 EA 之间的合作。EA Sports可以在 EA Sports FIFA 系列游戏中加入英超俱乐部和球员形象。EA Sports 还获得联赛全球转播的品牌宣传权、月度球员和季度球员奖的赞助权益、赛前场内品牌整合权益和继续赞助"梦幻英超"（Fantasy Premier League）的权益。后者主要体现在 EA 与英超联合宣布创办新的电子竞技联赛 ePremier League（ePL）。该赛事所适用的游戏为 EA 旗下的《FIFA19》，ePL 为英国的《FIFA》系列玩家，提供在整个比赛期间代表他们最喜欢的英超俱乐部的机会。对于英超和 EA 而言，这是一种双盈模式。首先，希望通过利用英超联赛的大规模追随者来引进现实世界游戏的粉丝，这种伙伴关系将有助于加速 EA 电子竞技成长。其次，根据英国转播管理机构 Ofcom 的数据，与 2010 年相比，25 岁以下观看电视直播的数量减少了四分之一，因为，这部分观众已经开始转向按需观赛的模式。因此，英超选择与 EA 合作，正是看中 EA 庞大受众群体的数据。比如，EA 会告诉英超球会，某个国家有多少人在玩 FIFA 游戏，而其中英超的球迷又有多少。也就是说，从理论上来看，曼联可以选择球迷基础更加坚固的国家或地区，进行游戏推广活动。英超也希望通过数据资源整合，促进俱乐部在各个市场的营销活动。曼联非常希望将球迷数据、EA 数据和社媒数据相结合，深入研究球迷的地域分布和行为习惯。这样一来，俱乐部不仅在销售特许商品时更有针对性，也可以对自己的赞助商带来情报支持。

7.3.1.3 上游生产经营

足球比赛能够顺利进行，需要将足球比赛作为投入对象的庞大经营体系。例如，足球产品生产、零售批发、广告、场馆设施的建设以及针对足球俱乐部所进行的金融资本投入等。而且，这些经营体系之间必须存在交叉和派生，例如，曼联俱乐部为了建设新球场所进行的金融融资；又如，要满足英足总的经营培训计划，各个俱乐部通过金融融资建设高标准的青训中心等。以球场修建为例，从 1992 年创立开始，英超各传统强队的球场修建和改建球场的投入就随着英超品牌和球迷人数激增而不断增加，包括曼联、曼城和阿森纳等各家传统队伍都至少对球场进行两次修建或修缮。连续不断的球场修建或修缮拉动建筑业和材料业等一系列产业的发展，而且明显地提供了大量的就业岗位。同时，球场修建给俱乐部带来的巨大资金压力又催生了建筑金融业之间的合作，例如，2018 年利物浦俱乐部再次推进他们扩建安菲尔德球场的计划，加上 2016 年扩建的花费，总计会超过 2.6 亿英镑，而托特纳姆热刺的新球场修建则最终会花费超过 6 亿英镑，这一系列的巨大的资金需求已经吸引了金融界的兴趣。因此，可以明显地看出，由球迷消费催生的各个生产经营产业间的交叉和融合已经成为推动英超发展乃至英国发展的巨大动力。当然看台的扩建成功也给英超各家俱乐部带来了丰厚的回报。例如，经过 2016 年扩建，利物浦的联赛比赛日收入已经增加至 7 400 万英镑。通常将门票和比赛纪念品等收入视为重要的比赛日收入。但是，比赛日的快餐食品销售也是比赛日的重要收入来源。对于英国球迷而言，馅饼＋啤酒的组合几乎是看比赛必备的快餐组合，尽管每个球迷每场比赛可能的消费额度不大，仅有几英镑，但一是球迷人数众多，二是循环消费，使得快餐食品销售也为各个俱乐部总收入的增长提供了强劲动力（见表 7-5）。

表 7-5　2017—2018 赛季英超各队赛场饮食售价（镑）

球队	馅饼	啤酒	总价
曼彻斯特联队	3.9	4.0	7.9
阿森纳	3.9	3.9	7.8
西布罗姆	3.4	3.4	6.8
曼彻斯特城	4.0	4.0	8.0
利物浦	3.4	3.4	6.8
托特纳姆	4.3	4.3	8.6
纽卡斯尔联队	3.6	3.6	7.2
切尔西	2.5	4.8	7.3
埃弗顿	3.3	3.3	6.6
莱切斯特城	4.0	4.0	8.0
布雷顿	4.1	4.2	8.3
斯托克	3.2	3.2	6.4
南安普顿	3.5	3.5	7.0
水晶宫	4.0	4.0	8.0
斯旺西	3.9	3.9	7.8
哈德斯菲尔德	3.4	3.2	6.6
伯恩利	3.0	3.0	6.0
沃特福德	4.2	4.1	8.3
伯恩茅斯	3.5	3.5	7.0
西汉姆	3.9	3.9	7.8

7.3.2　中超球迷消费体系

7.3.2.1　中心环节

同英超比赛一样，中超比赛需要场地、器材、服装、比赛、人员运行和球员购买以及工资等多个方面的投入（中心环节，体育的统计学概念包含内容）（见图 7-9）。鉴于球迷的需求以及吸引更多球迷关注的压力，各家中超俱乐部持续不断地在吸引优秀球员方面下功夫，球员工资水平不断提高，这实际上是在战绩和俱乐部品牌发展等压力下产生的球迷隐形消费产业。近几年还不断引进足球方面先进的技术和器材，并且不断聘请国际一流球员和教练员进行统一且详细的指导。就整体而言，中超球员工资持续暴涨，各家俱乐部的人工成本成为大头（人工成本主要是球员、教练团队的薪酬待遇），该要素占据了总比重的 67%，之前根据英国媒体提供的数据，中超球员平均年薪高至 78 万美元，成为世界上薪资最高的第六大联赛，仅次于欧洲五大联赛，可是中超的营收能力与五大联赛却不可相提并论。其中，英超人工成本占了整体开支的 58%，德甲只占了 42%。2016 赛季，中超人工成本结构为：球员和教练工资占比 67%，球员资产摊销占比 18%，青训成本占比 5%（上赛季新政未实施），管理费、比赛运营及其他成本合占比 10%。

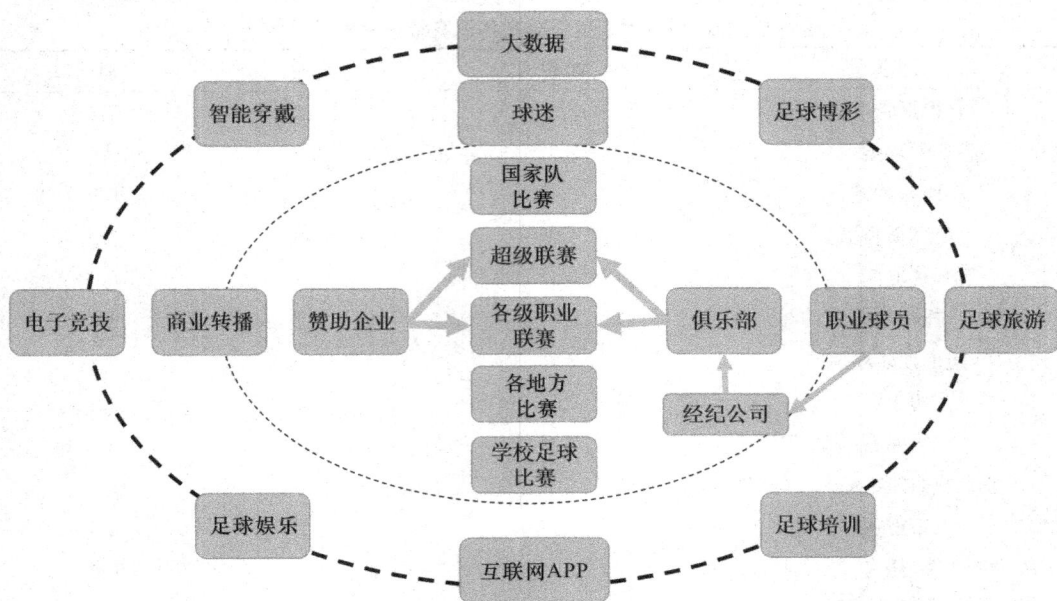

图 7-9　中超球迷消费体系

7.3.2.2　下游生产经营

（1）电视及新媒体

中超联赛的转播版权费用在 2015 年就已经卖出天价，五年 80 亿元人民币，换言之，中超联赛此后五年，每一年的转播版权费用都将达到 16 亿元人民币，由此可以看出，其商业潜力令人震惊。但是目前国内的足球赛事由于过分依靠赞助，导致赛事版权的商业开发程度非常低，为解决收益少、开放程度小等问题，采取了促进市场开放的措施，市场开放后，国内足球俱乐部、联赛公司能够从版权运营（电视转播、衍生品开发等）上获得更大的收益。据报告显示，2015 年，中超公司的整体收入再次创下新高，达到 7 亿元。然而，在版权收入方面，即使有 8000 万元的版权收入，比 2014 年增长了一倍多，可是在总体收入方面所占的比例依然比较小，发挥的作用极其有限。另外，2018 年的调研统计显示，中超球迷的联赛信息三大来源分别是网络、移动和社交媒体，这些新媒体为中超赛事的转播版权费用发展提供了新渠道。随着网络和移动媒体的进一步渗透，以及更高水平的网络传播速度，球迷对于中超信息（比赛、新闻、图片和短视频等）的可达途径将更加倚重新媒体（见图 7-10）❶。

❶　Deloitte. 中超联赛 2018 商业价值评估白皮书 [R].Deloitte 中国，2019：22.

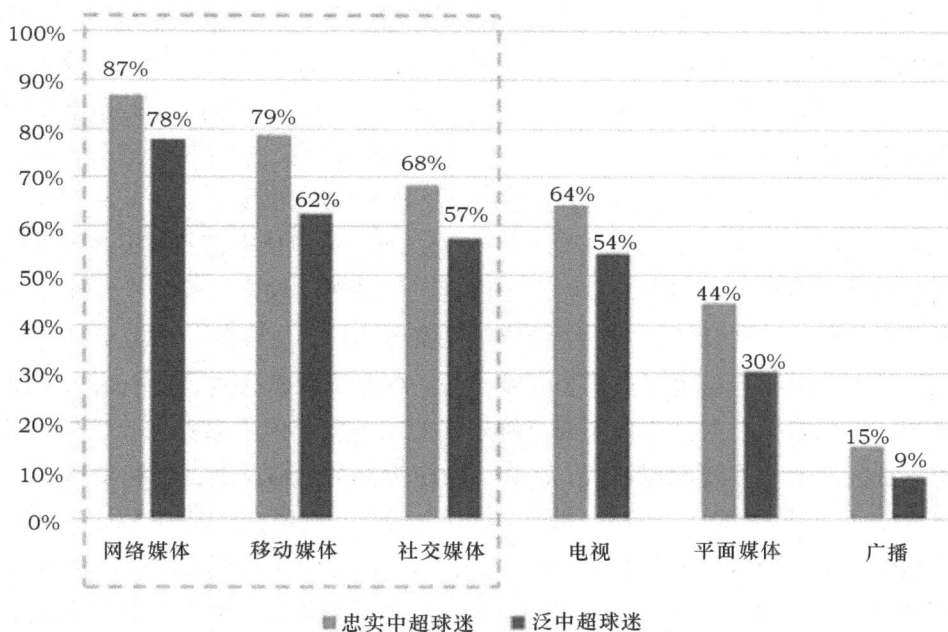

图 7-10　2018 中超联赛球迷获取信息渠道

数据来源：Deloitte 中超联赛 2018 商业价值评估白皮书

（2）足球相关产品

可观的是，由于中国足球改革的不断推进，中超联赛不断尝试开发其他衍生品。中超联赛现已将疯狂体育作为 2017—2022 年中超联赛官方游戏高级合作伙伴。将疯狂体育授权为"中超联赛官方游戏高级合作伙伴"。在全球范围内，拥有在移动端、电脑、家用游戏机、虚拟设备等游戏载体上设计、开发、制作、运营、维护、宣传、推广包含中超联赛相关元素的中超游戏的权益。疯狂体育可以运用中超联赛的名称和 LOGO、参赛的 16 家俱乐部名称以及 LOGO、球员名称与形象、教练名称与形象、吉祥物、赛事数据等，中超联赛合作开发的游戏领域，成为营收的一个新增长点。并且，将中超元素运用到游戏里，可以使更多球迷、游戏爱好者认识、了解中超。特别是海外游戏玩家，也可以近距离体验中超联赛，中超品牌得到了更好的宣传、推广。据统计，双方 2017—2022 年合作的总金额，将达到上亿级别的签约。中国有 5 亿体育用户，有 5.6 亿游戏用户，体育是竞技的根本，体育游戏是一大蓝海市场。中超是中国最受关注的赛事，有几亿球迷，与 NBA、NFL 等顶级赛事的游戏开发相比，中超的游戏市场价值还有极大的提升空间，到了体育、竞技游戏的爆发时刻，我们对整个中超的 IP 价值增长充满信心。

7.3.2.3　上游生产经营

2015 赛季，16 家中超俱乐部总收入约 25 亿元，分别分布在广告赞助、门票、衍生品出售、中超分红、球员转会、政府扶持资金等方面（见图 7-11）。与 2014 年相比，冠名费相对持平，依旧保持在由中国平安冠名的 1.5 亿元的水平。相较于往年，赞助商的广告赞助费用有很大增长，达到了 5.36 亿元。2017 年，国内足球赞助金额达到 18.4 亿元，预计 2022 年，这一金额将会接近 23 亿元（见表 7-6）●。2016 赛季，中超 16 家俱乐部的收入高达 70.82 亿元人民币，然而，由于其投入是 110.14 亿元，因此就实际意义而言，整个赛季结束，总体浮亏约 40 亿元人民币，平均每家俱乐部亏损 2.5 亿元。根据中超各俱乐部的财报中各比重的显示，商业赞助占总收入的 64%，球员交易收入占 11%、政府补贴占 6%、比赛日门票收入占 3%，其他收入另占 2%。虽然俱乐部的有很多的盈利点，但是因为国内联赛发展不够成熟，发展动力滞后，影响因素较多，所以绝大部分的俱乐部还处于亏损的状态，其日常运营主要依靠球队资本运作，更多的是足球带来的品牌影响力。在数量上，中超与英超存在显著的差异外，场地费用也已经成为中超与英超在上游生产经营方面的最大差异。英超大部分俱乐部的球场属于俱乐部所有，而在中国，大多数大型球场的所有权主要归属政府。所以，中超大部分的球队会选择租赁球场，这在很大程度上加大了成本费用，缩减了收益空间。比如 2016 年，广州恒大淘宝和广州富力两家中超俱乐部分别获得了天河体育场内场、越秀山体育场和广州大学城体育场副场的 20 年承租资格，开启了民营企业承租国有体育场地的新模式。但是，由于不断加大对中超职业足球俱乐部在标准化方面建设的投入，各个俱乐部开始尝试对俱乐部的场地建设，例如，河南建业足球场，可容纳 2.8 万名观众一起观赛，2009 年建业集团以 1.18 亿元人民币拍下，建业足球俱乐部因此成为了国内第一家拥有自己专属球场的俱乐部。广州恒大俱乐部也已确定在广州南站商务区东侧地块，建设专业足球场，该足球场建成后，可容纳 6 万人左右。俱乐部在专属球场方面的投入，必定加快了各个经营体系之间开始出现交叉和派生的联系。

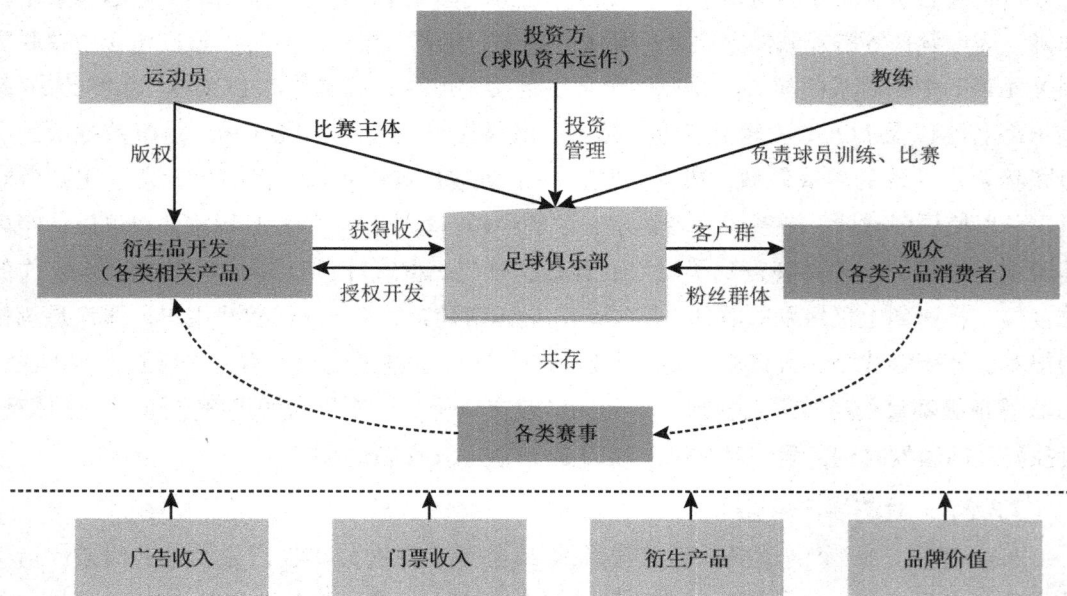

图 7-11　中超各家球会的收入结构（亿元）

● Deloitte. 中超联赛 2018 商业价值评估白皮书 [R].Deloitte 中国，2019：8.

表 7-6　中国各体育赛事赞助规模（亿元）

赛事	2017	2022	复合年均增长率（%）
足球	18.4	22.7	4
篮球	11.4	13.9	4
乒乓球	1.3	2.5	9
排球	0.5	1.0	13
台球	0.3	0.5	8
田径	0.2	0.4	7
其他	1.0	1.4	8

数据来源：Deloitte：中超联赛 2018 商业价值评估白皮书

7.4　足球消费的经济贡献分析

7.4.1　关键指标

在欧盟 SSA 中确定了一系列重要的体育经济指标，这些体育指标的概念和方法皆基于 SNA93 指标体系，主要包括体育最终支出、体育产品进口和出口、体育增加值、体育生产总值和体育劳务指标（例如就业人数等）[1]。

第一，体育最终支出。最终支出包括最终消费支出、资本构成总额、进口支出减去出口支出。其中，最终消费支出可以被分为由常住性居民或机构为满足个人或社区居民集体需要而消费产品或服务的支出。可分为个人家庭、非营利组织和政府三类消费支出；资本构成总额由固定资产总额和存货变动两大部分组成。在 SSA 中，固定资产总额主要指"专属项目"，如体育场所和设施。Vilnius 概念指出"多目的性"项目和多用途耐用性物品（例如道路、汽车、电视和游戏机）不应计入体育统计学概念中。另外，存货变动一般不计入 SSA 之中。

第二，体育产品的进口和出口。由家庭、为居民服务的非营利组织和政府所消费与体育相关的进口产品都应该计入 SSA。体育相关出口包括由非常住人口或单位（家庭、为居民服务的非营利组织和政府）所消费的所有体育相关出口产品。

第三，体育增加值。体育增加值是由生产商和负责销售体育相关产品的零售商创造的价值。体育增加值的一个重要作用是，实现了该增加值与国家账户中其他产业进行比较。

第四，体育生产总值。体育生产总值是所有常住人口或单位生产活动获得的与体育有关的所有产品和服务。

第五，体育劳务指标。主要是体育企业员工数量、体育从业人员和工作数量等一系列指标。其中，体育企业员工是指与一家常住性的体育相关单位签订合同，以劳动换取经济

---

[1] Panagouleas, T.& Kokolakakis, T. A Manual for the Construction of a Sport Satellite Account（SSA）[R]. Paper presented at the XG SHP, Sport Industry Research Centre at Sheffield Hallam University, 2012, 11–15.

报酬的人士。体育从业人员则包括在体育相关产业中每周进行至少一小时有薪酬工作的人员；参与非税务登记或非社会保险登记的，但合法付薪工作；暂时赋闲但仍然从体育相关产业领取酬劳的人士。本研究将选取体育增加值、劳务指标等作为主要指标。

7.4.2 中英对比

7.4.2.1 英国

近几年，英国在体育卫星账户方面持续做出努力，连续推出多个年份的体育卫星账户，并将足球产业作为一个重要内容。由此可以看出，足球在整体经济指数、就业和纳税等方面都持续增长（见表 7-7），并且这种增长速度显著高于其他行业。

表 7-7 英国足球产业的社会贡献效应

时间	GVA	就业	纳税（亿）
1998—1999	7 亿	11 300	3.5 亿 ~4
2013—2014	52 亿	70 000	16
2016—2017	72 亿	99 000	33

7.4.2.2 中国

我国十分重视足球产业的发展。根据前瞻产业研究院发布的《2018—2023 年中国体育产业发展前景预测与投资战略规划分析报告》，到 2025 年我国体育产业将达到 5 万亿元的市场空间。按照国际体育产业中，足球占比 40%，中国足球 2025 年产业规模超过 2 万亿元。足球产业已经成为我国体育产业发展的重要组成部分。虽然目前由于统计手段和内容上发展的不足，我国足球产业对国民经济贡献的实际效果还难以评估，但是可以通过我国体育产业总体发展来评估足球产业发展状况。国家体育总局、国家统计局联合发布了 2017 年全国体育产业总规模与增加值数据。数据表明，2017 年，全国体育产业总规模（总产出）为 2.2 万亿元，增加值为 7811 亿元。并且，由于经济的迅速发展，投资力度的加大，我国足球场、足球公园等设备设施建设力度继续加大，极大地促进了足球相关产业以及设备设施的完善。我国足球产业的潜力增长空间巨大，发展动力蓄积，具有极大的发展空间。另外，随着校园足球和社会足球的协同发展，可以预见，足球人口将大幅增加，我国足球产业对我国经济的贡献将明显体现出来。就目前估计而言，可以达到数千亿元人民币的规模，甚至十年之后，将会达到上万亿元人民币的规模。据数据估计，就其中单独的足球彩票就可以达到上千亿元的规模，再加上足球场地、设施的建设，以及职业足球赛事和相关的衍生产品等，估计其所产生的收益绝对会显著提高。

7.5 结论

通过对比可以看出，由于中英两国地域、人口等因素的不同，基于球迷多重消费的足球产业之间的差异主要从质的方面进行考量。在目前中国足球产业体系结构中，中超联赛具有极其重要而特殊的地位，并在各类体育产业发展中处于领先地位，诸如赛事版权销售、门票及用品销售、商业赞助及如电子竞技等衍生品的开发与推广都进行了较为大胆而成功的努力，可以说中超联赛已经不仅是中国足球赛事的代表，还是整个中国体育产业的重要代表。但是，在与英国足球产业的发展体系进行对比后会发现，目前，我国足球产业的上、中、下游产业体系内部链条还不完整，甚至存在残缺和断裂。尤其在中超赛事水平、中超球队亚冠成绩以及中国国家男子足球队战绩的多重影响下，使得中国足球这块滋润的土壤未能培养出人气爆棚、比赛精彩、商业红火和偶像出众的赛事IP。因此，从球迷多重消费的角度看，中国职业足球联赛需要建立短期目标和长期目标相结合的发展模式，特别是从长远目标来看，各家球会最为重要的途径是打造稳定的俱乐部品牌，以先进而符合中国民众心理需求的俱乐部理念打造球队和球员形象，并倾心在与球迷互动上大做文章，使俱乐部成为整个城市乃至整个区域的认同中心，让更多球迷自愿地成为俱乐部的终身会员，成为他们的精神信仰。

8　中英足球球迷语言文化研究

语言是"人类社会重要的信息交际工具",语言作为人们社会生活的基本行为方式,不仅是对现实的反映,它还把"现实"(reality)变为"实在"(existence)。认同的哲学意蕴与认同本质有关"语言与认同"的研究,是近三十多年来的事(Gumperz 1982)❶。语言如何反映并影响身份认同,语言如何建构以及在多大程度上建构并维持身份认同,是语言认同研究领域关注的重要问题。其关注包括种族、民族、经济、移民和国际关系等,并且逐渐从宏观的固定认同向微观的互动认同发展。学者认为一些问题和趋势值得进一步关注,首先,语言认同的理论众多,视角不一,研究者需特别注意在自己的研究中明确视角和定义。语言认同研究需要更多从"本土"或"内部"发出的声音。其次,研究情境需要多元化。最后,研究对象需要多元化。据此,作为凸显地方文化的语言,以及随着足球作为一种文化符号的地域跨越❷,球迷语言起到了形成、标识和强化地域文化和地域认同的作用。对于语言学而言,球迷语言是承前启后的研究对象,从历时性角度看,具有联结结构主义和建构主义的作用。从共时性角度看,可以成为推进语言认同研究多个问题的研究。而对于球迷文化而言,也可通过语言角度探究更深入和多样化的球迷文化。

8.1　结构主义与建构主义分野与融合下的语言与认同关系研究

8.1.1　分野与对立

结构主义与建构主义核心的争议在于二元论的哲学思想上。结构主义强调世界的客观性,将形成永恒结构作为其目标,三个基本前提为社会结构的客观存在性不以人的意志为转移,并决定人的行动;社会结构的变迁依赖于张力与引力的相互作用;社会结构的变迁是制度和文化影响的结果。而建构主义的根本出发点则着力于主体性,在本体论上表现为主体视角、客体视角和反主客体二元论三个阶段。建构主义诞生于对结构主义的批判过程中,两者之间是一种逻辑上的批判关系❸。早期建构主义以结构主义为理论取向,现代建构主义则秉承后结构主义"无结构""去中心""相对性"等原则。

---

❶ 周庆生.语言与认同国内研究综述[J].语言战略研究,2016,1(1):72–79.
❷ 高一虹,李玉霞,边永卫.从结构观到建构观:语言与认同研究综观[J].语言教学与研究,2008(1):19–26.
❸ 郑深.建构主义:从结构主义到后结构主义的演变[J].佳木斯教育学院学报,2003,4(1):36–40.

8.1.2　融合与发展

长期缺乏对话的结构主义与建构主义在埃利亚斯和布迪厄的理论体系中得到了改善，建构主义社会学也出现由主客体之间的二元对立到二元融合的发展趋势。埃利亚斯批判了社会结构的实在论，认为必须在从发展变化的人类关系中看待自身与社会之间外在与对立关系[1]。布迪厄理论中的场域和惯习概念进一步体现着两种社会学力量的融合。其中，场域是相对于行动者的外在结构，但是这种外在结构是行动者建构，并受到行动者诸如性情和思维等影响，具有历史生成性，是一种内在性的外在化。而作为实践基本原则的惯习是一种生成性结构，是外在性的社会影响在人身体的内在化，因此是外在性的内在化[2]。随着埃利亚斯和布迪厄思想在各个研究领域的延伸，建构主义和结构主义开始结束二元对立的局面，形成融合发展趋势，正如布迪厄称自己的理论是"建构主义的结构论"和"结构主义的建构论"[3]。

8.1.3　语言与认同关系

语言如何建构以及在多大程度上建构并维持身份认同，是语言认同研究领域长期关注的重要问题。语言与认同研究呈现了由结构观向建构观的发展趋势。从社会建构主义观点看，知识、事实、文本以及个人自我等都是群体生产和维持的语言性，即符号性存在。认同不再是社会结构的固化物，也不是个人产物，而是具有历史性的，在互动环境中与语言互为建构的、多元的和液态流动的过程。而在个体与社会频繁的相互与协商过程中，又蕴含了对话语的使用。LePage 和 Tabouret-Keller（1985）通过种族和阶层认同分析认为语言行为应该被视为都是认同行为，个人通过学习、调整和改造自己语言行为习惯及模式，使自己与期望认同的群体不断接近，同时与想疏远的群体最大化地产生差异。而且，个人通过言语所进行的认同行为会不断受到他人反馈的影响，原有的认同有所加强或减弱。社会群体和团体所具有的和表现出的群体语言特征是存在于每个个体头脑中的，并不断进行着个体间的互动，而不是结构主义所认为的一成不变的客观存在的实体[4]。布迪厄强调语言在认同建构中的作用，认为对地域、民族认同定义的过程，并非中立反映"现实"社会之"自然"分类的过程，而是能动者借助语言的象征力量来控制人们对现实世界的认识和信念，使群体产生或消亡的过程[5]。

8.2　足球球迷语言与身份建构

8.2.1　整合与排斥——足球球迷语言与身份建构的显性表达

在全球急剧激荡中，如何思考、寻找和形成"我"与"我们""我们"与"他们"的

❶ 郭振.埃利亚斯的过程社会学对体育社会学研究的启示 [J]. 体育学刊，2010，17（1）：24–27.
❷ 刘欣.阶级惯习与品味：布迪厄的阶级理论 [J]. 社会学研究，2003（6）：33–42.
❸ 瞿岩.试析结构与行动理论相互融合的可能与途径 [J]. 社会科学战线，2008（1）：258–260.
❹ Tabouret - Keller A. Language and identity[J]. *The handbook of sociolinguistics*，2017：315–326.
❺ Bourdieu P. *Language and symbolic power*[M]. Harvard University Press，1991：7–35.

相同与差异，总是与社会文化等的多元思考相互关联，其暗含着"独特性"原则和"排他性"原则。社会身份理论将这种追求群体身份"异同"直接动力归结自尊需求。群体分类是通过内群体和外群体的社会比较及积极区分实现的。特别是像主队和客队足球球迷一样，当内外群体在相邻空间内争取群体认同过程中，充分体现了触异而认同，即：当人们接触异类人群时，认同问题就会凸显。这种类似于跨文化交际学中的"群体中心主义"会带来球迷群体间的偏见或歧视。自然而然地，产生了不对称的群体评价，群体间的差异会在特定维度上被夸大。球迷在赛场中的语言（口号和歌曲等）也主要表现为两个极端：对群体内相关事务给予更为积极的认知、情感和行为上的评价；对外群体则以消极的刻板印象，表达偏见、贬低和歧视的态度，特别是进行污名化。前者被称为整合式语言，后者被称为排斥性语言。无论是褒扬自己的群体还是贬低对手，口号都具有联结功能，其功能表现为组内团结和共享认同归属。

8.2.2　足球球迷语言类别

8.2.2.1　整合式口号的特征

整合式口号包含了各种强调组内认同的口号，表现为对自己球队鲜明的赞叹和支持，可以是对俱乐部的直接支持，也可以通过对具体球员和教练员的赞叹，对俱乐部所在地以及球迷自身的喜爱来表现。这些口号成为集体联结，表达集体认同的重要手段。同时，这种赞叹也隐晦地表达了对缺乏此类特点对手的讽刺。很多整合式口号可以依据 Robson（2000）理论定义为"行动歌曲"，这类歌曲通常仅仅是俱乐部、地方、球员或总教练名字的简单重复，采用了高阶的仪式化的限制性语言，无任何多余词语❶。尽管这些歌曲在很多足球俱乐部的每场比赛中得到呈现，并不是需要大家形成并置性的认同和形成仪式性的效能感。这些基础性的和构成性的表达实践形成了各自俱乐部意义所在。这些行动性歌曲，主要以重复和仪式等形式出现，是形成和获得俱乐部集体经历的最为持久和显著的先决条件，也是俱乐部球迷集体想象团体作为的仪式存在❷。

8.2.2.2　整合式口号的常见形式

整合式语言中的最常见形式是俱乐部队歌，球迷群体吟唱俱乐部队歌是一种情感交互，体现了共同情感，构建了共同社会氛围，而不仅仅是交流。这些歌曲通常是流行歌曲，有时被用来提高集体记忆。包括利物浦的《你永远不会独行》，西汉姆的《我们永远吹泡泡》，利兹联队的《前进》，曼彻斯特城的《蓝月亮》和米尔沃俱乐部的《没有人喜欢我们，但是我们不在乎》。俱乐部队歌被自己的球迷视为俱乐部的标志，也因此，对手球迷会通过颠覆原有意思来获取巨大兴趣，这种颠覆方式通常是针对俱乐部所在地或居民形成的社会偏见，或俱乐部以往的耻辱性历史或战绩。例如，利物浦的《你永远不会独

❶ Crabbe, T and Brown, A .*You're not welcome anymore*: *The football crowd, class and social exclusion' in S. Wagg（ed.）Football and Social Exclusion*[M].London：Frank Cass，2004：34.
❷ Luhrs J. Football chants and the continuity of the Blason Populaire tradition[D]. University of Sheffield, 2007，95–96.

行》被改编为"签约，签约，用你手中的笔，因为你将永远失业，你将永远失业"。这种对利物浦队歌的改编源于利物浦的经济大萧条，作为传统工业区的利物浦，在 20 世纪 80 年代曾经出现了大面积失业潮，成为英国大城市中失业率最高的城市。各种队歌形式中，都会鲜明或隐含地表达了对俱乐部的赞赏，如利兹联的队歌是鲜明表达对俱乐部的爱，布里斯托城的"喝起来"则是将对手的讽刺翻转为自己的自豪。布里斯托俱乐部被对手俱乐部球迷称为"苹果酒酒鬼"，但是当地人却将其视为一种特征，为苹果酒带来的快乐和幸福而感到自豪。

除了队歌以外，褒扬俱乐部的歌曲还包括多种类型：普通支持与鼓励；自豪；比赛进程的反馈；场外事件的反馈；成就；俱乐部历史重大事件。例如，成就型歌曲通常褒扬俱乐部的成就，非常具体（见表 8-1）。其中包括进入杯赛决赛，获得升级或成功保级等。成就口号中即使没有提及冠军，也会提到自己的球队是联赛前列。

表 8-1 中英足球球迷整合式口号分类

类型	英国例子	中国例子
普通支持	俱乐部名称的简单重复："俱乐部名字"、鼓掌、鼓掌、鼓掌"俱乐部昵称"、按照歌曲 Amazing Grace 曲调重复"俱乐部名称"。	江苏！为江苏？战斗！上海，我们的城市是：上海！我们的颜色是：红色！ red，red！
自豪	Marching on together, We're going to see you win, La la la la la la, We are so proud we shout it out loud, We love the Reds，Reds，Reds！	不狂不放不申花；北京国安，我为你自豪；为你欢呼，我为你祝福；泰山，我们同风雨，泰山，我们共战斗；泰山，永远向前进，我们，永远支持你！
成就	We are top of the league， say we are top of the league 歌曲旋律为：Oops Upside Your Head.	征南闯北见谁怼谁，征服一切（河南建业）；广州富力，绝对无敌，越秀主场，热血最强。
比赛进程	2—1，we're gonna win 2—1 歌曲旋律为：Blue Moon.	比场上比分多一个进球的口号，如比分为 2 比 0，球迷会高喊 3 比 0 等。
场外事件	We ain't got no money，we ain't got no money，Na na na na – hey！ Na na na na 歌曲旋律为：Let's All Have a Disco.	魔兽世界坑害少年（针对当年申花队的出资人）。
重大事件	Hark now hear the City sing, United ran away, And we will fight for ever more, Because of Boxing day 歌曲旋律为：Mary's Boy Child.	9：1（国安球迷在与申花队比赛时，以 9 比 1 的口号讽刺对手，1997 年国安制造了至今都无人超越的对阵申花的经典比赛）。

类型	英国例子	中国例子
球员/教练	We've got Ozil, we've got Mesut Ozil, I don't think you understand, he's Arsene Wenger's man, he's better than Zidane, we've got Mesut Ozil	鲁能球迷高唱"后来",表达对前鲁能球员韩鹏的尊重。
球迷	We're the Arsenal FC The boys from Highbury we're the kings of all of London town and of all the premier league from the North bank to east stand from the west stand to clock end we're the famous Arsenal FC And we'll be champions again.	"我们是冠军"(上海上港球迷)。
地方	Manchester, Manchester, Manchester 歌曲旋律为:Here We Go".	"国安,国安,北京国安。"

球迷歌曲还会对场外事件进行反馈(见表8-2)。通常包括球场易址、球队更迭,这两种情况会引发球迷强烈的认同性反抗。球迷通过歌唱的形式表达反对。球迷将对球队的依恋与球队主场相连。另外,还包括针对个别球员和主教练的赞扬、支持和鼓励,主要针对在球场上做出了获得大家认可的功绩。有时,这种赞扬也可能是针对对手球迷发起的对我方人员的讽刺。通常,是对球员名字或昵称的呼喊,没有任何旋律。例如,纽卡斯尔前功勋球员希勒等,曼彻斯特联队前功勋球员坎通纳等。还有一些口号是针对球场上特殊情况的。最常见的是在获得进球时的反映。很多情况下,球迷会高喊再进一个。同时,即使落后,球迷也会用更多比分的形式。例如,leeds球迷在与朴茨茅斯比赛中,针对自己球队0—1落后,唱出:"2—1,我们会2—1取得胜利。"球迷自己的歌曲主要是以两种形式出现。第一,改编自军事歌曲。例如,被多家俱乐部球迷改编的歌曲 "Hello, hello, we are the [name/nickname of club] boys, And if you are a [name/nickname of rival club] fan Surrender or you'll die, We all follow the [name/nickname of club]."。该歌曲就改编自美国南北战争中的"向佐治亚州前进"之歌。第二,将自己的生死与俱乐部联结在一起。例如,很多家球迷歌唱的"我是×××球迷,至死不渝,至死不渝"。重复呼喊地方名字。首先,这类歌曲就是没有音调地、简单地重复地方名称,如"德比郡、德比郡""曼彻斯特、曼彻斯特";其次,按照某首歌曲的旋律简单重复地方名称,常见的改编歌曲为 "Here We Go" 和 "Amazing Grace";最后,就是在地方名称后面加上褒扬词,如 "Oh Manchester is wonderful, It's full of tits, fanny and City, Oh Manchester is wonderful."。

表 8-2　中英足球球迷整合式口号对象

整合式语言	英国例子	中国例子
队歌 / 赞歌	You will never walk alone.	各个俱乐部队歌 国安球迷改编自《醉拳》的歌: "绿色的身影是我骄傲,我们共奋斗征战天下,攻必克,守必坚,捍卫绿色的信仰,为了平民的荣耀。"
球员 / 教练	You are my Solskjaer, My Ole Solskjaer, You make me happy when skies are grey, You'll never know dear, How much I love you, Please don't take my Solskjaer away. 歌曲旋律为:You Are My Sunshine.	卡努特、卡努特(北京国安外援)、入场仪式(全场跟着 DJ 一起呼喊球员名字)。
俱乐部	Take me home, United Road, To the place I belong, To Old Trafford to see United, Take me home, United Road 歌曲旋律为:Country Roads.	建业建业,河南建业;河南建业,永不放弃, 卓尔不服, 力帆雄起!
地方	Manchester, Manchester, Manchester 歌曲旋律为:Here We Go.	国安!国安!北京国安!! 这里是?江苏!这里是?江苏! 为江苏?战斗!为江苏?战斗! 贵州弹起!弹起!弹起!弹起! 这里是?北京!
球迷	Wednesday till I die, I'm Wednesday till I die, I know I am, I'm sure I am, I'm Wednesday till I die 歌曲旋律为:H-A-P-P-Y.	"我们不惧强敌,占领每一个阵地,为了共同的理想,永远不放弃!"(北京国安球迷战歌)。

8.2.3　排斥性口号与歌曲

定义我们必然引入对他们的定义。当我们谈论他人的时候,我们经常在言及自己。社会交往中,相似与差异经常是共生共存的:我们之间的相似性就是与"他们"之间的差异性,反之亦然。相似与差异反映了彼此在一个共享边界上相互反映,而这个边界正是区分我们是我们,他们是他们的所在之处。尽管我们只有在与外群体对比时才能凸显我们自己的内群体身份,但是内群体身份仍然是首要的。但是并不意味着我们就可以离开外群体。我们的存在蕴含在他们中,依靠着他们,有时也为他们而存在。对于外群体的敌意有助于加强我们的归属感,尽管这不是必须的。因此,当我们考虑到上述过程时,贬低式足球歌曲的存在就很有必要。他们的存在也不再是仅仅互相干扰那么简单。在互相诋毁的过程中,他们彼此成为强化各自认同感的关键,提升了内群体的优越地位,无论是真实还是想象。当人们在定义自己作为地方社区成员身份后,会以玩笑的方式讥讽其他社区成员的愚蠢性,通过这种否定对方的方式来肯定自己作为社会团体的基本认同。很明显,贬低性足球歌曲的主题通常与地方或区域性讽刺有关。通过以这些方式对对方进行讽刺,本方球迷肯定了他们的不同性,即:他们拥有着与对方截然不同的优秀特征。贬低性的类别包括：贬低俱乐部；贬低球员或教练；贬低球迷；贬低裁判和贬低其他（见表8-3）。很明显贬低型类别比整合类别多，因为贬低的对象要比整合类多。贬低型俱乐部歌曲通常针对最主要的地区对手，也就是死敌，使用的也是专门挑选的最尖酸刻薄的话语。Widdowson（1998）认为人们的共性是对同地区的对手会比远方的对手施以更强烈的侮辱，这种侮辱程度通常是针对小地理半径区域内的对手，并随着距离的扩大而逐渐衰退 ❶。歌曲主要集中在五个主题：普遍性讽刺，表现，场下事件，回归球员以及现状情境。针对球员表现的讽刺，意在影响该球员的表现，是很常见的，也会针对球员的野蛮犯规或对球迷的挑衅。贬低球迷的类型直接针对对手球迷，将刻板印象或特定地方居民的负面特征表达出来，不论这些是真实的还是虚假的。任何显著的刻板印象或负面的特征都可能成为讽刺口号。很多这类歌曲仅仅是一个词，不断地重复。一个对手俱乐部的仇视，对手的地点和球迷是最容易被语言攻击的对象。在讽刺过程中，各种各样的贬低性语言都可能会被使用，无论这种讽刺是基于事实还是想象。

表 8-3　中英足球球迷排斥式口号对象

排斥性	英国例子	中国例子
地方	Sign on, With pen in your hand, Cos you'll never get a job, You'll never get a job 歌曲旋律为：You'll Never Walk Alone	××××今天不偷××了（上港球迷口号）。
球迷	What's it like to, What's it like to see a crowd ? What's it like to see a crowd ?	常见的侮辱性语言。
裁判	You're not fit to, You're not fit to referee, You're not fit to referee 歌曲旋律为：Guide Me， Oh Thou Great Redeemer	"黑哨"等。
警察	The Bill， it's just like watching the Bill, It's just like watching the Bill 歌曲旋律为：Blue Moon	常见的侮辱性语言。

8.3　球迷认同——足球球迷语言与身份认同关系的隐性根源

8.3.1　球迷群体认同的结构观和建构观发展趋势

　　无论是结构主义还是建构主义，都承认地域、性别和阶层等社会范畴及相应认同的存在，结构主义强调认同的"现实性"和"自然性"。建构主义则强调群体的语言对地域、民族认同的能动性，将语言的象征性视为控制价值观和世界观的力量。这两种社会学方向也反映在了国内外关于足球球迷认同研究方面。自20世纪80年代起，英国学者

❶ Widdowson H G. Context， community， and authentic language[J]. *TESOL quarterly*， 1998，32（4）：705–716.

Dunning 等人针对足球球迷极端群体，如足球流氓等的研究认为球迷认同是根植于阶级矛盾。球迷暴力的发生与作为曾经足球球迷主体的工人阶级在球场地位的边缘化有关。Tyler 和 Cobbs（2015）关于德比的研究表明同城德比是基于球迷群体的强烈认同对抗，而彼此之间的认同根源于宗教、地域和民族之间的认同相关 ❶。基利安洛迪（1997）的研究依据认同将球迷群体进行分类，认为对球队的认同反映了球迷对社区、对城市和对球队的认同程度 ❷。学者研究表明针对语言效应的情境条件归结为三大类：物理情境、社会和互动因素（如说者与听者之间的关系，以及社会关系的其他要素）和行为序列或行为类型（个人在商业和家庭活动中所呈现出的不同的语言行为）。我们前面已经强调了行为类型在足球歌曲中的关键作用：可能会伴随在赛前、赛中和赛后不同球迷行为中。比赛自身也有严格的序列行，如球员入场、抛硬币、开球、中场等，所有这些都会产生不同类型的歌曲。同时，比分并不是歌曲使用的唯一情境。所有其他的歌曲是依据现时的情况和具体人员（如教练和球员）的出现来决定使用什么样的歌曲。这样的物理语境因素很明显在推论性建构的使用解读中也起到了一定的作用。例如推论性论证（这个在这边，那个在那边）被用来引起说者和听者对物理环境中人和物出现的关注。同时，社会因素对于语言建构具有更加明显的作用：说者与听者的社会关系影响着双方的礼貌用语、称谓或者停顿和重音等。而且，存在众多的社会影响因素，如年龄、性别、社会亲疏、社会地位、权威性等。这些因素发挥作用的隐形动机是，身份认同的语言性行为，会有意识或潜意识地效用于个人的社会身份认同。布迪厄认为，虽然一种阶级身份模式的建构，往往不过是一种对"可能阶级"的理论表述，是一种"纸上的阶级"，但是当这种"纸上的阶级"被动员起来，就很有可能转化为真实的社会群体，话语也因为生产了现实的阶级而具有述行的"神奇效果"❸。不论在任何国家，经济发展状况的差异潜在地形成了不同的阶层，而语言的使用也因为社会群体阶层的差异而呈现出不同的特点。根据路径依赖的相关理论，某个阶层使用的语言一旦形成惯习就很难在短时间内改变。而这种阶层之间的差异在工业革命最早的英国体现得更为明显。

8.3.2 球迷语言对球迷认同的建构

8.3.2.1 外在形式——词语重复、简单组合

Jenkins 在《社会认同》一书中将主客队球迷之间的对抗视为认同的互动方式，语言作为传递"暴力"的符号或"赞扬"的符号，对彼此的集体认同起到了削弱或强化的作用。足球口号并非是个历史悠久的现象，直到 20 世纪后半段，足球支持者才真正开始通过歌曲和口号的方式来支持球队。从语言学的建构角度看，球迷歌曲可能仅仅是一种简单

❶ Tyler B D, Cobbs J B. Rival conceptions of rivalry: Why some competitions mean more than others[J]. *European Sport Management Quarterly*, 2015, 15（2）: 227–248.

❷ Giulianotti R. Enlightening the North: Aberdeen fanzines and local football identity[J]. *Enlightening the North: Aberdeen fanzines and local football identity*, 1997: 211–238.

❸ 王建香，王洁群. 阶级身份述行：布迪厄社会学理论的言语行为视角 [J]. 国外社会科学，2011（6）: 104–109.

的建构：其音位、韵律都完全被锁定，仅仅通过一定的重复，象征性地与"坚持和支持"这一主旨意思相关联，成为一种提升球队士气的语言形式。以利物浦的队歌《你永远不会独行》为例（见歌曲 1），从表面上看，该歌曲的意思看起来完全是组合式的。而且，为了能够与集体成员或者他希望加入的团队身份一致，个人为自己创造合适的语言行为模式。这解释了为什么当地发音变化（如威尔士卡迪夫强烈的 [æː] 发音或在 Lancshire 方言名词短语中不断减少定冠词使用，其中心名词强调了其农业地方特色，这些都成为身份创造的语言方式）。

（歌曲 1，《你永远不会独行》）

Walk on,

walk on with hope

in your heart,

and you'll never walk alone,

you'll never walk alone

8.3.2.2　内在形式——图式

歌曲图式过程蕴含的认同建构存在更为复杂形式，球迷歌曲不仅仅是对著名歌曲简单的重复，其实质包括明显图式过程。例如，在北爱尔兰与西班牙的国际比赛中，球迷唱到：你们是英格兰吗？你们是英格兰吗？你们是经过伪装的英格兰队吗？（见歌曲 2）。北爱尔兰球迷歌唱如此歌曲是因为当他们的球队意外地 3—2 领先。有趣的是，西班牙队并没有在这首歌曲中提到，而是针对西班牙队及其球迷是否是经过伪装的英格兰队。对于北爱尔兰球迷而言，很多国家队都实力平平，但具有共同的图式，而这种图式的代表球队就是英格兰队。作为实力差的球队的典型代表，英格兰队给北爱尔兰球迷的刻板印象就是技术粗糙、打法老套、进攻乏力等。通过用英格兰这一代表，这个歌曲将弱队的图式嵌套给西班牙队，既讽刺了当下的对手西班牙，也讽刺了夙敌英格兰。这种歌曲形式经常被各地球迷使用。例如，诺丁汉森林对球迷在比赛中歌唱的"你们是德比队吗？""你们是德比队吗？""你们是经过伪装的德比队吗？"还可以将球队名称换为阿森纳、格拉斯哥、斯旺西和托特纳姆等。

从意义建构角度看，在歌曲中提及的球队并不是现在的对手，而是一支不成功或打法不讨人喜爱的球队（如德比）。通过隐喻的方式，将提及球队的基本意义（实力低下）转嫁给自己的对手，无论现在的比赛进行如何，通过这样的方式，球迷既讽刺了现在的对手，也讽刺了歌曲中提及的对手。也就意味着，通过这样的建构，完成了对现实的和虚拟对手的讥讽。以社会语言学中的听众设计理论来解释这种建构是比较有效的❶。首先，在歌曲中有一个明确的指向对象，即歌曲的指向者，也是目前的对手球队。其次，有受讯者，即对方球队的球迷，讽刺对方球迷，因为他们支持的球队是一支不好的球队。侧面地表达了对自己球队的赞赏。同时，在比赛中还有一部分中立者，如电视媒体人、医疗工作者以

❶　Bell A. Language style as audience design[J]. *Language in society*，1984，13（2）：145–204.

及比赛赛事官员。他们并不是歌曲的针对者，但是他们也有意义，因为他们成为对对手讽刺歌曲的观众和听众。

（歌曲2）

Are you England？

Are you England？

Are you England in disguise？

Are you England in disguise？

8.3.3 语境条件与球迷认同建构

8.3.3.1 语境条件与球迷认同建构

从语境条件看，球迷活动的语境条件对认同建构非常重要。在职业足球的情境下，最为关键的前提是大批的球迷，在一个领导者球迷的带领下，一起高喊同一口号。从互动交际心理学的角度看，口号和歌曲可以被看作是一种关键的自我释放功能：共同歌唱建立和加强了个人认同（作为一个狂热的球队支持者），以及作为一个群体球迷成员的认同（我们一起歌唱，一起站立）。通过这样的歌唱和支持球队，个人的认同和群体的认同成为一种抽象认同（我们是一个俱乐部）。从关系层次上看，歌曲可以被视为一种期望认同的表达方式，这种期望认同是歌唱球迷共同建构的。因此，从泰弗尔和特纳的社会认同理论以及自我范畴理论，歌曲表达并强化了个人作为一个拥有共同价值和情感关联的社会群体的自我观念。通常情况下，歌曲或口号的原有意思已经不会被球迷所关心，但是作为建立和强化语境认同的现在歌曲成为建构的中心元素，甚至一些球迷根本就不再知道起源的歌曲意思。很多类似球迷歌曲存在重要的语义条件要求，才能实现有效的讥讽和自我期望身份建构。很多歌曲使用条件是对球场比赛现状的反映，否则，该歌曲的讽刺意味就无法实现。这种现状反映不是简简单单的对比赛过程的叙述，而是要求球迷对各个球队现在实力的变化有较为及时的认识，对球迷世界知识和历史有较为明细的认识，才能充分地实现外部讽刺，内部期望身份建构的意义。例如，阿森纳球迷在客场对朴茨茅斯的比赛中，当球队从落后到领先后，阿森纳球迷高唱"你们的铃不响了，你们的铃不响了，你们的铃不再响了"（见歌曲3）。歌词针对的是朴茨茅斯一名标志性的球迷，该球迷在比赛中总是用铃铛来为自己的球迷助威。

（歌曲3）

You're not ringing，

You're not ringing，

You're not ringing any more！

You're not ringing any more！

8.3.3.2 修辞手段与球迷认同建构

对语言与认同关系的理解，从社会结构决定认同，语言纯粹是认同的"标记"，到结构与语言行为相互建构。这种相互建构在球迷语言与认同的建构过程中呈现出多种修辞形式：象征和隐喻-夸张、委婉语、转喻、类比、首语重复法等❶（见表8-4）。事实上，球迷语言中的修辞无处不在，而且已经不是简简单单的语言问题，成为构建我们知识体系和我们人类生活的主要手段。在球迷语言文本中的各种修辞手段中都隐藏着对相关文化基础与意识形态的认同。当球迷语言被创造并流传开，代表着球迷群体的认可，这说明球迷对该修辞所呈现的相似等关系的赞同。通过在比赛过程中大范围的重复呼喊，球迷语言及其中所嵌入的修辞关联也被植入受喻者思想，建构出了具有连续关联的修辞概念系统。这些球迷语言的修辞一方面是不同历史时期俱乐部的发展历程，体现了足球发展的变迁；另一方面，刻画球迷当代日常生活的球迷语言通过各种修辞手段展现眼前的现实，当球迷按照修辞关系开始理解球队现实和历史时，对俱乐部的认同就会变成更深刻的现实。如果新的修辞方式进入球迷赖以活动的概念系统，它将改变由这个系统所产生的概念系统、知觉、活动。

表8-4 中英足球球迷口号修辞方法

类型	英国例子	中国例子
象征和隐喻-夸张	Football is my religion, St James Park is my church, long live the king（英国纽卡斯尔俱乐部球迷）。	我想要怒放的生命，就像矗立在彩虹之巅，就像穿行在璀璨的星河，拥有超越平凡的力量（长春亚泰球迷）。
委婉语	Taxi for Kean（布莱克本球迷针对当时效力于曼联的前布莱克本球员基恩）	"贾跑跑，哪里跑"，前河南建业队贾秀全回到建业主场时受到球迷的"款待"。
转喻	Plato was red（针对利物浦球迷）	"大宋王朝"，[杭州绿城球迷，南宋以临安（现杭州）为都]，鲁治申（山东鲁能球迷针对上海申花队）。
类比	Don't bomb Iraq, Nuke Manchester（利物浦球迷针对曼联球队）	魔兽世界坑害少年××滚蛋（上海申花球迷针对前投资人的口号）。
首语重复法	Our Team, Our Teesside（米德尔斯堡球迷）	为了河北，一起战斗！战斗河北队！河北！华夏！幸福！

❶ Siebetcheu R. Semiotic and linguistic analysis of banners in three European countries' football stadia: Italy, France and England[J]. *Negotiating and Contesting Identities in Linguistic Landscapes*, 2016: 181-194.

8.4 语言—符号—抽象：球迷认同建构的层次

8.4.1 球迷语言的分类网络

基于建构语法方式，以及形式上的和意义水平上的相似性，建构形成了分类网络。大多数球迷口号或歌曲强调了类型和象征重复，形成了球迷内部和外部心理的建构。高象征性的重复可以导致语言建构的加强，这种高度的重复会被真正的球迷强化起来。从各种变式中，我们可以抽象出基本模式。基于使用角度看，球迷首先要在口号中存储着原有歌曲的基本形式和表现。随着版本的不断增加，更加抽象的口号模板逐渐形成心理网络，并成为心理网络原型。为了能够区分不同水平图式和抽象，根据语言演变建构主义研究者广泛应用的 Traugott（2013）分类可以发现，强化性的，实质的建构发生在网络的基础端（见图 8-1），被称为微观建构 ❶。高频率重复导致微观建构向更加泛化的抽象性中观建构发展。随着中观网络建构的发展，更加抽象的建构就会浮现 ❷。如在图 8-2 中，最高层级建构的在曲调和意义的水平，与中观和微观是共享的，如 Cwm Rhondda。这表明大多数 Cwm 曲调的球迷之歌都是用于对对手球迷的讥讽和侮辱。而且，这种建构也具有身份创造的功能，这种功能既体现在足球歌曲的特点上，也体现在歌曲是以对手和场上形势作为情境信息进行建构的。同时，这些歌曲还有一些音节上的偏好，原有歌曲与某些地名或队伍之间音节上的相似将更有利于球迷吟唱。当然，他们之间也存在一些灵活性。就目前而言，宏观网络建构中的图式节点或者中观建构还没有研究数据能够证明，因此本模型中，通过微观建构，形成中观建构以及抽象建构的假设还有待商榷。但是，在足球歌曲中，这种抽象建构部分是由球迷团体领导实现的，这些领袖可能会通过各种创造性的使用来点燃看台上其他球迷的热情。而且，这种抽象结构的共同特性是讥讽或侮辱，这也是很多足球歌曲的共性。

从中观层面看，在意义层面具有身份创造功能，并且也是讥讽和侮辱歌曲。这首歌的中观建构与抽象建构，以及其他的侮辱或讽刺建构都可以归纳为最具图式性的侮辱或讽刺宏观建构。这种宏观上的建构所体现的是一个具有身份创造功能的曲调。这种宏观建构是所有基本足球歌曲的共性，无论是支持型、期待型、批评型或攻击型。前述部分表明足球歌曲形成了以实用为基础的形式—意义网络，其形成源于高频率的歌曲类型和象征互动。但是球迷歌曲也强调社会与情境的条件。

---

❶ Traugott E C. The rhetoric of counter–expectation in semantic change：a study in subjectification Elizabeth Closs Traugott[J]. *Historical semantics and cognition*，2013，13：177.

❷ Hoffmann T. Cognitive Sociolinguistic Aspects of Football Chants：The Role of Social and Physical Context in Usage–based Construction Grammar[J]. *Zeitschrift für Anglistik und Amerikanistik*，2015，63（3）：273–294.

口号形式：

Are you England team?

Are you England team?

Are you England team in disguise?

曲调形式： CWM Rhodda

意义分析： 语义学：你们是假英格兰队吧

社会认同：我们 versus 你们

使用条件：英格兰队表现差强人意

语言表现：讽刺/挖苦

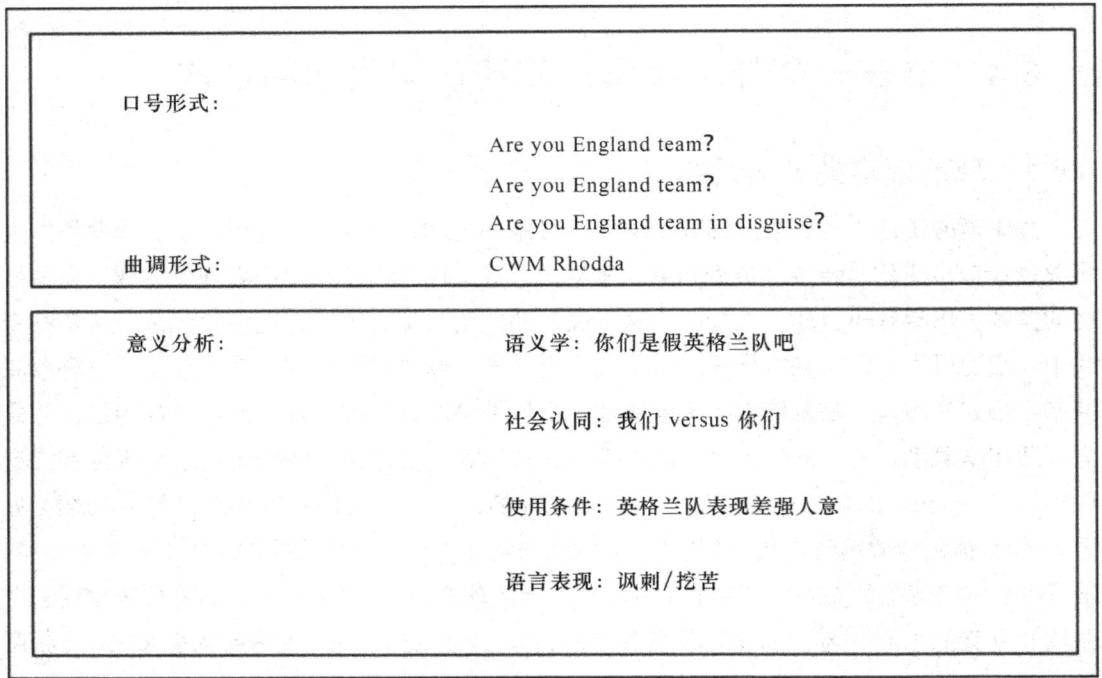

图 8-1　球迷口号中存储着原有歌曲图式和表现

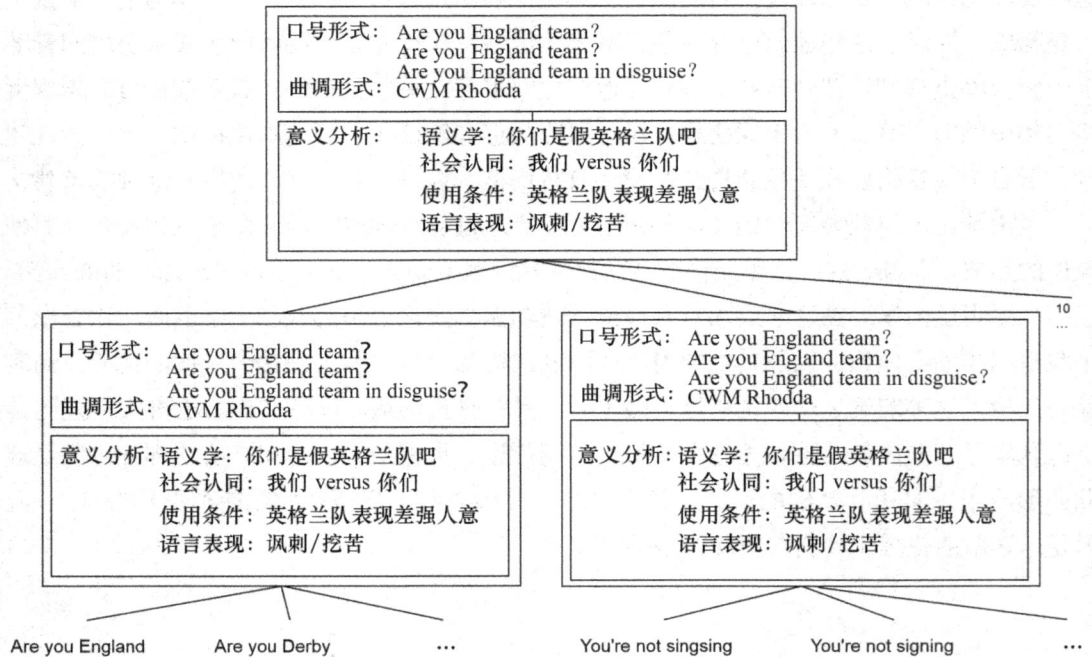

口号形式：	Are you England team?
	Are you England team?
曲调形式：	Are you England team in disguise?
	CWM Rhodda

意义分析：	语义学：你们是假英格兰队吧
	社会认同：我们 versus 你们
	使用条件：英格兰队表现差强人意
	语言表现：讽刺/挖苦

口号形式：	Are you England team?
	Are you England team?
曲调形式：	Are you England team in disguise?
	CWM Rhodda

意义分析：	语义学：你们是假英格兰队吧
	社会认同：我们 versus 你们
	使用条件：英格兰队表现差强人意
	语言表现：讽刺/挖苦

口号形式：	Are you England team?
	Are you England team?
曲调形式：	Are you England team in disguise?
	CWM Rhodda

意义分析：	语义学：你们是假英格兰队吧
	社会认同：我们 versus 你们
	使用条件：英格兰队表现差强人意
	语言表现：讽刺/挖苦

10
...

Are you England　　　Are you Derby　　　...　　　You're not singsing　　　You're not signing　　　...

图 8-2　球迷口号中不同层次图式和表现

8.4.2　球迷语言分类网络的形成机制

　　Harkulau（2000）认为认同是在社会文化历史条件下、在互动情境中与语言互为建构的[●]。球迷的语言反映了多种认同，其中，物理认同（说话人的年龄、性别等特征）和心理认同（说话人传递的各种心理特征）更多地是反映个体特征。

而地域、族群、民族和国家认同反映的才是球迷认同中的群体特征，也是球迷认同中较为稳定的内容。而这些稳定的内容是如布迪厄的"惯习"一样，是通过长时间在一定的物理和社会逐渐习得的，如球迷口号所代表的俱乐部历史，以及呼喊口号中所带有的浓郁的地方口音，这些都成为代表球迷所处社会地位的特征。球迷作为能动者，在比赛过程中，借助球迷口号等语言的象征力量来加强自己对球队的认识和信念，并借机削弱或诋毁对方的荣誉和骄傲，从而使对方处于一种被动和弱势的地位。

8.5　结论

8.5.1　足球球迷语言认同的异质趋同

与世界现代化交互的社会变革如影随形于世界范围内的文化、政治和经济全球化时代场景。所产生的资本扩张与文化激荡同样浸涤着足球领域，上至足球产业发展、下至球迷语言。国内外的、各类产业的资本不仅在深度上探寻足球发展的商业化程度，同样在广度上改变和形塑足球球迷语言文化。资本的介入与足球文化以互为因果的反向关系形塑全球范围内足球空间中各地球迷交往互动的边界，加之卫星电视带来的时空压缩，使得时空维度的同步性表征压缩着传统地方界域的区位，网络对话与电子媒介带来的新交往方式的改变影响原生性认同达成的基质，触发了背向发展的两大趋势。在一端，原有的基于"地方"孤点的球迷社区、地方、地域或国家共同体趋向于"全球性"散点的"想象的共同体"，足球文化也从区域繁荣向全球发展的社会延伸，特别是在文化上占据"优势地位"的英国足球球迷文化，成为全世界球迷的"共同体文化"。曼彻斯特、利物浦和阿森纳等英国球队在中国乃至世界范围内拥有巨大的拥趸群体，这些远距离不相及的球迷个体纷纷投入到英国足球文化全球化的大潮中，产生了逐渐"异质趋同"的联系，并且通过在一次次的重复操演中将诸如口号、行为与理念等的足球球迷价值观、制度等内化为身体行为上的表征。英国足球文化几乎成为足球文化全球化的代表，代表了一种趋势，一种将世界足球球迷合成一个整体的全球社群的趋势。

8.5.2　足球球迷语言的排他斥异

在另一端，英国足球文化在"异质趋同"的文化进化论声称中的推进，带来的不仅是英国足球文化的外向传播，也带来了对自身文化内向的相容性和同质性。随着资本的不断侵入，英国足球文化向度逐渐从形塑"地域性"文化色彩的平民转向推倒"地域性"文化藩篱的"无国界"精英。这种球迷文化的全球化正印证了卡斯特尔斯语"精英是世界的，

[●] Harkulau, L. From the "Good Kids" to the "Worst": Representations of English Language Learners across Educational Settings[J]. *Tesol Quarterly*, 2000, 34（1）: 35–67.

而老百姓是本地的"（球迷语言中能够区分地方文化认同的语句、口音及俚语正在被全球性的标准化语句、口音所代替）。这种足球文化异质趋同的反向作用带来的不仅是地方语言认同的同质化，还会逐渐消融以语言为微观认同基础的中观乃至抽象认同的瓦解。自然而然，这引发了英国球迷的"排他斥异"。通过对资本化趋势的限制，英国政府和球迷正在通过捍卫我们的球场语言来捍卫"我们是谁"，宣称"我们是谁"，并表达"我们为什么宣称我们是谁"等来逐层凸显、延伸和定位身份识别，实现对自己球迷文化的内生逻辑和外衍关系的重新界定。Penn（2016）认为球迷以"语言忠诚"释放自己球迷身份的象征和意义，以及根植于此的地方文化 ❶。他的调查发现托特纳姆热刺球迷在球场呼喊口号呈现了强烈的、粗犷的 Cockney 英语的显性特征（在英国进行工业革命的前期，居住在伦敦范围内的工人有着浓重的地方口音，也就是被称为 Cockney 英语的伦敦腔）。这种伦敦腔也因此成为工人阶级的标签。但是，随着城市的发展，越来越多的人口涌入，Cockney 英语逐渐被更为多元化的河口英语（Estuary 英语）代替，成为代表新一代中产阶级伦敦人的标签。与此同时，伦敦居民中还有部分人是官方英语口音（Standard English），这些人所代表的阶层为上流社会，这种口音也成为上层身份的标签，代表着富人和贵族。表层上，在球迷高唱"Come on，Lilywhite"时，他们骄傲地用重音强调式的地方口音表述自己所代表的北伦敦口音；深层次上，通过对该口音的强调，表达球迷的地方认同及热刺俱乐部依托当地社区成长的历史。同时也是对资本介入下，热刺主场内使用"圆润的"或"标准"英语的精英阶级文化的排斥。

❶ Penn R. Football talk: sociological reflections on the dialectics of language and football[J]. *European Journal for Sport and Society*，2016，13（2）：154–166.

第四部分
中英足球球迷精神文化研究

9　球迷视角下足球社会整合功能研究

体育，特别是足球，日益被各国政府相信可以有效地推进社会整合和融合。在以英国为代表的欧洲国家，以索马里为代表的非洲国家以及以巴西为代表的南美洲国家都有成功的经验。随着我国足球改革的不断推进，足球的社会功能和教育功能日渐显著体现，在促进社会融合，提升民族认同，增强国家意识方面起到了难以取代的作用。本部分内容将以球迷价值观、情感、人际互动和行为规范等作为变量，对球迷文化的社会整合功能进行探究。

9.1　社会整合理论

源起于西方的社会整合理论是相对于"社会解体或分化"出现的。早期研究，主要关注到社会发展过程。进入近代社会，社会急速变化，瓦解和变革带来的矛盾引发多种社会问题，社会整合成为保证社会秩序、构建社会结构的重要内容。

9.1.1　国外对"社会整合"的研究

社会整合是涂尔干（Durkheim）的重要理论，其使用"社会团结"一词来表达整合理念。包括在《社会分工》《宗教生活的基本形式》等作品中都有过论述。通过系列论述，涂尔干回答了"社会如何能够"，认为通过一定的社会纽带把个体联结在一起，是建立在共有的价值观、道德观等基础之上的联系状态。人类学家 Brown（1977）和 Spencer（1920）也从人类仪式的角度强调集体认同的社会整合功能[1][2]。帕森斯（1988）的社会结构论将社会分为身体系统、人格系统、社会系统和文化系统。这些子系统根据系统的统一需求保持系统单元的行为一致，促进人与人、群体与群体之间的和谐合作[3]。帕森斯还将集体价值观视为重要的社会整合力量，认为集体共同的价值观可以为社会大众提供合法的社会规范，并为高度分化社会提供共同的基础。国外学者相关研究的共同特征之一为：强调社会整合的同时更加尊重微观社会中的个体利益，相应地也更加关注微观社会中的个人权益。

9.1.2　国内对"社会整合"的研究

国内一些学者将社会整合理解为利益的协调过程，此过程中就是个体和群体融入整个

---

[1] Brown A R. On social structure[J]. *Journal of the Royal Anthropological Institute of Great Britain & Ireland*, 1977, 70（1）: 221–232.

[2] Spencer H. The principles of Sociology[J]. *American Journal of Sociology*, 1920, 35（4）: 139–154.

[3] 帕森斯，梁向阳. 现代社会的结构与过程 [M]. 光明日报出版社，1988: 17–25.

社会生活的过程，即可以将社会整合视为社会融合的过程。《中国百科全书词典》将社会整合界定为："调整和协调社会相关因素之间的关系，减轻和消除其冲突，并使它们成为一个有机整体的过程或结果。"周怡（2005）指出社会各类因素结合为一个完整而统一的社会，也就是社会一体化过程就是社会整合。周怡借用帕森斯和哈贝马斯的社会系统理论认为社会整合通常与社会运行中的规范和秩序整合对应，是个体实现和集体维持过程中的有序统一[1]。朱力（2005）也强调了意识和思想认同是社会整合的核心。通过意识可以消除分歧，融合社会。只要达成了"社会常识"，社会成员之间就有可能形成共同的价值观和信仰，行动上就可能拥有共同的目标和方向。社会在此基础之上才实现相对统一稳定的活动内容和秩序方式[2]。陆自荣等人（2012）整合了包括涂尔干、斯宾塞和哈贝马斯等学者的相关理论，将整合机制划分为两大类型，即精神文化和物质利益，两者存在关联。从文化和象征意义角度关注社会整合，对应于物质利益再生产的整合研究社会整合，是对应于物质意义和物质利益再生产的利益整合，而文化整合是相关文化符号再生产相关的机制[3]。同时，我国学者结合我国社会实践探讨社会整合的作用和意义。张世青（2017）认为我国社会转型期，社会分化带来的不同群体的矛盾可能会引起一定的集群行为，需要社会整合采用新的方式和途径来解决所面临的巨大挑战[4]。徐明宏（2015）认为社会分化带来的集体凝聚力的式微呼唤新的社会整合机制[5]。王道勇（2014）认为随着现代社会带来的时间和空间的压缩，社会矛盾不能再以静态的、固定的结构取向，而是应以动态和液态取向，从而实现网络社会合作模式[6]。

随着体育文化研究在广度和深度上的发展，研究者普遍认可体育在现代社会中的整合价值，从仪式学、人类学和传播学角度强调了体育的社会整合功能。而且关注了体育在促进社会整合过程中所带来的社会、经济和文化价值。陆小聪等人（2005）以文化整合视角探讨了当代青年人集群性行为特征，认为球迷文化所呈现出的集体认同和对集体价值观的塑造与社会整合存在内部关联，也就意味着球迷文化不仅仅局限在球场内外，而是与个人自身发展、与社会多元化融合问题紧密结合在一起。体育作为一种具有"现代宗教"意义的仪式，具有重塑传统仪式观念，树立特殊象征符号的社会整合功能[7]。金力等人（2008）将球迷看台文化视为体现社会整合功能的重要窗口，认为通过有效地引导看台文化发展，能够成功构建社会主义和谐社会[8]。张鹏等人（2012）认为体育活动所体现出的模拟竞争、仪式交流和人群互动等方面的功能，在现代社会是独一无二的，可以有效地激发爱国精

❶ 周怡.市场转型理论与社会整合[J].社会，2005，25（1）：43-66.
❷ 朱力.我国社会整合机制的转换——兼论"和谐社会"的理念[J].学海，2005（1）：42-47.
❸ 陆自荣，潘攀.象征性规制：文化整合的实质[J].湖南科技大学学报（社会科学版），2012，15（1）：37-42.
❹ 张世青.促进社会整合：中国社会政策的发展走向[J].学习与实践，2017（7）：71-79.
❺ 徐明宏.城市休闲的社会整合与管理创新研究——以杭州趣缘群体为例[J].浙江社会科学，2015（12）：82-88，157-158.
❻ 王道勇.从社会整合到社会合作：社会矛盾应对模式的转向[J].教学与研究，2014（7）：14-19.
❼ 陆小聪，刘宏森.球迷文化与社会整合——"体育和社会"对话之一[J].体育科研，2005，26（2）：5-9.
❽ 金力，毕传新.关于球迷现象的经济、文化与社会功能的研究[J].商丘师范学院学报，2008，24（12）：121-123.

神，促进民族融合，培养公民精神，展示国家形象，形成国家认同等●。邹师等人（2008）则强调体育活动是人们群体生活中的润滑剂以及减压阀●。

9.1.3　仪式化体育的整合功能

人类学研究表明，体育活动的起源几乎都与人类仪式和宗教活动有关。例如，古代奥林匹克运动举办缘由、活动过程和仪式内容都与宗教和祭祀活动有关。尽管现代社会中仪式的显性特征正在消融和减弱，但在体育活动中却形成了以体育迷群体为主要行为体的"仪式化"活动。特别是世界第一大运动的足球活动中，球迷在看台上的活动蕴含着仪式意义。综合以上研究可以看出：①体育的社会整合功能受到了关注；②主流相关研究是从经验或思辨方面表述体育的整合功能；③有一些研究对理论未能进行有效的整合，足球等主流大体育项目对社会的整合始终未获得深入的研究；④我国足球球迷整合的内部机制研究需要进一步探讨。

9.2　基于地方依恋的球迷与俱乐部内在联系

9.2.1　足球、球迷与地方联系

随着社会和科技的发展，地方和球迷的概念虽然突破了以往地域和时空的限制，但是英国和中国足球俱乐部所针对球迷人群重点仍然是俱乐部或俱乐部球场所在地居民，是在一个地区内共同生活的有组织的人群，即地域性集体。在英格兰的城市发展历史过程中，自治市镇曾经具有重要意义，尽管当今时代自治市镇地位日渐削弱或成为一种象征性区域划分，但自治市镇带来的历史、民族和文化方面的影响依然根深蒂固。依托英国城市化进程发展和繁荣起来的足球俱乐部天然地具有很强的社群特色。每个俱乐部的历史与所在城市或社区的历史紧密联系。我国职业足球改革初期，俱乐部主要集中在经济发达城市，所面向的人群主要为当地城市或城市所在的省份。例如，北京国安、上海申花、山东鲁能、大连万达和重庆力帆等都成为所在省级区域球迷的足球认同中心和当地地方足球文化汇集与展现中心。近几年，中国职业足球联赛发展的方式和方向将进一步强化足球、球迷与地方之间的联系。首先，中国足协已经认识到足球俱乐部的公益性质，以及其在地方认同和地方意义培养方面的重要作用。2018 年 12 月 22 日，中国足协强调要推动各家足球俱乐部名称的中性化调整，认为足球俱乐部名称的统一性和稳定性对于培育核心球迷群体，夯实和发展球迷文化具有重要意义，也是实现我国足球长期发展，创立百年俱乐部的基础性条件。要求各俱乐部用三年时间逐步由现在的地方＋企业的命名方式，向中性化和非企业化发展。其次，中国职业足球发展趋势正在由中心城市向二线和三线城市蔓延。随着中甲、中乙和中丙联赛的推广和发展，越来越多的地方城市加入足球俱乐部的举办行列中。

● 张鹏，张勇.体育在实现国家认同中的作用研究 [J].四川体育科学，2012（6）：1–3.
● 邹师，章思琪.体育促进社会稳定的机制 [J].体育学刊，2008，15（9）：26–30.

各地球迷的地方依恋感也呈现出更显著的根植化、地方化和互动化。

9.2.2　足球与社区居民的心理联系

集体身份认同研究表明球迷并不是被动地将自己视为消费者，而是将自己视为集体的成员。在社区或社区中具有代表意义的足球俱乐部通常也是球迷集体身份认同的中心，将自己视为俱乐部球队的"第十二人"。很多球迷组织将自己的组织命名为"十二人"，如重庆当代力帆俱乐部的"渝州十二卫"球迷会。Wynn（2007）认为："无论地域大小，其城市或社区的俱乐部都被球迷赋予一种代表社区文化、传统和精神的符号❶。"

9.2.3　基于不同球迷对俱乐部的依恋程度的社会整合功能研究

图 9-1 显示了不同认同水平球迷在社会整合质量和数量上的差异性。根据基利安洛迪的研究，球迷根据集体认同程度的差异可以分为游荡者、追随者、粉丝和支持者。正是各球迷群体集体认同的区别导致其所在群体在社会整合数量和质量上的差异。首先，游荡者球迷群体，只是足球商业化的追随者，他们追求的是足球给他们带来的外在光环，他们的认同是随着球队战绩的荣耀光环而变化。因此，他们之间的社会整合数量和质量都很低。其次，粉丝群体认同所指向的通常是具有一定特质的球星或球队。这个群体的社会整合数量较高，但是质量一般。再次，追随者群体对球队和俱乐部拥有较高的集体认同，因此，其社会整合数量和质量都较高。最后，支持者更多的是基于地方形成的球迷群体，与地方有各种文化、历史、家庭和工作之间的联系，也因此，该群体的社会整合数量和质量都最高。

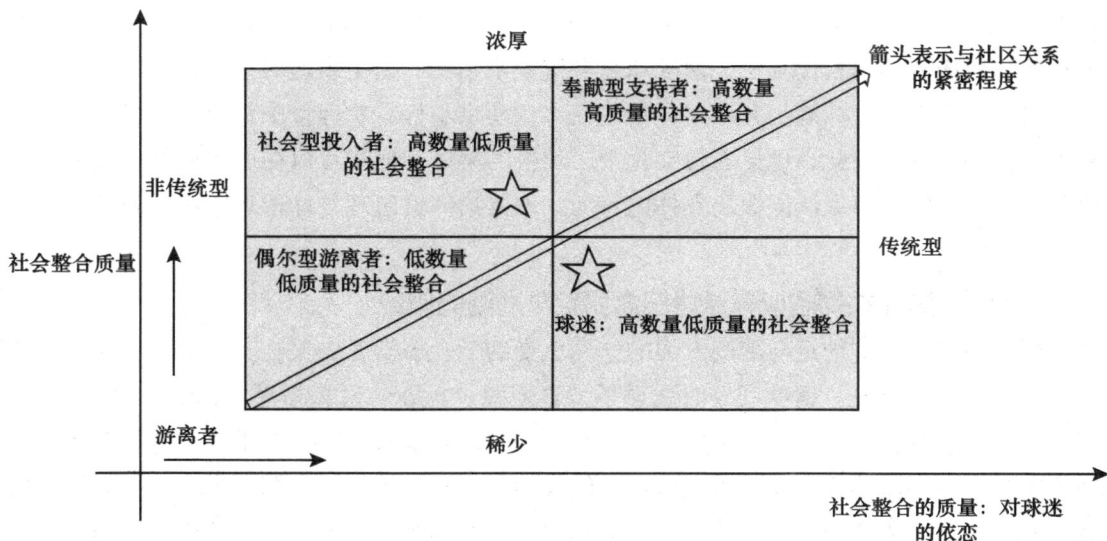

图 9-1　各类球迷社会整合数量与质量区分情况

❶　Wynn A C. The Gooooaaaaaals of Government：Football as a Political Tool of Fascism and Nazism[D]. *Wesleyan University*，*Connecticut*，2007.

9.3 球迷视角下足球社会整合功能内在理论模型及验证

9.3.1 研究的假设

首先，球迷群体的看台仪式行为是以集体身份认同为基础的。集体身份认同的一致性带来了群体认同的同质性，并产生行为的一致性。因此，球迷才会在比赛中步调一致地、相互统一地进行各种应援活动。在各地球迷个性化的发展过程中，衍生了一系列反映各自文化特色的看台文化。例如，作为一名重庆当代力帆的球迷，我认同作为球迷一分子的这一身份，为了能够支持我们球迷集体的认同中心——力帆足球俱乐部，我愿意和大家一起，用共同的行为和声音给球队带来力量。其次，从内在特征看，仪式承载着看台文化。球迷仪式具有显著特征，表现为社会化的、一致性的重复象征动作。这种具有重复性的人类肢体或语言行为是一种仪式活动，为球迷成员提供了"实际意义"，并逐渐内化为日常规范和秩序。

9.3.1.1 球迷集体价值观认同与球迷日常约定与准则的假设

现代足球除了竞技表演外，还传承着文化内容，其中最为重要的内容就是集体价值观。同时还承载了传递集体价值观的作用。球迷通过标语、口号、肢体语言等看台文化的具体方式表达着自己的价值观念，并希望这种价值观能够影响受众球迷群体，并逐渐进入球迷的内心、逐步在潜移默化中形成行为模式。例如，河南建业球迷助威歌《航海战歌》中，"红色的血液沸腾燃，烧红色的信仰不可动摇，共捍卫，同战斗，航海战歌震云霄，守卫中原的荣耀"，传递着团结一致，共同捍卫中原荣耀价值观念。又如，2018年江苏苏宁易购与重庆当代力帆比赛中，两家球迷群体关系不错，为了表达对重庆球迷的欢迎，苏宁球迷用标语形式"苏渝一家亲，共饮一江水，南京小杆子欢迎重庆崽儿！"表达了双方和平友善的关系。因此，球迷看台文化中，积极的集体价值观可以在一定程度上促进社会整合。球迷集体价值观认同假设具体内容为：球迷集体价值观与球迷日常约定与准则呈正相关。

9.3.1.2 球迷共同感情与球迷日常约定与准则的假设

情感在球迷日常约定与准则方面的作用也受到了众多学者的关注。其中符号互动论的代表学者库利在定义"镜中我"时强调了"自豪感（Pride）和羞耻感（Shame）"等自我感受，认为这两种情感贯穿人生发展，对社会的日常规范和秩序异常重要。科林斯在《互动仪式链》中将情感能量作为其微观互动仪式的一个基本要素。强调个人自我呈现作用的戈夫曼（2008）认为个人自控使得个体能够在符合社会规范与秩序框架下展开行为，从而促进了社会整合，这对于处于社会分化的当代社会来说非常重要❶。而且，在他看来，更加正向的情感通过鼓励符合球迷日常约定与准则的行为来提高人与人之间的聚类和团结。因此，球迷的共同感情对球迷日常约定与准则的假设具体内容为：球迷共同感情与球迷日常

❶ 王晴锋. 戈夫曼与情境社会学：一种研究取向的阐释性论证 [J]. 社会科学研究, 2018 (3)：122–128.

约定与准则呈正相关。

9.3.1.3 持续的球迷之间人际互动与球迷日常约定与准则的假设

戈夫曼主张以微观的角度考察人际间的互动仪式，认为"微观人际活动之间蕴含显性和隐性规则"。这些规则可以理解为"在具体情境中实现的规范与秩序"。当人们身处在一个具体情境中时，要想与所在情境之间达到和睦相处，就需要调整自身以满足符合相关的规范与秩序。从戈夫曼"拟剧论"和自我呈现理论来看，就是个人会在互动情境中接受既成的约定和标准，并以此来调整自己的行为。假如个体感受到自身需求与情境规范存在排斥，则会通过表演来作出让步，使得自己与情境保持和谐 ❶。因此，个体与当前情境之间的和谐关系要求、发展和保留了各类的球迷日常约定与准则。在足球球迷情境中，存在着显著个性抑制的球迷一旦进入球场看台，就会约束个人行为，寻求群体行为统一，从而达到遵循群体互动规范与秩序。因此，球迷之间人际互动对球迷日常约定与准则的假设具体内容为：球迷群体之间的人际互动与球迷日常约定与准则存在显著的正相关关系。

9.3.1.4 球迷共同感情与球迷之间人际互动的中介作用

价值观在社会宏观层面和个体微观层面都有重要意义。社会层面上，价值观体现了整个社会的中心，被视为一个社会文化体系的灵魂，代表着集体评判、赞赏、惩罚的一种心理标准。个体层面上，价值观是引导和调整个人态度及各类行为的心理基础，并会影响后续的情感。因此，球迷集体价值观认同与球迷日常约定与准则之间中介作用的假设具体内容为：球迷群体对集体价值观的认同与情感存在显著的正相关关系；球迷群体对集体价值观的认同与球迷之间人际互动存在显著正相关关系；球迷群体对集体价值观的认同与球迷日常约定与准则之间存在中介变量—球迷共同感情；球迷群体对集体价值观的认同与球迷日常约定与准则之间存在中介变量—球迷之间人际互动。

9.3.2 模型的提出

社会整合早已成为包括社会学和人类学在内的多个学科研究的核心内容。涂尔干在《宗教生活的基本形式》中就仪式与社会团结进行了大量论述，其中包括消极膜拜和积极膜拜。消极膜拜包括各种清规戒律、修行和祭祀；积极膜拜则包括互助、纪念等活动。消极膜拜保证了神圣与世俗之间的分离与隔离状态，积极膜拜的最重要功能是团结个体，并进一步凝聚群体力量。涂尔干认为，只有当人们凝聚在一起时，大家之间产生的关于集体共同价值观和情感的统一性，才能发挥仪式的功能和意义。个体通过这样的仪式过程才能获得和加强公共价值观、情感以及社会规范秩序，而且这种仪式所带来的心理效应会持续延续下去。

人类学特纳强调仪式带来的社会整合实际上是阈限化的社会过程，通过双向共生、监督和规范才能将人与人之间联结在一起。一旦在现实中脱离阈限的日常活动，仪式的功能就会削弱，甚至消亡。特纳将仪式划分为三个阶段：结构—反结构—再结构。最初，仪式

---

❶ 黄建生. 戈夫曼的拟剧理论与行为分析 [J]. 云南师范大学学报（哲学社会科学版），2001，33（4）：91–93.

的参与者并非是积极的个体，只是根据社会层级行动，在经过"反结构"状态后，仪式的个体参与者获得了仪式效应，并融入集体中。在仪式结束后，个体再次回到日常生活中，仪式带来的效益可能继续发挥。

综上所述，以涂尔干为首的众多学者都认可仪式在创造价值观和球迷共同感情过程中的重要作用，并将仪式及其社会作用视为实现社会团结的基础条件。由此可见，球迷看台文化具有复杂而又强大的社会整合功能。本研究以球迷集体价值观的认同、球迷群体情感、球迷之间人际互动和球迷日常约定与准则作为理论维度，探讨球迷看台文化的社会整合功能。其中，以我国社会主义核心价值观为中心价值观，结合球迷体育参与心理特征，将球迷集体价值观念的认同维度划分为以下 6 个 2 级维度：努力、敬业、公正、文明、自由、友善。球迷群体情感包含 2 个 2 级维度：自豪感和羞耻感，这 2 个维度与球队比赛有直接的联系。球迷之间人际互动划分为个体和群体 2 个维度。统一的日常生活规范与秩序也划分为 2 个维度，分别为规范和秩序。球迷群体价值观、球迷共同感情与球迷之间人际互动可以对球迷日常约定与准则产生直接影响。而球迷共同感情和球迷之间人际互动作为中介变量，影响球迷群体价值观和球迷日常约定与准则之间的关系，即球迷群体的价值观除了可以直接对球迷日常约定与准则产生影响，还通过球迷共同感情和球迷之间人际互动影响球迷日常约定与准则（见图 9-2）。

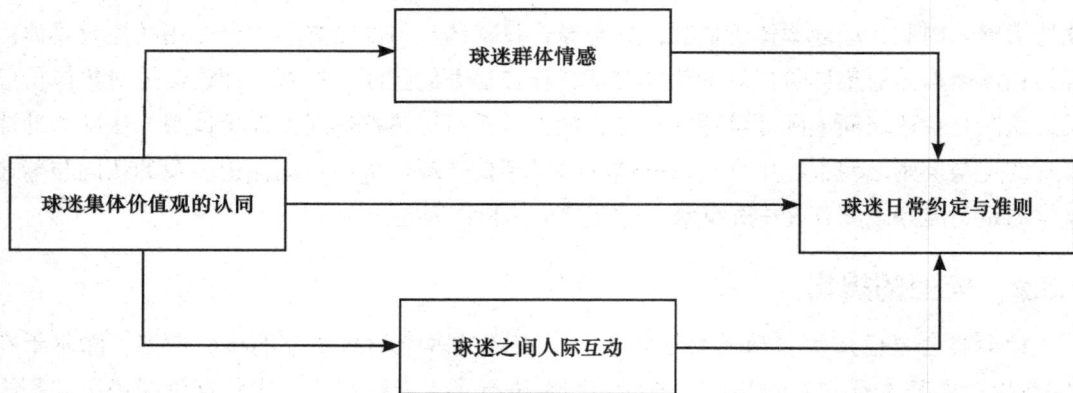

图 9-2　足球球迷看台文化内部社会整合模型

9.4　相关变量设计与信效度检验

9.4.1　自变量

根据前述理论，将球迷集体价值观认同作为自变量，采用 5 级 Likert 问卷设计，共 6 个条目（见表 9-1）。

表 9-1 球迷集体价值观认同问卷

条目编号	条目内容
1	足球精神代表永不言败和为梦想的拼搏
2	你若不离不弃，我必生死相随
3	既然无法改变裁判判罚，我们就应该冷静看待
4	以欣赏的心态观看比赛，不必太过关注结果
5	随队征战，为其加油是件快乐幸福的事情
6	天下球迷一家亲，要善待客队球迷

9.4.2 中介变量

以球迷群体情感为中介变量1，共6个条目（见表9-2）。

表 9-2 球迷群体情感问卷

条目编号	条目内容
1	主场观战的气氛让我痴迷，总能让我感到战斗的力量
2	口号、歌曲、标语等是团结球迷的重要元素
3	我为自己作为球迷支持者而自豪
4	别人对我球队的侮辱就是对我个人的侮辱
5	球队的失败就如同我个人的失败
6	球队的成功就如同我个人的成功

球迷之间人际互动为中介变量2，共6个条目（见表9-3）。

表 9-3 球迷之间人际互动问卷

条目编号	条目内容
1	追随球队到现场看球能够让我与更多球迷交流互动
2	我与我球队的球迷朋友关系融洽
3	我与我球队的球迷朋友有共同的足球话题
4	我更喜欢和倾向与我的球迷朋友交友并交流感情
5	与球队的球迷朋友交流是很轻松愉快的事情
6	我们球迷间的互动交流气氛良好

9.4.3 因变量

球迷日常约定与准则作为因变量，共6个条目（见表9-4）。

表 9-4　球迷日常约定与准则问卷

条目编号	条目内容
1	我不会介意其他球迷的性别，对男女球迷持一样的欢迎态度
2	我对不同年龄的球迷持一样的欢迎态度
3	我对不同职业的球迷持一样的欢迎态度
4	我愿意与客队球迷进行交流
5	球迷群体应该服从相关的团队规定
6	球迷应该抵制不文明和违法的球场事件

9.4.4　问卷的编写及回收

依据相关研究和文献进行了问卷的设计，问卷初稿完成后，请相关专家进行了论证，并进行了相关修改，最终形成预调查问卷。

预调查选取的对象主要为重庆当代力帆足球俱乐部的球迷，在 2017—2018 赛季中，选择 7 月主场比赛中进行预调查问卷发放 55 份，共回收问卷 52 份，其中有效问卷数量为 48 份，有效率为 92.3%。

9.4.5　预调查信度和效度检验

9.4.5.1　信度

以 Cronbach α 系数为问卷信度考核指标，其中，$\alpha > 0.70$，为信度较高；当 $0.35 < \alpha < 0.7$，信度一般，但可接受；$\alpha < 0.35$，为低信度。鉴于此，本研究将 0.6 作为信度临界值，同时，以修正后题总相关作为信度次要标准，即问卷条目要达到两个条件：删除该条目后的 Cronbach α 达到 0.6，且题总相关 < 0.4。

结果显示，球迷集体价值观认同 α 系数为 0.788，达到可接受标准。同时，修正后题总相关显示删除任何条目都未能造成 α 系数升高，6 个条目全部保留。球迷群体情感 α 系数为 0.851，大于可接受标准，同时去除任一条目均不会引起 α 系数升高，故 6 个全部保留。球迷之间人际互动 α 系数为 0.866，大于 0.6，同时去除任一条目均不会引起 α 系数升高。球迷日常约定与准则 α 系数为 0.700，大于 0.6。但第 4 个条目的题总相关为 0.158，小于标准 0.4，而且，在删除该条目后，α 系数升高为 0.751，因此删除该条目，保留其他 5 个条目。

9.4.5.2　问卷因子分析

对各个问卷进行探索性因子分析，以确定问卷效度，结果显示：球迷集体价值观认同问卷提取出两个公因子，命名为信念公因子条目和态度公因子条目（见表 9-5）。

表 9-5 球迷集体价值观认同因子分析

条目	因子	
	1	2
足球精神代表永不言败和为梦想的拼搏	0.705	0.388
你若不离不弃，我必生死相随	0.780	0.258
既然无法改变裁判判罚，我们就应该冷静看待	0.227	0.726
以欣赏的心态观看比赛，不必太过关注结果	0.025	0.890
随队征战，为其加油是件快乐幸福的事情	0.894	0.036
天下球迷一家亲，要善待客队球迷	0.519	0.600

球迷群体情感问卷提取出 1 个公因子（见表 9-6）。

表 9-6 球迷群体情感因子分析

条目	因子
主场观战的气氛让我痴迷，总能让我感到战斗的力量	0.674
口号、歌曲、标语等是团结球迷的重要元素	0.848
我为自己作为球迷支持者而自豪	0.716
别人对我球队的侮辱就是对我个人的侮辱	0.843
球队的失败就如同我个人的失败	0.743
球队的成功就如同我个人的成功	0.788

球迷之间人际互动问卷提取出 1 个公因子（见表 9-7）。

表 9-7 球迷之间人际互动因子分析

条目	因子
追随球队到现场看球能够让我与更多球迷交流互动	0.802
我与我球队的球迷朋友关系融洽	0.682
我与我球队的球迷朋友有共同的足球话题	0.770
我更喜欢和倾向与我球队的球迷朋友交友并交流感情	0.805
与球队的球迷朋友交流是很轻松愉快的事情	0.805
我们球迷间的互动交流气氛良好	0.798

球队球迷日常约定与准则问卷提取出 1 个公因子（见表 9-8）。

表 9-8 球队球迷日常约定与准则的因子分析

条目	因子
我不会介意其他球迷的性别，对男女球迷持一样的欢迎态度	0.720
我对不同年龄的球迷持一样的欢迎态度	0.821
我对不同职业的球迷持一样的欢迎态度	0.792
球迷群体应该服从相关的团队规定	0.763
球迷应该抵制不文明和违法的球场事件	0.686

9.5　足球球迷文化社会整合理论模型验证

9.5.1　被试情况及假设调整

在重庆当代力帆足球队主场比赛过程中现场发放。时间为 2018 年 7 月 20 日到 9 月 13 日。共发放 560 份问卷，回收 550 份，有效问卷数为 534 份，有效率为 97.09%。男球迷与女球迷人数分别为 264 人和 270 人，分别占总数的 49.4% 和 50.6%。年龄分布上，19~30 岁球迷超过 50%，达到 51.7%，51~60 岁仅占比为 3.4%；教育程度中，本科学历球迷超过一半，为 50.8%，占比最少的为大专学历球迷，占比为 12.4%；职业方面，学生和公司人员球迷分别为 33.7% 与 32.6%；球迷支持时间特征中，5~7 年和 7 年以上球迷居多，分别为 34.8% 与 33.7%。

基于球迷集体价值观认同的 2 个分维度，将相关假设调整为：

1）球迷集体价值观认同与球迷日常约定与准则呈正相关，其中包括 1b）球迷集体价值观认同中的 2 级信念因子与球迷日常约定与准则呈正相关 2b）球迷集体价值观认同中的 2 级态度因子与球迷日常约定与准则呈正相关。

2）球迷集体价值观认同与球迷共同感情呈正相关，其中包括 2a）球迷集体价值观认同 2 级信念因子与球迷共同感情呈正相关；2b）球迷集体价值观认同 2 级态度因子与球迷共同感情呈正相关。

3）球迷集体价值观认同与球迷之间人际互动正相关，其中，3a）球迷集体价值观认同 2 级信念因子与球迷之间人际互动呈正相关；3b）球迷集体价值观认同 2 级态度因子与球迷之间人际互动呈正相关。

4）4a）球迷集体价值观认同 2 级信念因子与球迷日常约定与准则的关系中存在中介变量；4b）球迷集体价值观认同 2 级态度因子与球迷日常约定与准则的关系中存在中介变量。

5）5a）球迷集体价值观认同 2 级信念因子与球迷日常约定与准则的关系中存在中介变量；5b）球迷集体价值观认同 2 级态度因子与球迷日常约定与准则的关系中存在中介变量—球迷之间人际互动。

9.5.2　回归分析

首先，对球迷集体价值观认同对包括球迷共同感情、球迷之间人际互动、球迷日常约定与准则在内的因素的影响；其次，球迷共同感情、球迷之间人际互动对球迷日常的规范和制度的影响；最后，对球迷共同感情、球迷之间人际互动作为中介变量的分析。

9.5.2.1　球迷集体价值观认同与日常约定与准则的回归分析

首先，对球迷集体价值观认同 2 级信念因子与球迷日常约定与准则进行回归分析。

表 9-9、表 9-10 显示，回归方程达到了显著性水平，R^2 显示有 63.1% 的解释力，球迷集体价值观认同 2 级信念因子的 T 检验达到显著水平，与本文理论假设一致。因此，假设球迷集体价值观认同信念因子正向影响球迷日常约定与准则成立。

表 9-9　球迷集体价值观认同 2 级信念因子对球迷日常约定与准则的回归效分析

—	R	R^2	Adjusted R-Square	SEM	F	Sig
1	0.79	0.63	0.63	0.60	909.80	0.00

表 9-10　球迷集体价值观认同 2 级信念因子对球迷日常约定与准则回归模型系数与显著性

—	—	Beta	t	Sig
1	—	—	0.00	1.00
	信念	0.79	30.16	0.00

表 9-11、表 9-12 结果显示，回归方程达到了显著性水平，R^2 具有 4.7% 的解释力。球迷集体价值观认同的态度因子的 T 检验达到显著水平，与本文理论假设一致。因此，假设球迷集体价值观认同态度因子正向影响球迷日常约定与准则成立。

表 9-11　球迷集体价值观认同中 2 级态度因子对球迷日常约定与准则的回归分析

—	R	R^2	Adjusted R-Square	SEM	F	Sig
1	0.21	0.04	0.04	0.97	26.20	0.00

表 9-12　球迷集体价值观认同中的态度因子对球迷日常约定与准则的回归模型系数与显著性

—	—	Beta	t	Sig
1	—	—	0.00	1.00
	态度	0.21	5.11	0.00

通过表 9-13、表 9-14 可以看出，球迷集体价值观认同对球迷日常约定与准则回归模型的共线性统计中结果为 1，符合 VIF < 10 的标准。R^2 具有 67.8% 的解释力，这说明球迷集体价值观认同的态度、信念 2 个 2 级维度可以解释此回归方程的 67.8%；T 检验结果为显著，与本文理论假设一致。因此，假设球迷集体价值观认同正向影响球迷日常约定与准则成立。

表 9-13　球迷集体价值观认同中对球迷日常约定与准则的回归分析

—	R	R^2	Adjusted R-Square	SEM	F	Sig
1	0.82	0.67	0.67	0.56	558.94	0.00

表 9-14　球迷集体价值观认同对球迷日常约定与准则的回归模型系数与显著性

—	—	Beta	t	Sig	VIF
	—	—	0.00	1.00	—
1	信念	0.79	32.25	0.00	1.00
	态度	0.21	7.79	0.00	1.00

9.5.2.2　球迷集体价值观认同与球迷共同感情的回归分析

表 9-15、表 9-16 显示，回归方程模型达到显著水平。R^2 拥有 49.6% 解释力。球迷集体价值观认同 2 级信念因子的 T 检验达到显著水平。因此，假设球迷集体价值观认同 2 级信念因子正向影响球迷共同感情成立。

表 9-15　球迷集体价值观认同中的信念因子对球迷共同感情的回归分析

—	R	R^2	Adjusted R-Square	SEM	F	Sig
1	0.70	0.49	0.49	0.71	523.12	0.00

表 9-16　球迷集体价值观认同中的信念因子对球迷共同感情的回归模型系数与显著性模型

—	—	Beta	t	Sig
1	—	—	0.00	1.00
	信念	0.704	22.87	0.00

表 9-17、表 9-18 显示，回归方程达到了显著水平。R^2 拥有 2.8% 的解释力。球迷集体价值观认同 2 级态度因子的 T 检验达到显著性水平，因此，假设球迷集体价值观认同 2 级态度因子正向影响球迷共同感情成立。

表 9-17　球迷集体价值观认同中的态度因子对球迷共同感情的回归分析

—	R	R^2	Adjusted R-Square	SEM	F	Sig
1	0.16	0.02	0.02	0.98	15.28	0.00

表 9-18　球迷集体价值观认同中的态度因子对球迷共同感情的回归模型系数与显著性模型

—	—	Beta	t	Sig
1	—	—	0.00	1.00
	态度	0.167	3.91	0.00

表 9-19、表 9-20 显示，球迷集体价值观认同对球迷共同感情回归模型中共线性统计的容差值为 1，达到标准；R^2 值为 0.52，球迷集体价值观认同 2 级态度、信念因子拥有 52.4% 的解释力；F 值为 291.95，达到显著水平。T 检验结果为显著，因此，假设球迷集体价值观认同正向影响球迷共同感情成立。

表 9-19　球迷集体价值观认同中对球迷共同感情的回归分析

—	R	R^2	Adjusted R-Square	SEM	F	Sig
1	0.72	0.52	0.52	0.69	291.95	0.00

表 9-20　球迷集体价值观认同对球迷共同感情的回归模型系数与显著性

—	—	Beta	t	Sig	VIF
	—	—	0.00	1.00	—
1	信念	0.70	23.51	0.00	1.00
	态度	0.16	5.58	0.00	1.00

9.5.2.3 球迷之间人际互动与球迷日常约定与准则的回归分析

表 9-21、表 9-22 显示，回归方程达到了显著水平。R^2 拥有 54.4% 的解释力。球迷集体价值观认同 2 级信念因子的 T 检验达到显著水平，因此，假设球迷集体价值观认同信念因子正向影响球迷之间人际互动成立。

表 9-21　球迷集体价值观认同中 2 级信念因子对球迷之间人际互动的回归分析

—	R	R^2	Adjusted R-Square	SEM	F	Sig
1	0.73	0.54	0.54	0.67	635.31	0.00

表 9-22　球迷集体价值观认同中 2 级信念因子对球迷之间人际互动的回归模型系数与显著性

—	模型	Beta	t	Sig
1	（常量）		0.000	1.00
	信念	0.73	25.205	0.00

表 9-23、表 9-24 显示，回归方程达到了显著水平。R^2 拥有 1.4% 的解释力。球迷集体价值观认同 2 级态度因子的 T 检验达到显著性水平，因此，假设球迷集体价值观认同态度因子正向影响球迷之间人际互动成立。

表 9-23　球迷集体价值观认同中 2 级态度因子对球迷之间人际互动的回归分析

—	R	R^2	Adjusted R-Square	SEM	F	Sig
1	0.11	0.014	0.012	0.99	7.33	0.00

表 9-24　球迷集体价值观认同中 2 级态度因子对球迷之间人际互动的回归模型系数与显著性

—	模型	Beta	t	Sig
1	（常量）		0.00	1.00
	态度	0.11	2.70	0.00

表 9-25、表 9-26 显示，球迷集体价值观认同对球迷之间人际互动回归模型中共线性统计的容差值为 1，符合标准；R^2 为 0.558，表示球迷集体价值观认同 2 级因子态度、信念拥有 55.8% 的解释率；回归方程达到显著水平，T 检验结果为显著，因此，假设球迷集体价值观认同正向影响球迷之间人际互动成立。

表 9-25　球迷集体价值观认同对球迷之间人际互动的回归分析

—	R	R^2	Adjusted R-Square	SEM	F	Sig
1	0.74	0.55	0.55	0.66619	334.97	0.00

表 9-26　球迷集体价值观认同对球迷之间人际互动的回归模型系数与显著性

—	—	Beta	t	显著性	VIF
	（常量）	—	0.00	1.00	—
1	信念	0.738	25.566	0.00	1.00
	态度	0.117	4.04	0.00	1.00

9.5.2.4 球迷共同感情对球迷日常约定与准则的回归分析

表 9-27、表 9-28 显示，球迷共同感情对球迷日常约定与准则回归模型中共线性统计的容差值为 1，符合标准；R^2 为 0.496，表示球迷共同感情拥有 49.6% 的解释力；回归方程达到显著性水平，T 检验显著，因此，假设球迷共同感情正向影响球迷日常约定与准则成立。

表 9-27　球迷共同感情对球迷日常约定与准则的回归分析

—	R	R^2	Adjusted R-Square	SEM	F	Sig
1	0.70	0.49	0.49	0.71	523.57	0.00

表 9-28　球迷共同感情对球迷日常约定与准则的回归模型系数与显著性

—	—	Beta	t	显著性	VIF
1	—	—	0.00	1.00	1.00
	集体情感	0.70	22.88	0.00	1.00

9.5.2.5 球迷之间人际互动对球迷日常约定与准则的回归分析

表 9-29、表 9-30 显示，球迷之间人际互动对球迷日常约定与准则回归模型中共线性统计的容差值为 1，达到标准；R^2 为 0.632，表示球迷共同感情拥有 63.2% 的解释力；回归方程达到显著性水平，T 检验显著，因此，假设球迷之间人际互动正向影响球迷日常约定与准则成立。

表 9-29　球迷之间人际互动对球迷日常约定与准则的回归分析

—	R	R^2	Adjusted R-Square	SEM	F	Sig
1	0.79	0.63	0.63	0.60	913.10	0.00

表 9-30　球迷之间人际互动对球迷日常约定与准则的回归模型系数与显著性

—	模型	Beta	t	Sig	VIF
1	—	—	0.00	1.00	1.00
	人际互动	0.79	30.21	0.00	1.00

9.5.3　中介效应检验

在本文前述假设中，将球迷共同感情和球迷之间人际互动作为 2 个中介变量，探讨它们在球迷集体价值观认同对球迷日常约定与准则影响过程中所起的中介作用。

中介效应检验主要依次进行三个部分的检验：在回归方程 1 中，检验自变量球迷集体价值观认同对因变量球迷日常约定与准则的影响；在回归方程 2 中，回归分析球迷共同感情或球迷之间人际互动对因变量球迷日常约定与准则的影响；在回归方程 3 中，将中介变量球迷共同感情和球迷之间人际互动加入回归方程 1 中，如果自变量球迷集体价值观认同和中间变量球迷共同感情和球迷之间人际互动对因变量球迷日常约定与准则仍然存在显著影响，证明部分中介效应的存在。如果自变量球迷集体价值观认同对因变量球迷日常约定与准则的影响不显著，则说明具有完全中介效应。

基于前述研究中，已经证明了球迷集体价值观认同与球迷共同感情、球迷之间人际互动、球迷日常约定与准则存在的显著相关性，下文将直接检验：①球迷集体价值观认同、球迷共同感情、球迷日常约定与准则变量之间的中介效应。②球迷集体价值观认同、球迷之间人际互动、球迷日常约定与准则关系中的中介效应。

9.5.3.1　球迷共同感情的中介效应检验

表 9-31 显示，球迷集体价值观认同 2 级信念因子对球迷日常约定与准则的回归系数为 0.794（$p < 0.01$）；加入球迷共同感情变量后，球迷集体价值观认同 2 级信念因子、球迷共同感情对球迷日常约定与准则的回归系数分别为 0.287 与 0.592（$p < 0.01$）。而且，球迷集体价值观认同 2 级信念因子的影响系数下降（0.592 < 0.794）。因此，球迷共同感情在球迷集体价值观认同的信念因子对球迷日常约定与准则的影响中发挥部分中介效应。

表 9-31　球迷共同感情在球迷集体价值观认同 2 级信念因子和球迷日常约定与准则之间的中介效应

—	模型	Beta	t	Sig
1			0.00	1.00
	信念	0.79	30.16	0.00
2			0.00	1.00
	信念	0.59	16.93	0.00
	集体情感	0.28	7.22	0.00

表 9-32 显示，球迷集体价值观认同 2 级态度因子对球迷日常约定与准则的回归系数为 0.217（$p < 0.01$）；加入球迷共同感情这一变量后，球迷集体价值观认同 2 级态度因子、球迷共同感情对球迷日常约定与准则的回归系数分别为 0.687 与 0.102（$p < 0.01$）。而且，球迷集体价值观认同 2 级态度因子的影响系数下降（0.102 < 0.217），由此可知，球迷共同感情在球迷集体价值观认同的态度因子对球迷日常约定与准则的影响中发挥部分中介效应。

表 9-32　球迷共同感情在球迷集体价值观认同 2 级态度因子和球迷日常约定与准则之间的中介效应

—	模型	Beta	t	Sig
1			0.00	1.00
	态度	0.21	5.11	0.00
2			0.00	1.00
	态度	0.10	3.29	0.00
	集体情感	0.68	22.21	0.00

上述结果表明，球迷共同感情在球迷集体价值观认同对球迷日常约定与准则的影响中发挥部分中介效应。因此，假设球迷共同感情在球迷集体价值观认同的信念因子对球迷日常约定与准则的影响中起中介作用、球迷共同感情在球迷集体价值观认同的信念因子对球迷日常约定与准则的影响中起中介作用成立。

9.5.3.2 球迷之间人际互动的中介效应

表 9-33 显示，加入球迷之间人际互动变量后，球迷集体价值观认同 2 级信念因子、球迷之间人际互动对球迷日常约定与准则的回归系数都显著分别为 0.458 与 0.456，并且都达到显著性，且球迷集体价值观认同中信念因子的影响系数下降。所以，球迷之间人际互动在球迷集体价值观认同的信念因子对球迷日常约定与准则的影响中发挥部分中介效应。

表 9-33　球迷之间人际互动在球迷集体价值观认同 2 级信念因子和球迷日常约定与准则之间的中介效应

—	模型	Beta	t	Sig
1			0.00	1.00
	信念	0.79	30.16	0.00
2			0.00	1.00
	信念	0.45	13.57	0.00
	人际互动	0.45	13.63	0.00

表 9-34 表明，加入球迷之间人际互动变量后，球迷集体价值观认同 2 级态度因子、球迷之间人际互动对球迷日常约定与准则的回归系数都显著分别为 0.126 与 0.780，达到显著性水平，且球迷集体价值观认同中态度因子的影响系数下降（0.126 < 0.217）。因而，球迷之间人际互动在球迷集体价值观认同 2 级态度因子对球迷日常约定与准则的影响中发挥部分中介效应。

表 9-34　球迷共同感情在球迷集体价值观认同的态度因子和球迷日常约定与准则之间的中介效应

—	模型	Beta	t	Sig
1	（常量）		0.000	1.000
	态度	0.217	5.119	0.000
2	（常量）		0.000	1.000
	态度	0.126	4.844	0.000
	人际互动	0.780	30.074	0.000

上述结果表明，球迷之间人际互动在球迷集体价值观认同对球迷日常约定与准则的影响中发挥部分中介效应。所以，假设球迷之间人际互动在球迷集体价值观认同的信念因子对球迷日常约定与准则的影响中起中介作用、球迷之间人际互动在球迷集体价值观认同的态度因子对球迷日常约定与准则的影响中起中介作用成立。

9.6　研究结果

1）足球比赛过程中，球迷群体的共同感情联结，球迷之间的密切互动，是足球球迷看台文化的社会整合内部模型的重要变量。同时，在与各利益相关方的互动中形成的价值观与日常规范，不仅仅在比赛过程中发挥作用，而且会逐渐内化为日常生活行为，成为生活理念和准则。

2）球迷集体价值观认同对球迷日常约定与准则具有显著的正向影响。回归分析结果表明，球迷集体价值观认同 2 个 2 级维度：信念和态度，与球迷日常约定与准则间具有很明显的相关性以及显著回归关系。

3）球迷集体价值观认同对球迷共同感情和球迷之间人际互动有正向影响。回归分析的结果显示，球迷集体价值观认同 2 个 2 级维度：信念和态度，对球迷共同感情和球迷之间人际互动有正向影响。

4）球迷共同感情和球迷之间人际互动对球迷日常约定与准则有显著的正向影响。回归分析结果发现，球迷共同感情对球迷日常约定与准则具有正向影响。因此，通过增加球迷之间人际互动，对球迷日常约定与准则的解释力度出现显著性增加，球迷之间人际互动与球迷日常约定与准则显著正相关。

5）球迷共同感情对球迷日常约定与准则的影响发挥中介效应。球迷集体价值观认同可以通过球迷共同感情来影响球迷日常约定与准则。中介效应检验表明，球迷共同感情的回归分析对球迷日常约定与准则产生积极作用，但当球迷集体价值观认同 2 个维度、球迷共同感情同时进入回归时，球迷集体价值观认同对球迷日常约定与准则的正向影响则会减弱，因此，可以认为球迷共同感情在球迷看台文化社会整合模型中发挥部分中介效应。

6）球迷之间人际互动在球迷集体价值观认同对球迷日常约定与准则的影响中发挥中介效应，球迷集体价值观认同可以通过球迷之间人际互动来影响球迷日常约定与准则。中介效应检验表明，球迷集体价值观认同、球迷之间人际互动的回归分析表明它们都对球迷日常约定与准则产生积极作用，但当球迷集体价值观认同 2 个 2 级维度信念、态度分别与球迷之间人际互动同时进入回归时，球迷集体价值观认同对球迷日常约定与准则的积极作用将减少，球迷之间人际互动在球迷集体价值观认同信念、球迷集体价值观认同态度与球迷日常约定与准则的影响中发挥部分中介作用。因此，球迷之间人际互动在球迷集体价值观认同与球迷日常约定与准则的作用关系中发挥部分中介效应。

9.7 中英足球球迷文化社会整合的比较

9.7.1 共性

无论是英国足球球迷文化，还是中国足球球迷文化，其整合功能的发生都基于球迷集体身份认同。认同成为联结个体，形成集体，整合社区或社会行为与意识的核心。球迷集体认同发生、发展和强化是一个动态的过程，是一个基于球迷—俱乐部—城市三者互动的结果，这也是足球在世界范围内影响力不断扩展的外生性动力。足球迷社会整合内部模型揭示比赛现场，球迷之间的球迷共同感情互动与球迷间的密切互动是球迷群体行为基础。人文地理学家研究者针对地方、无地方和非地方研究的研究表明，球场的现实性带来的球迷互动的意义，是球迷互动的生成基础。但是，球场商业化，以及传媒发展带来的球迷主观的"虚拟主场"则使得球场成为缺乏互动，文化乏味的"无地方"。球迷在现场的球迷之间人际互动在球迷集体价值观认同对球迷日常约定与准则的影响中发挥中介效应。因此，主队球队、支持的球员以及蕴含球迷集体记忆的球场影响和强化了球迷特定的价值观与日常规范，而在日复一日的反复强化之下，这些影响逐渐内化为生活规范，成为球迷人生的理念和生活规范，即球迷文化整合功能的根本是对集体意识、规范、价值观甚至是世界观的影响和强化。

9.7.2　差异

9.7.2.1　发生基础差异

可以说，英国各地不同等级的足球俱乐部与所在社区是相互扶持的关系。俱乐部的社区地方特性集中体现在各家俱乐部将所在地作为俱乐部名称。同时，很多足球俱乐部与社区的其他组织之间存在众多横向联系，是在教会、企业和学校球队基础上建立起来的。也因此，这些俱乐部自诞生之日起就身兼社会公益性特征。例如，教会俱乐部建立的部分原因是收容流浪儿童，帮助这些孩子受到教育，并通过青少年足球训练，为俱乐部提供球员。埃弗顿和南安普顿等著名球会都具有这样的教会背景。而一些英国俱乐部的产业工业特色鲜明。为了促使工人远离不良生活习惯，提高身体素质，间接达到提高工作效率的目的，英国各工业产区或公司都积极地成立足球俱乐部。例如，斯托克城足球俱乐部就是由铁路和陶瓷公司成立。同时，酒吧也是部分俱乐部诞生之地。作为 19 世纪中叶英国人生活娱乐的重要场所，酒吧总是能够会聚大量的人员，部分酒吧老板为了提高自己酒吧的吸引力而组织足球赛事，并由此诞生了酒吧背景的足球俱乐部，如诺丁汉森林俱乐部。教会、工厂和酒吧等是英国人日常生活的重要组成部分，也因此成为英国球迷地方认同中的"乡土成分"和"乡土文化"，正是这些成分和文化的交织，构建了球迷对俱乐部的认同，并让球迷文化成为社会整合的重要载体。因此，从英国现代足球发展的历史背景看，足球俱乐部以参与教育、促进社会融合等方式，促进了英国社会融合。

尽管现代足球自 19 世纪 60 年代传入我国，但是彼时中国足球发展基本处于一种松散状态，没有官方管理机构，没有经验丰富的外籍教练，没有职业运动员，没有频繁的国际交流。中华人民共和国成立后，我们逐渐形成了较为完备的足球培养体系，但是这种足球基本上沿用体工队模式，中国职业联赛直到 20 世纪 90 年代才开始运行。而且，大多数职业足球俱乐部建立在中心城市，所代表的球迷群体覆盖全省或地区。这种模式固然能够让俱乐部在更大人群中成为代表，但是也意味着地方文化的模糊性，乡土成分和乡土文化的缺乏，球迷人群的区分性不强。在一定程度上，导致俱乐部认同水平不高，球迷文化社会整合功能不足等。

9.7.2.2　所面临问题的差异性

自 20 世纪 80 年代开始，随着撒切尔政府改革的深入进行，带来了英国社会的激烈动荡，社会问题层出不穷，贫富差距、工人失业率高、城市治安混乱。在 1982 年由种族矛盾引发的骚乱，席卷了包括伦敦、曼彻斯特和利物浦等在内的多个英国主要城市。而种族矛盾的根源就是众多种族社区面临的种种生活困境，英国社会的种种社会问题集中体现在种族和吸毒问题，令英国政府感到困扰。为了缓解社会矛盾，英国政府采取了多种措施。自梅杰政府开始，将体育，特别是足球作为解决社会容纳、推进种族融合和加强社区教育的重要手段。英超和英冠的多家球会也依托人数众多的、参与兴趣浓厚的球迷群体，在社区融合、教育、医疗咨询和就业等方面积极配合政府，取得了较为明显的效果。

中国自改革开放以后，和以前相比处于非常不同的社会形态之中。如果说此前我们的社会整合性非常强的话，那么，改革开放以后则是社会结构出现不断分化的倾向。这种分化体现在很多方面：由职业分化造成人们社会地位的分化，收入水平的分化，进而影响到人们生活方式的分化。生活方式包括消费的方式、兴趣、爱好、对时尚的感受等，所有这一切都在分化之中。社会中曾经有的那种亲切的、可以相互依赖的共同生活基础，表现为人与人之间的共同性，或者说足以充当公共符号的东西越来越少。以往个人与群体的亲密纽带被割裂，个人寻求集体认同时缺乏共同点。其实质正是：我国社会主要矛盾已经转化为人民日益增长的美好生活需要和不平衡不充分的发展之间的矛盾。涂尔干在《社会分工论》中曾经预言，随着社会分工的细化，传统社会中共同意识的生存环境将被打碎，因此需要形成一种新的机制以获得人类共同生活的基础。我国职业足球同英国职业足球一样，采用主客场制度，使它具有很强的地域性特点，或者说通过足球反映了这一地方的诸多特点。因为它代表的是一个地方，无形中对这一地区的人群产生感召力，因此，一场足球比赛有时可以把它看成是地方共同意识的再生产过程。所以，以足球为中心形成的球迷文化，有可能成为关键的、内在的聚合力，一言以蔽之，就是"亲切感"。大家的价值理念、行为方式、话语系统都是一样的。这种文化的一致性、共同性是球迷之间进行互动的社会存在根据，对于我国社会的治理和整合具有重要意义。

由于两国职业足球俱乐部发展的不同，球迷文化的社会整合功能也不尽相同。以英超为代表的英国职业足球俱乐部经历了初期商业化、商业化和超级商业化的阶段。其优势表现在，俱乐部管理、俱乐部水平方面已经达到了世界最顶级水平，能够吸引大量的人群观看。但是，过度商业化带来的弊端也一并呈现，就是俱乐部的公益性一度被商业化屏蔽，导致俱乐部和球迷之间关系的一度淡化。目前，英国政府、俱乐部和球迷群体在共同采取措施，对过度商业化带来的弊端进行矫正。我国足球产业发展刚刚起步，这既是优势也是劣势。优势是我国职业足球俱乐部发展处于公益性和商业性并重的阶段，通过利益相关方的有效努力，可以避免英国职业足球超级商业化带来的各种危机，构建更加和谐的球迷与足球俱乐部关系。但是，发展阶段落后，也让我们的职业足球俱乐部面临着一系列问题，比如足球俱乐部管理、球员技战术、足球俱乐部与地方关系等方面发展的不均衡和不完善。同时，球员和球队在比赛中表现出的精神面貌并不总是令人满意，特别是一些球员，拥有良好的技战术能力，本可以以球队英雄乃至城市英雄的形象成为引领社会价值观，推进社会融合的明星，但是，很多这样有潜质球员基本素质的欠缺导致吸引力的流失和缺乏。因此，要想搞活搞好足球俱乐部，就以满足球迷心理需求为导向，吸引球迷，这是需要我国职业足球俱乐部在经营上持续探索的。

9.8　结论

中英足球球迷文化的社会整合功能是以更大的认同形成群内的同质性和群际的异质性。通过球迷之间的个人互动链仪式，带来的不同的心理效应强度。无论是群内的和谐互动，还是群际之间的对立互动，将给球迷带来深刻感受，更加有利于社会秩序和整合。因此，鼓励球迷在统一的文化价值理念基础之上，通过仪式实践更好的社会整合功能，具有重要的社会现实意义。但是，中英足球球迷文化的社会整合功能具有不同的社会土壤和社会作用。两国历史发展的差异，无论是国家、社会的发展道路，还是体育乃至足球的发展历程，两个国家都有各自的特点，让球迷文化的社会整合功能体现出不同的方面。两国足球球迷文化的深入、细致的探究和比较更有利于发挥足球项目的社会化功能。

10　中英足球球迷球场依恋研究

随着全球化进程的加速，一方面给人们带来了巨大的物质财富，另一方面全球化流动性增加，环境问题日益严重，人地关系维系脆弱，地方的同质化日益增强❶。但是，人们依然在寻找情感的依托，优秀的建筑能够与其所在的城市、市民共同构成"人—物—地"的场所精神，并成为一座城市的文脉。所以，尽管流动性和全球化进程加快，地方仍然是一个强烈的依恋对象。越来越多的研究者将地方依恋描述为与有意义的空间或"位置感"的一种情感联系，涉及情感、认知和行为三个成分，它充分反映了人们的基本需要❷。足球从它诞生之日起就不乏为它狂热的球迷，在流动性如此快速的社会，现代足球场也成为球迷的依恋对象。近年来，足球、球迷与社区之间的关系成为重要的关注点，球场将三者联系在一起并产生情感。本文主要从地方依恋理论视角来分析球迷对球场的依恋，了解球迷球场依恋的意义及影响。

10.1　地方依恋理论

10.1.1　地方依恋

人与地方的关系是众多学科（地理学、心理学、社会学）长期关注的话题，20世纪50年代，地方依恋已经得到了相当广泛的研究。1947年，Wright就通过"地理认识学"的概念阐述了地方作为一种意义建构方式的特点，他指出，人与地理环境之间的互动有复杂的结构❸。基于早期人地关系的研究，从人类社会实践与经验的角度出发，学者对地方及其内在的意义重新进行概念化。1975年，段义孚（Tuan）首次提出真正意义上的"地方"这一概念，并将其作为人文地理学的研究重点。他认为，空间是抽象且不具有任何意义的，而地方则侧重强调人们的主观感受，经过人们主观体验建构，而被人们赋予价值与意义❹。Williams和Roggenbuck（1989）将地方依恋定义为个体对特殊场所的归属感，是使用者感觉到自己与场所的结合程度和对环境的情绪，以及环境对使用者所象征的意义与感

❶　唐文跃. 城市居民游憩地方依恋特征分析——以南京夫子庙为例 [J]. 地理科学，2011，31（10）：1202–1207.
❷　盘劲呈，李海. 地方依恋与骑行旅游："动态依附"体验的生成 [J]. 体育与科学，2018，39（5）：63–69，76.
❸　周尚意，唐顺英，戴俊骋. "地方"概念对人文地理学各分支意义的辨识 [J]. 人文地理，2011（6）：10–13.
❹　叶超. 作为中国人文地理学鉴镜的段义孚思想 [J]. 人文地理，2014（4）：3–7.

觉[1]。随后，Williams 等人（1992）又构建了地方依恋理论框架，指出地方依恋由地方依赖（place dependence）和地方认同（place identity）两个维度组成[2]。进入 21 世纪，学者关于地方依恋的研究开始更多地关注在理论和实证的两个方面。理论方面，基于已有的理论研究，学者进行有效整合。其中 Scannell 和 Gifford（2010）和 Raymond 等人（2010）分别就地方认同提出了各自的三维度理论[3][4]。事实上，双方的理论并没有显著的矛盾，两人地方认同理论都基于地方的社会属性和自然属性，也都将人、社会和地方作为理论框架的三个维度。只是 Raymond 在人的维度上又细分出地方依靠和地方认同两个次级维度，分别代表一个地方对人产生的功能性和象征性意义。

10.1.2　地方依恋的三维框架

根据 Scannell 和 Gifford 和 Raymond 的理论框架，地方依恋是一个包含人、社会环境和自然环境的互动过程。其中，人的维度是指地方中有关个人或群体的定义，即是谁的地方依恋，这种依恋是基于个体还是群体赋予地方的意义。社会环境维度是指人们群体生活中社会关联，如社区生活过程中对家人、邻居和朋友等形成的社会关联。自然环境维度强调在历史、情感和认知等基础之上的对自然环境物理特征的依恋。

10.2　英国足球球迷球场依恋研究

10.2.1　球迷地方依恋

在社会生活中，个体通常通过一定的关系发生相互联系，这种关系表现为地缘、血缘或者业缘关系等。人们在相互交织中形成各种正式群体或者非正式群体，在不同的群体中每个社会成员扮演着不同的社会角色。当今社会，足球已经不仅仅是一项单纯的体育活动，它已成为联结政治、经济、文化和社会融合等普遍主义、特殊主义和社会文化交融现象的万花筒。对足球问题的关注，会使得每个进入球场的社会成员形成一个临时的集群，这个群体我们可以称为球迷群体[5]。对于球迷来说，足球就是将球迷和球员联系在一起的一个媒介。对于支持球队的球迷来说，他们通过自我认同和群体认同的过程而实现不同群体之间的间隔，由此也厘清了不同球队和球迷群体之间的界限，因为，在团体层面，依恋是由成员之间共享的一个地方的象征意义组成的。

[1] Williams D R, Roggenbuck J W. Measuring place attachment: Some preliminary results[C]Abstracts: 1989 leisure research symposium. Arlington, VA: National Recreation and Park Association, 1989, 32.
[2] Williams D R, Patterson M E, Roggenbuck J W, et al. Beyond the commodity metaphor: Examining emotional and symbolic attachment to place[J]. *Leisure sciences*, 1992, 14（1）: 29–46.
[3] Scannell L, Gifford R. Defining place attachment: A tripartite organizing framework[J]. *Journal of environmental psychology*, 2010, 30（1）: 1–10.
[4] Raymond C M, Brown G, Weber D. The measurement of place attachment: Personal, community, and environmental connections[J]. *Journal of environmental psychology*, 2010, 30（4）: 422–434.
[5] 金瑞静. 集体身份认同视域下中英足球球迷文化的比较研究 [J]. 体育与科学, 2015, 36（2）: 68–74.

球迷从足球活动中寻找空间、地方和活动中的内在特征（社会性质、身体本真、文化要义），在这里，足球活动不仅仅是一个只需要加油呐喊的活动，也是现代人积极应对现实生活，去实现自我意义的追寻，因为球迷在参与足球活动中所代表的象征意义往往同认知情绪和情感妥协有密切关系，球迷的主要任务就是将地方、活动的文化转化为实在的意义，这需要球迷的感性认知去将互动过程中产生的反映构建在人们的思维结构中。人们通过复杂的思维转换实现对地方或者活动场所的情感评判，随着情感浸入人脑的程度逐渐加深，人们对特定形象、属性会产生依恋性体验，即地方依恋 ❶。随着球迷活动内容、活动场所等客观条件的成熟，其依恋的程度受到情感、感知等主观情节的渗透。

10.2.2　球场依恋

建筑空间从来不是什么"可观空间"，而是主体在自我表达中的呈现。一个场所的被识别、被认同、被记忆，取决于进入该场所中的个体的情感共鸣。情感并非抽象理念，而是具有非常具象的身体知觉和动感的意象产物，其中充溢着丰富的身体隐喻。空间形态越是丰盈的场所，越容易被识别和产生认同感 ❷。球场是许多球迷社交生活的重要组成部分。正如 Sarbin 所言，体育场是"人类戏剧"可以展开的地方；而球迷们也能够与他们相似的人互动。成千上万在体育场观看比赛的球迷经常把职业足球场称为"家" ❸。一些研究已经证实了足球与地点之间的联系。研究发现，英国足球运动员最喜欢的俱乐部因素是当地的聚类或者他们最初居住城市的俱乐部，因此，俱乐部也是当地社区的代表。Russell（1999）强调足球俱乐部与邻近社区、城市与地区之间的联系，并将这种联系发展成一种扎根感，或是在搬迁时重新建立这种感觉（见图 10-1）❹。从这个意义上来说，他认为足球俱乐部的支持意味着社区的"象征性公民身份"。优秀的场所能够隐喻童年的记忆，可以很容易地召回历史时空中人与物的关系。

❶ Morgan, Paul. Towards a Developmental Theory of Place Attachment[J]. *Journal of Environmental Psychology*.2010（30）：11–22.
❷ 张震. 体育场所精神——《体育与科学》学术工作坊"体育建筑的文化记忆与表达"主题述评 [J]. 体育与科学，2018，39（5）：6–12，18.
❸ Charleston S. The English football ground as a representation of home[J]. *Journal of Environmental Psychology*，2009，29（1）：144–150.
❹ Russell D. *Associating with football：social identity in England* 1863–1998[M].Football cultures and identities. Palgrave Macmillan，London，1999：15–28.

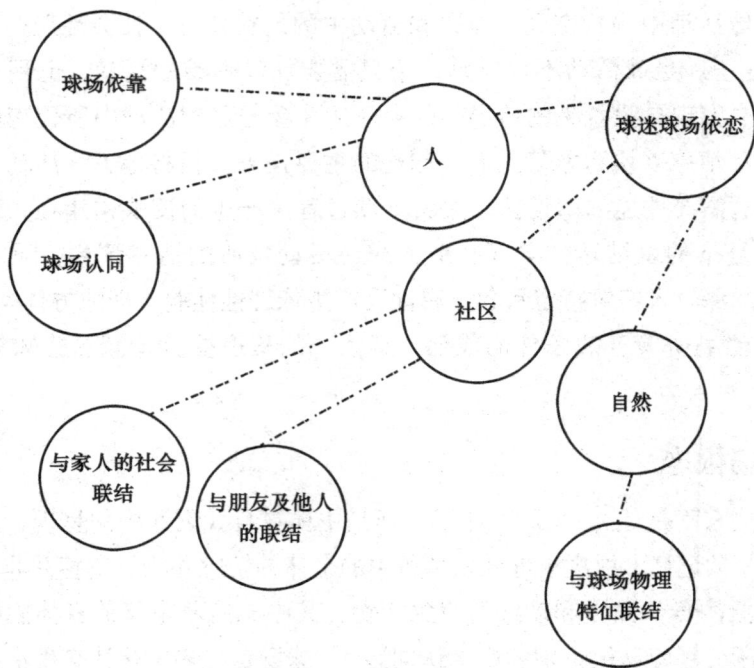

图 10-1　球迷球场依恋的三维框架

10.3　我国足球球迷球场依恋研究

10.3.1　研究假设

10.3.1.1　中国足球球迷对主场球场有鲜明的三维度球场依恋

三个维度分别为球迷对球场的认同和依靠，球场社会联结和球场物理特征，如建筑特征、绿色植被等的联结。

10.3.1.2　欧美主要足球国家球迷主场依恋受到了历时性与共时性因素的影响

其中，历时性因素包括球迷到主场观看球赛的起始年龄，在球迷成长过程中是否有亲朋好友的陪伴。共时性因素则包括比赛过程中球场气氛带来的主观感受。本研究将此三种因素作为我国足球球迷主场依恋的影响因素进行研究。

10.3.2　研究对象

自中国足球职业化以来，多家俱乐部降级、退出、改名、易址，造成了各地球迷对俱乐部认同的起伏变化。北京国安俱乐部自中国足球职业化改革以来，一直扎根当地，并深耕足球职业化发展，形成了为数众多的、认同度稳定的球迷群体。其主场北京工人体育场历史悠久，在新中国发展历史上成为全国人民多个集体历史记忆的重要发生地，更是成为北京球迷心目中的俱乐部的象征和标志。因此，本研究通过对北京国安球迷的调查，研究足球球迷的球场依恋。

10.3.3 研究工具

根据 Raymond 和 Wilkie 等人研究中的地方认同问卷，编制足球球迷球场依恋问卷。

10.4 结果与分析

10.4.1 结果

10.4.1.1 足球球迷球场认同模型验证

采用 AMOS7.0 软件对地方认同问卷结果进行分析，根据研究假设，本模型分别为二阶模型，其中包含二阶因素 1 个，一阶因素 3 个。结果显示 AGFI 和 RMSEA 等绝对拟合程度指标，CFI、NFI 等相对拟合程度指标都基本满足标准，各条路径均通过假设检验。因此，根据 AMOS 检验获得的各项指标数值，该足球球迷球场认同模型已达到可接受的拟合程度。其中，模型中的二级因素为集体身份认同，一级因素分别为球场的认同和依靠，球场社会联结和球场物理联结（见表 10-1、图 10-2）。

表 10-1　北京国安足球球迷主场认同模型指标

x^2	df	x^2/df	NFI	CFI	RMSEA	GFI	AGFI
73.545	32	2.298	0.956	0.974	0.080	0.944	0.864

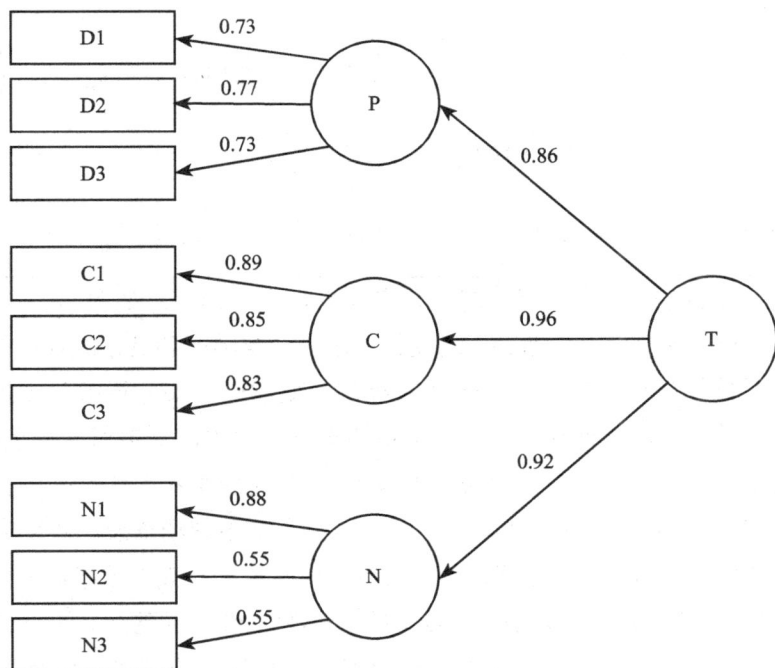

图 10-2　北京国安球迷主场球场依恋模型

10.4.1.2 足球球迷球场认同影响因素分析

以足球球迷球场认同为因变量，亲友陪伴、支持起点和现场体验作为自变量进行多因素方差分析。结果显示，上述三个因素对球场认同都具有显著的影响效应，亲友陪伴与现场体验，现场体验与支持起点，亲友陪伴、现场体验与支持起点之间存在显著性交互作用（见表10-2）。

表 10-2　足球球迷球场认同影响因素统计结果

因素	平方和	df	均方	F	Sig.
亲友是否	407.835	1	407.835	17.639	0.000
现场体验	2045.961	2	1022.981	44.244	0.000
支持起点	491.240	2	245.620	10.623	0.000
亲友是否 * 现场体验	475.371	2	237.685	10.280	0.000
亲友是否 * 支持起点	134.074	2	67.037	2.899	0.057
现场体验 * 支持起点	533.097	4	133.274	5.764	0.000
亲友是否 * 现场体验 * 支持起点	362.506	2	181.253	7.839	0.000
误差	5965.278	258	23.121		
总计	515749.000	274			
校正的总计	16918.777	273			

亲友陪伴、现场体验与支持起点之间存在显著性交互作用。如图10-3显示，无论球迷在小学、初中或高中及以上开始到主场支持球队，亲友随行和良好的现场体验都能更显著地增强球迷对球场的依恋感。如果球迷在小学时期就开始到主场参与支持行动，即使比赛现场体验较差，亲友随行在一定程度上也能更显著地提高球迷对球场依恋感的程度，显示出亲朋好友之间的互动在一定程度上能够弥补因现场体验不佳带来的负面效应。如图10-4显示，在亲友未能随行的情况下，现场体验是球迷球场依恋的主要影响因素，优越的现场体验带来较好的球场依恋感，一般的现场体验带来一般的球场依恋感。同支持起点较早的球迷相比，支持起点较晚的球迷在现场体验一般的情境下，所表现出的球场依恋感下降幅度更大。因此，亲友陪伴、支持起点和现场体验应该是影响球迷球场依恋的因素。

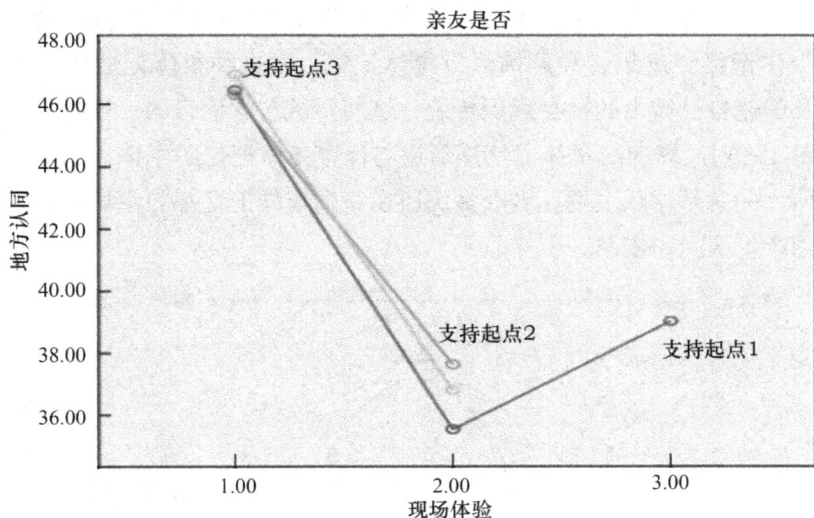

图 10-3　亲友陪伴、现场体验与支持起点之间存在显著性交互作用 1

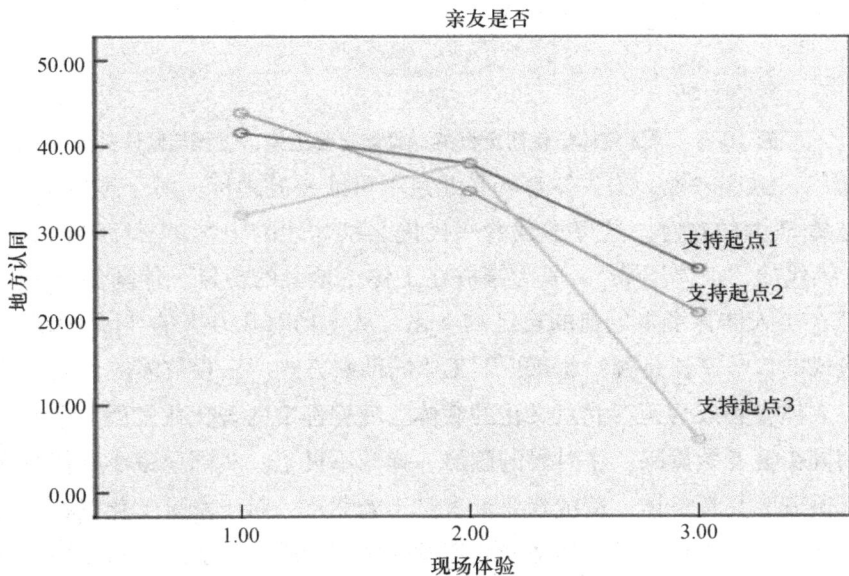

图 10-4　亲友陪伴、现场体验与支持起点之间存在显著性交互作用 2

10.4.2　分析

10.4.2.1　北京国安足球球迷主场依恋的三维理论框架

（1）球场的认同与依靠

地方认同和依靠涉及个人和群体与一个地方的联系方式，以及在重要环境中发生的心理交互的性质，是长期的体验与特定球场区域的情感联系。如果个人在特定地方长时间的居住或活动，通常会对那个地方产生依靠感、归属感或存在感，因此那个地方成为"他或她的身份的一个锚"，对于足球球迷而言，主场球场就是这个身份锚点。对主场的认同和依靠是球迷成员个人或之间共享的关于球场的象征意义和集体记忆组成，包含个体性与社会性层面。个体记忆经过集合和建构形成集体记忆，而这种集体记忆并非简单的个人集合，而是涉及球迷自己城市的社会意识传统，这些传统包含语言的、性格的、文化的以及历史的（见图10-5）。球迷的集体记忆是形成与保存集体记忆的主体，而承载各种集体记忆的重要载体之一就是球队主场。当众多历历在目的集体记忆都与主场联结在一起时，球迷就会对主场产生认同和依靠。

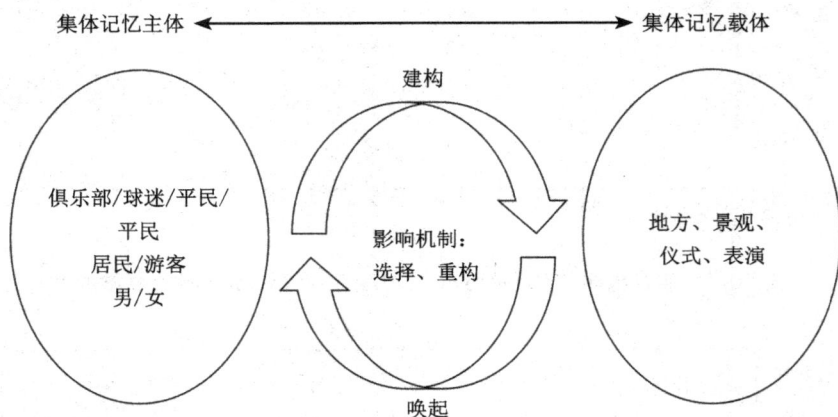

图10-5 球迷集体记忆研究框架：集体记忆主体、过程与载体关系

对于市民、游客来说，工人体育场是北京不可或缺的地标。对于球迷来说，"工体"，充满令人心潮澎湃的欢呼。这里承载着一代代北京球迷的记忆，三杆洋枪9—1胜申花，20世纪90年代的"工体不败"，成为镶嵌在工体土地上的传奇。伴随传奇一起流传和发展的是球迷在工人体育场里创造的自己的文化，从入场时几万人的"围巾墙"，到现在上下看台呼应式的口号"这是哪？北京！"工体的助威方式"一直被模仿，从未被超越"。

北京工人体育场成为延存北京文化的载体。随着都市的现代化发展，老北京的记忆逐渐模糊。胡同街区开始拆除。小时候的翻绳、弹球不见了。胡同里跟小伙伴奔跑的记忆不见了。只有国安，只有工体，承载着北京人对于老北京、对于家乡文化仅存的记忆。不止于此，工人体育场在中华人民共和国和北京发展史中承载着重要地位和作用。作为全国性的综合体育场馆，工体亲历了中华人民共和国体育发展的重要节点，它先后承接了第一、二、三、四和第七届全运会，以及第26届世乒赛、第11届亚运会、第21届大运会、第13届亚洲杯以及第29届奥运会足球和拳击比赛等大型国际体育赛事。包括"香港回归祖国大会"，奥运会吉祥物、奥运会口号发布仪式等重要活动都在工人体育场举行。让它成为北京人集体记忆的中心，成为重要的地方认同锚点。从这一点看，工人体育场已经超越了简单的球迷主场认同。如果说一场场足球比赛是足球日常仪式，那么发生的与国家命运紧密联结的仪式则让工人体育场成为国家集体记忆的重要载体，工人体育场与特定历史时间、场所空间、景观布置和影像组合等形成有机榫卯。同时，与此相关的表演、游行、历史盛典、英雄纪念等活动组合构成了强大的集体记忆系统，并产生"心理地理"，工人体育场成为受众根据经历和记忆映射最难忘、最认同和最依靠的地方。也因此，工人体育场的存在，更像是被现代文明冲击和挤压下的"老旧胡同"，成为北京土著最后的依恋。于是，每到比赛日，当身着绿色战袍的北京球迷，高举着主队的围巾慢慢涌入工人体育场时，这种集会更像是虔诚的信仰、神圣的朝拜。

（2）地方依恋社会互动维度

地方依恋中的社会互动维度主要是人们依恋于促进社会关系和群体认同的地方。当地的情感和联系是由更广泛的社会大众和社会体系所创造的，它决定了基于阶级、种族和宗教的地位。对一个地方的依恋意味着对居住在那里的人的依恋以及对该地方所支持的社会交往的依恋。因此，社交场所关系的一部分包括对个人与他人的依恋。在他们的位置上进行互动，其中的一部分涉及对这个地方所代表的社会群体的依恋。后一种依恋，承认这个地方象征着一个人的社会群体，与地点身份密切相关。社会互动也可以作为社会群体的象征。北京球迷对工人体育场的地方依恋中，有显著的社会依恋，这种依恋是指向往与这个球队所传达给大家的精神，根据这种精神而形成的球迷的价值观。这种情感依恋被认为是一种基于社会的地方纽带，社会公众不论来自哪里，一旦进入工人体育场，成为一名观看球赛的北京国安球迷，那么他所隶属的生活秩序就会发生一些微妙的变化，只要在球场，各个社会阶层的社会成员变成了一群球迷，就会遵从统一的北京国安球迷的价值观。

（3）地方依恋的自然维度

地方依恋第三个维度是地方本身，即物理依恋。这种依恋实质是物理环境的社会化，把对身体环境的认知融入他们自己的生活当中，使其独特的特征可以依附在一个人的自我概念上，这就成为"与地点有关的独特性"。这与工人体育场物理环境的特点和为球迷提供的多种功能有关联。首先，工人体育场位于朝阳区工人体育场北路。自 1959 年建成，随着北京城市的发展，工人体育场已经成为北京重要的集体育、文化、娱乐和餐饮于一体的生活圈中心。加之地处北京核心地带，交通便利，设施齐全，北京工人体育场对于球迷而言，不仅是观赛的地点，也在赛前和赛后等候、聚会的重要地点，还是球迷和市民日常休闲和娱乐的中心。另外，尽管工人体育场是一个综合体育场，带给球迷的观赛体验不如英国众多专业的足球场那样有冲击力，但是，综合体育场建筑特性所带来的特殊性也是我国球迷主场依恋的一大特色。正因为工人体育场的综合性，才让它兼具更多意义。例如，作为朝阳区重要的全民健身中心，工人体育场及其周边成为北京球迷和市民健身中心。每日清晨傍晚，上至耄耋老人，下至妇孺稚童，众多人群都会出现在工人体育场参与各种活动。在日复一日体验工人体育场生活圈过程中，工人体育场的各种物理特征逐渐成为人们生活中的隐性因素，包括建筑风格、植被布局、雕塑姿态，甚至是历史颜色都成为球迷依恋的对象。

10.4.2.2 北京国安足球球迷主场依恋的访谈实证

针对北京国安球迷对工人体育场的球场依恋，笔者对前北京市足协竞赛部刘琰进行了访谈，刘琰从小在工人体育场周围长大，并且经历和见证了国安俱乐部在工人体育场的发展与辉煌。他从历史记忆、生活关联和足球经历三个方面进行了解读：

关于历史记忆："工人体育场对于很多北京老球迷而言，具有太多的记忆。首先，中华人民共和国成立后，很多重要的比赛都在工人体育场进行，如中华人民共和国成立后第一次召开全国性的体育盛会—第一届全国运动会，工人体育场是北京体育乃至中国体育发展的一面镜子。对于老一辈球迷而言，这里不仅是体育场，更是新中国发展的一座纪念场！"

关于生活关联："工人体育场是1959年由全国总工会投资建设的。建成后周边很多球场和空地，成为周边居民和工人活动的场所，各式的体育活动，特别是足球活动开展得非常普遍，大家在这里找到了足球的快乐。"

关于足球记忆："足球记忆可以分为两类：儿时的道路球场记忆和工体不败记忆。对于前者主要是以前工人体育场周围有很多道路，车少人少，很多孩子放学经过这里的时候，就将书包摆在道路正中，在道路上踢球。很多孩子的足球启蒙就是在这样的道路上开始的，可以说工人体育场被赋予了很多球迷儿时的足球梦想！工体不败记忆主要指当年在这里国安击败过AC米兰、阿森纳、弗拉门戈和格雷米奥等欧美豪门俱乐部。尽管这些比赛都是商业比赛，但是在金志扬指导的带领下，国安球员和球迷一起，用宁可被踢死，绝不被吓死的精神赢得了比赛的胜利，这种胜利不仅代表国安，也代表北京精神。"

10.4.2.3 北京国安足球球迷主场依恋的影响因素

影响球迷主场地方依恋的历时性因素包括球迷到主场观看球赛的起始年龄，在球迷成长过程中是否有亲朋好友的陪伴；共时性因素则包括比赛过程中球场气氛带来的主观感受。这三者之间存在的交互作用说明，主场观看足球比赛在从幼儿到成人发展过程中发挥着作用。对成年人对童年地点的回顾性研究表明，童年地点的记忆在以后的生活中具有重要意义❶。这些地方的记忆可以唤起强烈的情感，对成人身份产生巨大影响。当成年人离开了他们的出生地，他们会倾向于花大量的时间去回忆童年的记忆，而不是与周围的人接触。通过对人类一生中位置依恋关系的研究发现，随着年龄的增长，人们对位置的依恋感和归属感也会增加，童年形成的位置依恋比后来形成的更强烈。另外，关于儿童对场所的态度的探究描述了一种无意识的、被认为是理所当然的方式，在这种情况下，社会环境的价值在于你能在其中做什么，而不是它本身或它的社会意义。一个足球球迷可能在小的时候就被自己的父亲带到球场观看比赛，球场上的氛围和观看一场比赛带给他的内心感受的影响是无可限量的（见图10-6）。Russell（1999）强调足球俱乐部与邻近地区、城市或地区之间的联系，发展成一种扎根感，或在个人搬迁时重新建立这种感觉。从这个意义上说，龚花等人认为一个足球俱乐部的支持意味着社区的"象征性公民身份"❷。球迷长大成人之后，童年的记忆对他们成年以后的生活有巨大的影响。当他们在成年后观看一场球赛时，在球场上或者俱乐部中观赛的快感是没有任何物品可以替代的，而且这种观球的愉

❶ Lewicka, Maria. Place Attachment: How Far have We Come in the Last 40 Years？ [J]. *Journal of Environmental Psychology*, 2011（31）：207–230.
❷ 龚花，毛端谦. 国内地方依恋研究综述 [J]. 江西科技师范大学学报, 2013（3）：77–82.

快感受对他的工作和生活也会产生深远的影响。当球迷成年后在生活中遇到不顺心的事情时，他们就会通过观看球赛的方式排遣压力。

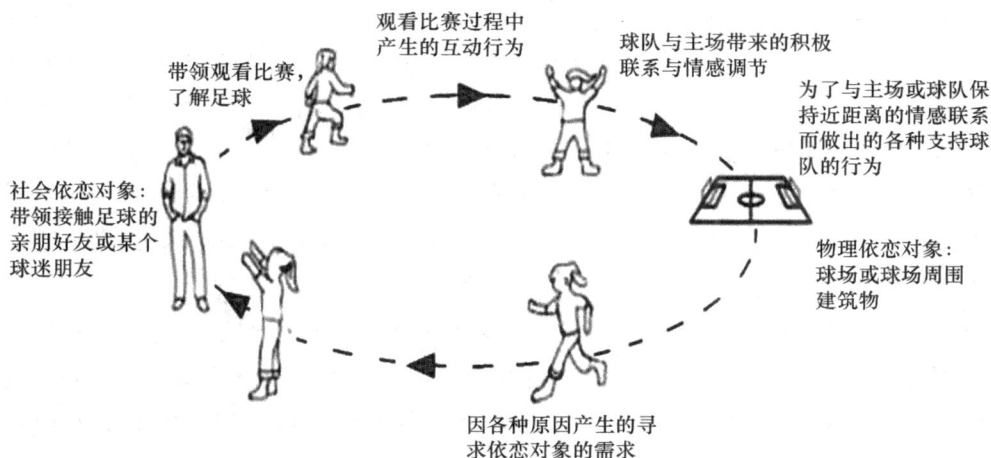

图 10-6　球迷球场依恋的历时性发展模式

10.5　中英足球球迷球场依恋比较

10.5.1　共性

族群依恋是由一组现成的天性与价值组成。随着社会的发展，人们对于地方的情感需求日益显著，地方感和地方依恋是探讨社区日常生活经历和感情的重要渠道。足球在社区重建和社区融合功能所达到之边界远非一般活动和项目所能企及的，从最开始的娱乐活动逐渐发展成为与政治、经济、文化紧密联系在一起的反映社会文化的万花筒。本文中，分析了中英球迷对于球场的三维依恋框架，从人、地方与心理过程三个维度说明了球迷对于球场的依恋行为及其意义。随着社会的日益进步与足球文化的不断发展，足球的意义将更具体化，球迷对于球场的情感也将更形象化和立体化。足球文化能够蓬勃发展，不仅仅是因为它具有深厚的历史意义，更因为它具有丰富的时代意义与社会意义。与球迷地方依恋有关的社会互动也加深了社会的融合感，此外，球迷对于促进与球场的互动所做出的积极行为也促进了足球内涵的丰富与发展。

10.5.2　差异

首先，中英两国球迷球场依恋发展的阶段不同。20世纪80年代前，英国足球球迷的球场依恋经历了萌芽、发展和繁荣阶段。但是，进入90年代后，在包括英国政府改革、球场惨案引发的球场升级以及商业化引发的球场搬迁等，英国球迷与主场之间的关系被割裂。尽管各家俱乐部采取了各种措施来重新构建球迷的球场依恋，但是效果却不尽如人意。例如，笔者2016年访学前英超球队斯托克城俱乐部期间，对包括俱乐部的功勋老球员、不同年龄段的球迷都进行了访谈。结果显示，除了新生代球迷外，对新主场不列颠尼亚球场的情感始终无法取代此前沿用119年的维多利亚球场。对受访者访谈材料的分析显示，正是他们在维多利亚球场所经历的人、地方与心理过程的互动让他们始终认为维多利亚球场是他们最为重要的地方之一。因此，英国足球球迷的球场依恋的发展历程为萌芽—发展—繁荣—割裂—重构。对于中国球迷而言，球场依恋的程度和质量正处于一个持续上升的势头。特别是北京国安、上海申花、山东鲁能以及广州恒大等发展稳定的球会。对于这些球队的球迷而言，北京工人体育场、上海虹口足球场、鲁能大球场和天河体育场，已经成为生活的一部分、记忆的一部分和感情的一部分，随着时间的推移，这种依恋会与球迷个人的终生依恋、家庭依恋和代际依恋等紧密相连。

其次，两国俱乐部稳定性发展的差异是导致两国足球球迷球场依恋差异的最重要因素。英国各个级别足球俱乐部在社会生活中扮演着多重角色，是体育活动的中心，也是社区认同的中心，还是地方文化的代表中心。因此，即使俱乐部因为各种原因迁移或更新球场，俱乐部基本上会继续以当地为基础，将当地的社区、人群和文化作为自己生根的内生动力，从而保证了球迷球场依恋生成的基础性条件。反观我国足球俱乐部的发展，呈现出不完全一致的情况。职业联赛以来，北京国安、上海申花和山东鲁能等球会基本保持和沿袭了最初的俱乐部情况。但是，更多的球队发展历程是更名、解散、迁徙等。有些球队，甚至在短短的中国职业联赛发展过程中数次更换俱乐部所在城市。在这些更名、解散和迁徙的背后，带给中国足球球迷的是情感的伤害、认同的割裂以及球场依恋的消失。

10.6 结论

对球场的依恋代表着球队对发生在主场的人、事和物的依恋。这种依恋是建立在各种历时性经历的积累和共时性时刻的共鸣基础之上的，是个人与集体经验的记忆、叙述与传播相结合的。英国足球球迷的球场依恋一度因为商业化发展的影响而受到影响，在英国政府和球迷组织的呼吁和支持下，各家俱乐部正在采取措施对这种依恋进行修复。我国球迷的球场依恋在北京、上海、山东和广州等地体现得尤为明显，成为中国足球文化独特而温馨的内容。根据地方依恋理论，球迷的球场依恋是可以迁移和扩展到对社区和城市的依恋的，这对于我国发展和谐社会、共建和谐社区具有重要的借鉴意义。

11 中英足球球迷德比文化研究

（此章节部分内容已作为中期研究成果于 2016 年 11 月发表在《河北体育学院学报》第六期）

"德比"（Derby）一词在体育界几乎无处不在，其最早起源于英国德比郡的赛马场上，后来被运用到足球领域，随后由欧洲传至全世界成为足球运动以及其他体育运动中关于球队之间对抗的标志性用语。作为展现足球文化的重要窗口，国内外许多学者从德比的成因、群体治理以及价值分析等方面进行研究。通过对既有文献的整理，发现文献性研究较多，对德比的成因解释多关注单一因素的作用，而且构建理论框架对于理解德比内涵尤为重要。随着研究的深入进行，对德比的现象和内涵、成因及特点进行研究有利于提升对德比的再认识。有鉴于此，本文在借鉴国内外学者关于德比的理论和量化研究的基础上，对德比进行了再探索，以便更好地理解德比文化。

11.1 德比的现象、内涵及延展：从地理对抗到文化对抗

11.1.1 现象延展

"德比"在体育中最初被特定用在赛马比赛上，之后被引申为足球地理上同城或同地域邻居球队之间的对抗。例如，最初的曼城德比和米兰德比。因为德比比赛起源于同城之间两支球队之间的对抗，所以德比常被认为是由球队及其球迷之间的地理位置决定的 ❶。并且在过去很长一段时间，地理位置这一因素成为球队及其球迷之间对抗的重要现实因素。

但是，随着现代社会的发展，交通、通信等行业的日益进步，球队之间和球迷之间能够很顺利地进行比赛或者互动。同城德比在继续上演的同时，跨地区之间的德比战也在迅速增多，出现了更大范围的德比。例如国家德比（皇马和巴萨）。此外，在英文世界，德比也可被称作"rivalry"（尤其在美式英语的文化中），并且在形容非同城德比的死敌或竞争对抗关系时用得颇多（曼联和利物浦间的西北德比），这也使得德比文化延伸到了更宽广的范围。根据不同的定义和使用环境，德比也可以指两支当前实力和历史荣誉较接近的非同城球队之间的比赛（曼联与阿森纳，利物浦与曼联）。还可以指两支球队因为某些历史遗留问题或特殊政治文化背景而产生恩怨之后进行的持续式对抗（玫瑰德比）。所以，

❶ Baimbridge M，Cameron S，Dawson P.Satellite television and the demand for football：A whole new ball game？ [J].*Scottish Journal of Political Economy*，1996，43（3）：317.

我们有理由相信地理因素已不再是影响德比产生的一个重要因素。

11.1.2　内涵延展

　　学界对德比概念的研究可归结为以客观条件或以主观条件作为界定方式，且前期的研究多关注地理性和冲突性等客观条件。随着德比现象的演变，近期许多学者多考虑从微观层面出发，以主观条件进行界定。

　　地理性主要是由德比死敌之间的地理位置决定的，冲突性则主要考察德比双方冲突的次数及时间、双方的实力较量。一些学者习惯借用社会学领域的"国家冲突"理论来解释足球领域的德比现象。例如，Goertz和Diehl（1993）认为德比的形成受球队及其球迷之间冲突的次数和冲突持续的时间影响[1]。另外，有学者认为敌对双方的实力这一客观条件对于德比的形成尤为重要。McDonald和Rascher（2000）的研究中提到德比是同一级别联赛的对手之间的竞争[2]。因为在德比赛事中，同一级别群体之间的竞争频率要多于不同级别群体。此外，Harvard等人（2013）也结合多种客观条件将德比界定为两支球队、球员与球迷之间存在的浮动性对抗关系，这种关系可能产生于场上直接比赛、场上场下的对立、各种属性的相邻或相近性、人口族群相似或相异以及相互之间的历史渊源[3]。

　　随着研究的深入，在关注客观因素基础之上，有学者提出应以主观条件来解释德比。希望从球队成员和球迷群体的心理活动中来寻求对德比内涵的解释。例如，Kilduff等人（2010）认为德比是一个受关注的对象和另一个对象之间的竞争关系，这种竞争关系增加了受关注对象的心理参与并且影响了其利害关系，而且独立于客观环境之外，不受地理性、冲突性等客观因素的限制[4]。随着竞争趋势的不断增强，独立的个体产生集群行为以对抗更大的外部威胁，后来有学者提出用社会认同理论这一社会心理学领域的概念来解释德比。社会认同理论对内群体和外群体做出了严格的区分，而且群体之间认同的过程是群体间偏见发生的基础[5]。只要存在群体划分，双方之间的偏见会一直存在。这种偏见还受群体的显著性、相关性、大小、权力、地位等中介因素的影响。而且当群体之间感受到上述中介因素中的一个或者多个时，群体的积极性就会受挫，感受到竞争对手的威胁感就会增强[6]。结合社会认同理论，Tyler和Cobbs（2015）认为德比就是凸显的外群体对内群体的身份认同以及对成员实现本团队与对手进行比较构成威胁，而且德比的产生和延续受群体间

[1]　Goertz G，Diehl P F. Enduring rivalries：Theoretical constructs and empirical patterns[J]. *International studies quarterly*，1993，37（2）：147.

[2]　McDonald M，Rascher D.Does bat day make cents ？ The effect of promotions on the demand for major league baseball[J].*Journal of Sport Management*，2000，14（1）：8.

[3]　Harvard C T，Gray D P，Gould J，et al.Development and validation of the sport rivalry fan perception scale （SRFPS）[J].*Journal of Sport Behavior*，2013，36（1）：45.

[4]　Kilduff G J，Staw B M.The Psychology of Rivalry：A relationally dependent analysis of competition[J]. *Academy of Management Journal*，2010，53（5）：943.

[5]　韩静.社会认同理论研究综述[J].山西煤炭管理干部学院学报，2009（1）：55.

[6]　Dietz–Uhler B.Defensive reactions to group–relevant information[J]. *Group Processes & Intergroup Relations*，1999，2（1）：17.

冲突、同侪和偏见的影响 ❷。

11.2 英国及其他欧洲国家足球球迷德比文化的形成因素

纵观国内外相关研究，很多德比要从动态性、历史性、全面性角度来综合地、全面地看待。本文结合 Tyler 和 Cobbs 对球迷群体的定性和定量研究，对德比形成的标志性因素进行探讨。并归纳出图 11-1 所示的框架图。

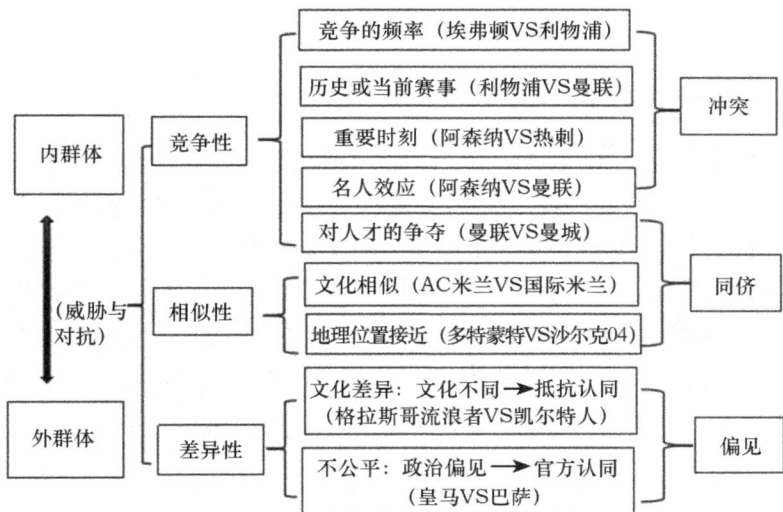

图 11-1 德比的形成因素及其特征框架

11.2.1 冲突：竞争的频率、历史和当前的赛事、重要时刻、名人效应

不同群体之间利益差异的效能增加成为群体冲突触发的根源 ❷。群体双方竞争的频率、历史和当前的赛事、重要时刻、名人效应都被认为是冲突产生的原因。首先，竞争频率影响冲突，如利物浦和埃弗顿在一个赛季会进行多次德比赛。此外，历史和当前的赛事也不断加剧冲突，英超联赛中利物浦和曼联之间 200 多次的"双红会"之争在不断地诠释着德比。纵观足球比赛发展历史，总有一些重要时刻影响着德比的形成，如阿森纳与托特纳姆热刺，一战后顶级联赛扩军投票事件无疑成为双方形成德比的导火线。最后，名人效应也是冲突产生的一个重要因素，例如，在 2012 年阿森纳主帅范佩西以 2400 万英镑转会费加入死敌曼联，引起阿森纳球迷的不满，使得本是德比的两支队伍恩怨加深。

11.2.2 同侪：文化的相似性、地理位置的接近、对人才的争夺

通常人们认为不同群体之间才会存在冲突，但是同侪冲突应该和群分冲突区别开来。

❶ Cobbs J B.Rival conceptions of rivalry：why some competitions mean more than others[J].*European Sport Management Quarterly*，2015，15（2）：227.
❷ 刘勇. 利益差异效能累加：群体冲突的触发根源——以斯梅尔塞的"价值累加理论"为诠释框架 [J]. 福建论坛（人文社会科学版），2011（1）：150.

同侪理解为由于相似而造成的"同质性"使得双方之间的群分不明显加剧德比的形成。文化的相似性、地理位置的接近、对于人才的争夺都影响同侪的产生。首先，文化相似会威胁到群体的独特性，尤其在同城德比中。例如，AC 米兰和国际米兰的球迷有相似的语言和宗教信仰，加剧彼此之间的威胁。另外，地理位置接近利于球迷的互动加剧了群体威胁感。如同处于德国鲁尔区的多特蒙德和沙尔克 04 之间每个赛季的对抗都会成为球迷们翘首以待的大战，但是双方球迷都希望自己所支持的球队代表着该地区的最高实力。最后，德比双方对人才的争夺也增加了威胁感，曼彻斯特德比中曼联和曼城的恩怨就始于对核心球员的争夺。

11.2.3　偏见：文化差异、不公平

球迷经常给对手做出诸如言语（诽谤、谩骂）、举止（吐口水、竖中指）等各种带有偏见的行为 ❶。在德比中更是如此，能够被感知的文化差异都被球迷们用来进行有偏见的比较。而且不平等的权力和地位等不公平因素会把偏见无限放大。文化的差异加剧了偏见的形成。比较典型的是格拉斯哥流浪者和凯尔特人双方之间的宗教矛盾造成了双方德比的形成。而不公平因素往往是后天形成的，如来自权力机构的偏见。最典型的就是被称为"世纪之战"的皇马和巴萨，受加泰罗尼亚地区首府巴塞罗那公投闹独立事件的影响，每次国家德比都备受关注，这背后不仅仅是一场足球较量，也带有强烈的政治敌对色彩。

11.3　德比形成因素的特征

11.3.1　竞争性

德比战事实上是一场争夺战，比赛的输赢只是直接的表现形式，背后主要的推动力量是对人力资本、无形资本、社会资本、物质资本的争夺。球队之间对人才的争夺、竞争的频率、历史或当前的赛事、名人效应、重要时刻等因素都是为了获得更多资本，以求增加战胜德比死敌的砝码。

11.3.2　相似性

地理位置和共同的文化环境使得德比群体之间具有"相似性"。德比双方往往在文化上具有相似性，在地理位置上也相互接近。过于相似的文化和过于接近的地理位置使得群体之间能够直接感受到的威胁感不断增强，彼此之间的偏见会更加严重。所以，这些在历史洪流中形成的无法轻易改变的事实同样加剧了德比的形成。

11.3.3　差异性

卡斯特在《认同的力量》中将认同分为以下三类：官方性认同、抵抗性认同以及计划

❶　薛龙，王丹 . 我国足球赛场不文明行为的研究 [J]. 湖北体育科技，2015（10）：867.

性认同[1]。在德比比赛中，权力机构所赋予的合法性认同加剧着彼此的偏见，此外，德比还表现为群体双方的文化抵抗。正如欧洲足球学者认为，虽然群体双方有共同的生活环境，但是"穷人和富人、左派和右派、地方主义和民族主义，这些都是对立的"[2]。同样，同一个国家、地区、城市之间的球队及其球迷由于文化差异或者权力、地位的不对等也会加剧德比的形成。

11.4 德比形成的理论解释

11.4.1 争议密度：德比群体中冲突的表征

在许多关于国家竞争或者国际冲突的文献中，对于识别什么是竞争以及如何确定竞争对手提出了两种理论解释。第一种理论被称为"争议密度"（dispute density）。Geller（1993）提到敌对双方实力相同或者有向相同转变的趋势时，形成了双方都能够感知到要使用武力的局面，此时敌对国家之间发生战争是最有可能的，具体来说，包括双方实力平衡、冲突周期、实力过渡[3]。

"争议密度"为理解德比的成因提供了帮助，可以较为清晰地解释德比形成的表象。但是许多球队在一年之间会比赛多次，也并非每场比赛都是德比战。同时纵观德比发展的历史，许多德比延续了近百年并且还将持续存在。所以，对德比的解释还需要站在历史的角度以及回归到一种"自下而上"的演绎范式（即从球迷群体出发进行解释）。

11.4.2 竞争对手威胁论：内群体偏爱和外群体偏见

识别国家或者国际冲突的第二种理论被称为"竞争对手威胁论"（threat competitors）。不同于"争议密度"的是其基于群体认同的观点将重点放在了分析对象身上。Tajfel于1986年提出了社会认同理论，他认为社会认同理论包括社会分类、社会比较、社会认同、积极分区四个基本概念[4]。社会分类定义了个体在社会群体中的位置，内群体成员在与外群体成员进行比较时被区分为不同的社会类别，并且希望在比较时得到一个积极的结果。社会认同作为社会认同理论最基本概念，群体成员基于内群体和相关外群体的有利比较，以求获得更为积极的社会认同，提高自身的社会地位。当内群体与外群体进行比较处于优势地位时，会形成一个积极分区，并且通过有目的的偏爱内群体和偏见外群体来保持积极分区，加剧了群际冲突的形成。用"竞争对手威胁论"来解释德比是基于微观群体，自下而上地对社会认同理论进行演绎。德比群体在发展过程中，内群体在不断地聚集，感受到来

❶ 曼纽尔·卡斯特. 认同的力量（第2版）[M]. 北京：社会科学文献出版社，2006：5.
❷ Armstrong, Gary, and Richard Giulianotti, eds. *Fear and loathing in world football* [M].Bloomsbury Academic, 2001：137.
❸ Geller D S. Power differentials and war in rival dads[J].*International Studies Quarterly*, 1993, 37（2）：173.
❹ 陈世平，崔鑫. 从社会认同理论视角看内外群体偏爱的发展 [J]. 心理与行为研究，2015，13（3）：422.

自外群体的威胁感在不断地增强。在此基础上更为清晰地解释德比的形成与延续的内涵，克服了以往研究的局限性。

11.5　中国足球球迷德比文化形成原因

作为足球文化的精粹，德比文化的表象及内涵发生了巨大演变。德比从最开始的同城对抗到超越了空间限定，延展到文化领域甚至更大范围内的冲突，这种演变过程和社会发展息息相关，也与群体的认同感密不可分。强烈的群体认同所造成的群际威胁在本文看来对德比的形成发挥着重要作用。本文在对英国等德比的成因进行探索性分析的基础之上，对中国足球球迷德比的成因进行分析。

11.5.1　中国足球球迷德比文化现状

德比文化对于中国足球球迷而言并不陌生，从最早的四川与重庆之间的川渝西南德比、山东境内的济南与青岛的齐鲁德比，到现在的上海申花和上海上港沪上德比，中国德比文化显现出了强烈的地域性划分特点。而且，随着各家俱乐部投入的加大，跨城市德比逐渐成为人们热议的话题。曾经山东鲁能、上海申花和北京国安之间的比赛被媒体和球迷称为国家德比，近几年，恒大与北京之间的对抗越来越多地被认为是中国跨城市德比的代表，被日趋认为是中国国家德比。正如前述英国足球德比文化研究显示，德比要符合几个标准，首先是足球发展的历史，交战双方要具有一定的历史积淀。其次，多年重复对抗。同时还包括人才方面的竞争，以及自身的优越感和对对方的偏见。本部分以图 13-1 德比的形成因素及其特征框架中的冲突、同侪和偏见作为三个理论维度，对我国足球球迷的德比文化进行研究。同时，在以往国内外德比文化多关注同城德比的基础之上，本部分研究将包括同城德比和跨城市德比两类德比现象。

11.5.2　研究方法

文献资料法：以"德比"等作为关键词，在 CNKI 和谷歌学术等网站进行检索，了解国内体育德比文化研究现状。同时，以"德比"作为关键词，在百度等门户网站进行新闻搜索，了解和掌握中国职业联赛德比新闻和热点，确定以北京国安、广州恒大和上海申花足球俱乐部球迷群体，作为本次同城德比和跨城市德比足球球迷文化研究对象。

访谈法：对北京国安、上海申花和广州恒大部分球迷进行访谈。以了解其对北京人和、上海上港和广州富力队的认知，从而确定同城德比研究对象。笔者在访谈过程中发现，上海申花和广州恒大球迷都比较认可各自的同城对手，因此将上海申花和上海上港，广州恒大与广州富力作为同城德比研究对象。而北京国安球迷对北京人和俱乐部的"北京"身份多有质疑，认为将北京国安和北京人和的比赛视为京城德比为时尚早。

问卷法：设计中国足球球迷同城德比成因问卷和中国足球球迷跨城德比成因问卷。同时，鉴于在前期访谈中发现球迷对于跨城德比对手的认知差异，跨城德比成因问卷中增加关于跨城德比对手选择的条目，以便于进一步研究中国球迷对于中国跨城德比对手的认知和理解。

数理统计法：对问卷调查结果进行描述性统计和探索性因子分析，并对结果进行分析。

11.5.3　结果与分析

11.5.3.1　同城德比

（1）沪上德比

上海同城德比成因调查结果显示（见表11-1、表11-2），15个调查条目中总共提出了5个特征值大于1的因子。条目1~3反映出上海申花与上海上港之间的沪上德比受到了球迷的广泛一致的认可。条目4~14则体现了德比的形成因素及其特征框架图中的冲突、同侪和偏见作为三个理论维度，累积总方差解释力为79.291%。冲突分为交锋历史与实力对比，条目4、5反映了交锋历史，条目7、8、9反映了实力对比情况。以本队明星球员转投德比对手作为同侪的调查内容，问卷中以9、10、11三个条目反映出球员在德比对手之间的转会是德比成因之一。以各自球队的代表人群、文化和球队风格作为偏见的调查内容，条目12、13、14三个条目反映出德比对手之间的认同差异是德比成因之一。

表 11-1　上海同城德比因子分析解释总方差

成分	初始特征值			旋转平方和载入		
	合计	方差的（%）	累积（%）	合计	方差的（%）	累积（%）
1	4.423	29.488	29.488	3.043	20.289	20.289
2	3.050	20.335	49.823	2.411	16.076	36.365
3	1.731	11.537	61.360	2.329	15.528	51.893
4	1.593	10.619	71.979	2.094	13.961	65.854
5	1.097	7.312	79.291	2.015	13.436	79.291
6	0.850	5.667	84.958			
7	0.574	3.829	88.787			
8	0.410	2.735	91.522			
9	0.358	2.388	93.910			
10	0.282	1.881	95.791			
11	0.259	1.727	97.517			
12	0.200	1.330	98.848			
13	0.085	0.567	99.415			
14	0.055	0.365	99.780			
15	0.033	0.220	100.000			

表 11-2　上海同城德比成因因子分析

上海同城德比	成分				
	1	2	3	4	5
中超上海申花与上海上港的比赛是同城德比	0.930				
上海申花与上港之间的比赛是公众瞩目的上海德比	0.917				
上海申花与上海上港之间的比赛是媒体和公众共同瞩目的申城德比	0.931				
我的球队和上海上港每赛季都会比赛			0.916		
在过去的数年间，我的球队和上海上港多次对决			0.919		
我的球队和上海上港总是在比赛中排名靠前					0.807
我的球队和上海上港经常都是联赛冠军的争夺者					0.848
我的球队和上海上港属于同一级别					0.595
如果我的球队有明星球员转投上海上港，这会加剧我们之间的德比程度		0.860			
如果我的球队的球员转投上海上港，我球队的球迷会表达不满的情绪		0.937			
如果我的球队有明星球员转投上海上港，我认为这是对我球队的背叛		0.799			
虽然我的球队和上海上港在同一个城市，但是我们所代表的文化还是有一定差异的				0.821	
虽然我的球队和上海上港在同一个城市，但是我们代表着不同的社会群体				0.887	
虽然我的球队和上海上港在同一个城市，但是我们各自有着不同的比赛风格				0.878	

（2）广州德比

　　广州同城德比成因调查结果显示（见表 13-3、表 13-4），15 个调查条目中总共提出了 5 个特征值大于 1 的因子。广州同城德比成因调查结果显示，条目 1~3 反映了广州恒大与广州富力之间的羊城德比受到了球迷的广泛一致的认可。条目 4~14 则体现了羊城德比的形成因素及其特征框架图中的冲突、同侪和偏见作为三个理论维度，总方差解释率为 77.301%。冲突分为交锋历史与实力对比，条目 4、5 反映了交锋历史，条目 7、8、9 反映了实力对比情况。以本队明星球员转投德比对手作为同侪的调查内容，问卷中以 9、10、11 三个条目反映出球员在德比对手之间的转会是德比成因之一。以各自球队的代表人群、文化和球队风格作为偏见的调查内容，条目 12、13、14 三个条目反映出德比对手之间的认同差异是德比成因之一。

表 11-3　广州同城德比因子分析解释总方差

成分	初始特征值			旋转平方和载入		
	合计	方差的（%）	累积（%）	合计	方差的（%）	累积（%）
1	5.093	33.951	33.951	2.562	17.080	17.080
2	2.377	15.848	49.799	2.335	15.570	32.650
3	1.758	11.723	61.522	2.275	15.167	47.818
4	1.226	7.171	69.693	2.231	14.871	62.689
5	1.141	7.608	77.301	2.192	14.612	77.301
6	0.678	4.521	81.822			
7	0.590	3.935	85.757			
8	0.486	3.241	88.998			
9	0.392	2.616	91.614			
10	0.348	2.321	93.935			
11	0.288	1.923	95.857			
12	0.218	1.453	97.310			
13	0.160	1.067	98.377			
14	0.137	0.914	99.291			
15	0.106	0.709	100.000			

表 11-4　广州同城德比成因因子分析

广州同城德比	成分				
	1	2	3	4	5
中超广州恒大与广州富力的比赛是同城德比			0.845		
广州恒大与广州富力之间的比赛是公众瞩目的广州德比			0.766		
广州恒大与广州富力之间的比赛是媒体和公众共同瞩目的羊城德比			0.801		
我的球队和广州富力每赛季内都会比赛					0.885
在过去的数年间，我的球队和广州富力多次对决					0.801
我的球队和广州富力总是在比赛中排名靠前	0.746				
我的球队和广州富力经常都是联赛冠军的争夺者	0.839				
我的球队和广州富力属于同一级别	0.845				
如果我球队的球员转投广州富力，这会加剧我们之间的德比程度		0.782			
如果我球队的球员转投广州富力，我球队的球迷会表达不满的情绪		0.853			
如果我的球队有明星球员转投广州富力，我认为这是对我球队的背叛		0.829			
虽然我的球队和广州富力在同一个城市，但是我们所代表的文化还是有一定差异的				0.897	

广州同城德比	成分				
	1	2	3	4	5
虽然我的球队和广州富力在同一个城市，但是我们代表不同的群体				0.865	
虽然我的球队和广州富力在同一个城市，但是我们各自有着不同的比赛风格				0.792	

11.5.3.2 跨城德比

（1）广州恒大球迷的跨城德比调查结果

如表 11-5、图 11-2 显示，4 个选项中，广州恒大球迷选为跨城德比最多球队为上海上港，其次是北京国安，再次为上海申花，最后为山东鲁能。这一结果客观反映了最近几个赛季广州恒大与上海上港之间的中超争霸格局。

表 11-5　广州恒大球迷视角下的跨城德比对手情况

球队	频率	百分比	有效百分比	累积百分比
上海申花	7	12.1	12.1	12.1
上海上港	39	67.2	67.2	79.3
北京国安	11	19.0	19.0	98.3
山东鲁能	1	1.7	1.7	100.0
合计	58	100.0	100.0	—

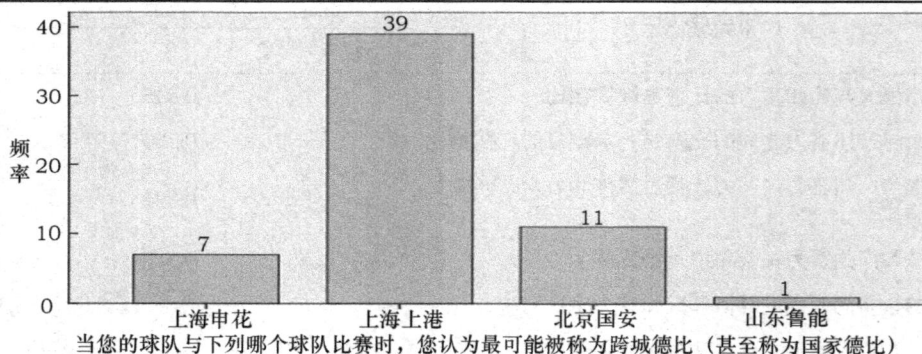

当您的球队与下列哪个球队比赛时，您认为最可能被称为跨城德比（甚至称为国家德比）

图 11-2　广州恒大球迷视角下的跨城德比对手情况

广州恒大球迷的跨城德比成因调查结果显示（见表 11-6、表 11-7），11 个调查条目中总共提出了 3 个特征值大于 1 的因子，总方差解释率为 73.128%。条目 1~11 则体现了跨城市德比的形成因素及其特征框架图中的冲突、同侪和偏见作为三个理论维度。本部分调查结果中，冲突维度中的交锋历史与实力对比未能形成两个独立因子，而是合并入条目 1~5 中。条目 6、7、8 以本队明星球员转投德比对手作为同侪的调查内容。以各自球队的代表人群、文化和球队风格作为偏见的调查内容，条目 9、10、11 三个条目反映出德比对手之间的认同差异。

表 11–6　广州恒大球迷视角下的跨城德比因子分析解释总方差

成分	初始特征值			旋转平方和载入		
	合计	方差的（%）	累积（%）	合计	方差的（%）	累积（%）
1	4.214	38.314	38.314	3.070	27.909	27.909
2	2.074	18.850	57.164	2.795	25.407	53.316
3	1.756	15.964	73.128	2.179	19.812	73.128
4	0.824	7.494	80.622			
5	0.584	5.306	85.928			
6	0.469	4.265	90.193			
7	0.381	3.462	93.655			
8	0.265	2.406	96.061			
9	0.201	1.831	97.892			
10	0.174	1.578	99.471			
11	0.058	0.529	100.000			

表 11–7　广州恒大球迷视角下的跨城德比因子分析

跨城德比	成分		
	1	2	3
在跨城德比（或者国家德比）中，我的球队和德比死敌每赛季内都会比赛	0.690		
在跨城德比（或者国家德比）中，过去的数年间，我的球队和德比死敌多次对决	0.721		
在跨城德比（或者国家德比）中，我的球队和德比死敌总是在比赛中排名靠前	0.846		
在跨城德比（或者国家德比）中，我的球队和德比死敌经常都是联赛冠军的争夺者	0.835		
在跨城德比（或者国家德比）中，我的球队和德比死敌属于同一级别	0.689		
在跨城德比（或者国家德比）中，如果我的球队有明星球员转投德比死敌，这会加剧我们之间的德比程度		0.889	
在跨城德比（或者国家德比）中，如果我的球队有球员转投德比死敌，我球队的球迷会表达不满的情绪		0.955	
在跨城市德比（或者国家德比）中，如果我的球队有明星球员转投德比死敌，我认为这是对我的球队的背叛		0.936	
在跨城德比（或者国家德比）中，我的球队所在的城市有明显的政治、经济、文化优势，德比战的胜利会让我球队的球迷有明显的优越感			0.838
在跨城德比（或者国家德比）中，我的球队所在的城市是体育或文化中心之一，德比战的胜利会让我球队球迷有明显的优越感			0.861
在跨城德比（或者国家德比）中，我的球队所代表的城市是中国的足球文化中心之一，德比战的胜利会让我球队球迷有明显的优越感			0.809

（2）北京国安球迷的跨城德比调查结果

如表 11-8 和图 11-3 显示，4 个选项中，北京国安球迷选为跨城德比最多球队为上海申花，其次是广州恒大，再次为山东鲁能，最后为上海上港。这一结果反映出北京国安球迷更加看重德比历史因素。尽管上海上港和广州恒大是近几年中超实力最强的对手，而申花战绩近几年并不突出，但是北京国安球迷更加看重的是北京国安和上海申花两支中超俱乐部中历史最为悠久的两家球会之间的比赛，更加强调了在德比对手之间既要具有一定的竞争力，还要具备一定的竞争历史。

表 11-8　北京国安球迷视角下的跨城德比情况

球队	频率	百分比	有效百分比	累积百分比
广州恒大	38	33.0	33.0	33.0
上海申花	58	50.4	50.4	83.5
上海上港	4	3.5	3.5	87.0
山东鲁能	15	13.0	13.0	100.0
合计	115	100.0	100.0	

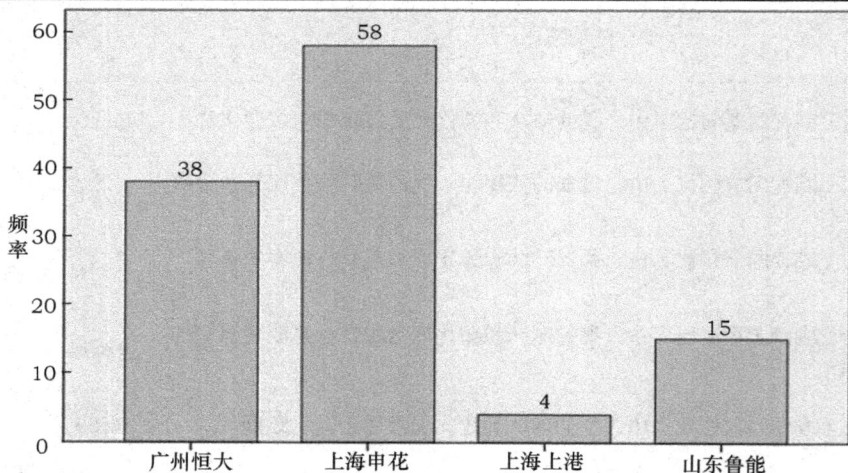

当您的球队与下列哪个球队比赛时，您认为最可能被称为跨城德比（甚至称为国家德比）。

图 11-3　北京国安球迷视角下的跨城德比对手情况

北京国安球迷的跨城德比成因调查结果显示（见表 11-9、表 11-10），11 个调查条目中总共提出了 4 个特征值大于 1 的因子，总方差解释率为 76.189%。条目 1~11 则体现了跨城德比的形成因素及其特征框架图中的冲突、同侪和偏见作为三个理论维度。本部分调查结果中，冲突分为交锋历史与实力对比，条目 1、2 反映了交锋历史，条目 3、4、5 反映了实力对比情况。条目 6、7、8 以本队明星球员转投德比对手作为同侪的调查内容。以各自球队的代表人群、文化和球队风格作为偏见的调查内容，条目 9、10、11 三个条目反映出德比对手之间的认同差异。

表 11-9 北京国安球迷视角下的跨城德比因子分析解释总方差

成分	初始特征值			旋转平方和载入		
	合计	方差的（%）	累积（%）	合计	方差的（%）	累积（%）
1	3.863	35.120	35.120	2.584	23.492	23.492
2	1.893	17.205	52.325	2.115	19.229	42.721
3	1.404	12.766	65.091	1.886	17.146	59.867
4	1.221	11.098	76.189	1.795	16.322	76.189
5	0.861	7.826	84.015			
6	0.436	3.966	87.981			
7	0.394	3.581	91.562			
8	0.301	2.733	94.294			
9	0.267	2.427	96.721			
10	0.205	1.859	98.580			
11	0.156	1.420	100.000			

表 11-10 北京国安球迷视角下的跨城德比因子分析

跨城德比	成分			
	1	2	3	4
我的球队和德比死敌每赛季内都会比赛				0.870
在过去的数年间，我的球队和德比死敌多次对决				0.898
我的球队和德比死敌总是在比赛中排名靠前			0.501	
我的球队和我的德比死敌经常都是联赛冠军的争夺者			0.883	
我的球队和德比死敌属于同一级别			0.844	
我的球队会因为某个明星球员转投德比死敌而形成或加剧德比程度		0.745		
我球队的球迷会对转投德比死敌的球员表达不满的情绪		0.901		
我球队的明星球员转投德比死敌是对俱乐部的背叛		0.790		
在跨城德比战，我的球队所在的城市有明显的政治、经济、文化优势，德比战的胜利会让我球队的球迷有明显的优越感	0.792			
在跨城德比中，我的球队所在的城市是体育或文化中心之一，德比战的胜利会让我球队球迷有明显的优越感	0.893			
在跨城德比中，我的球队所代表的城市是中国的足球文化中心之一，德比战的胜利会让我球队球迷有明显的优越感	0.865			

11.5.3.3 德比对抗中的相互认同

在数据调查过程中，笔者发现作为中国职业联赛历史最长的德比对手，北京国安和上海申花球迷之间存在对抗中的相互认同。针对这一现象，笔者对前北京工人体育场主管孙科、前北京足协竞赛部主管刘琰、国安资深远征军球迷刘新进行了访谈，主要涉及了申花和国安球迷之间的对抗、申花和国安球迷之间的认同以及对中国国家德比的理解：

（1）关于球迷之间的对抗

"申花和国安球迷之间的对抗不仅是足球的竞争关系，其实是各方面竞争的一个缩影。比赛中双方球迷都会用自己的口号来支持各自的球队。"

（2）关于申花和国安球迷之间的认同

"申花近几个赛季的战绩起伏比较大，尽管在比赛中，国安球迷会用口号和歌曲来讽刺申花。但是国安球迷对申花俱乐部还是抱有很强的认同感。因为在中国足球职业化改革过程中，来自北京和上海的两支球队一直互为强劲对手，正因为彼此的存在才造就了更强的对方。所以，这种相爱相杀的情感是其他球队之间很难获得的认同矛盾体。"

（3）关于中国国家德比

"很多人觉得国家德比就是两支排名靠前的俱乐部之间的比赛。所以，近些年出现了很多个国家德比，如北京国安对广州恒大、北京国安对上海上港、上海上港对广州恒大，但这些更多的是一种媒体的炒作。在国安球迷心中，真正的国家德比只在上海申花和北京国安之间的比赛。因为国家德比不仅是球场上实力的比拼，更重要的是德比关系的历史延续。从中国足球职业化改革开始，上海申花和北京国安就各自代表自己的城市，提起京沪德比，所有人最先想到的一定是上海申花和北京国安之间的德比战。提起国家德比，球迷回忆最多的也是上海申花和北京国安的比赛。而且，北京和上海两座城市在中国政治和经济的地位也决定了两支具有最长职业联赛历史球队的比赛才是国家德比。"

从本部分研究针对北京、上海和广州三城市球迷的调查结果显示，我国已经形成了一定的德比文化，球迷对同城和跨城德比具有一定的认同，并且也都符合德比理论框架中的冲突、同侪和偏见作为三个理论维度。其中，两队的交锋历史和实力对抗是冲突维度的表现，明星球员的争夺则是同侪的表现之一，而偏见则表现在球迷群体对自己俱乐部所代表人群和文化的优越感。而争议密度中的德比群体冲突表征竞争可以很好地解释冲突维度中实力对抗和交锋历史；对手威胁论的内群体偏爱和外群体偏见则体现了同侪和偏见。而德比战中，球迷之间的对抗也会产生对彼此的认同，因为只有更好的德比对手才能让自己的俱乐部更加强大。

11.6　中英足球球迷德比文化比较

真正的德比文化应该具备三个基本条件，一是历史，二是精彩火爆，三是两支球队之间恩怨积久。对于英国足球球迷德比文化而言，历史是造成其德比文化丰富而久富魅力的原因。英国足球德比关系的产生原因各不相同，有战争原因，如曼联与利兹联的玫瑰德比。也有宗教原因，如格拉斯哥流浪者队与凯尔特人队之间的德比。还有两个城市之间的竞争原因，如曾经全英最大的贸易输出港口利物浦与英国纺织中心曼彻斯特两者之间的竞争。而且这些著名的德比战双方实力一直排名靠前，比赛的竞争性和精彩程度使这些德比战始终成为大众关注的焦点。我国的足球德比尽管在冲突、同侪和偏见三个理论维度体现出了德比的雏形，但是，一方面，我国足球的发展历史并不如英国足球发展史那样漫长和复杂；同时，各支球队历史也并不长，在两支球队之间所形成的恩怨还无法积淀成为真正德比战的历史。因此，在目前的德比雏形基础上，各家俱乐部应该潜心关注球队发展，将自己的俱乐部打造成百年俱乐部，随着中国职业足球俱乐部整体发展的走强，俱乐部之间的对抗会呈现出更多的历史性和复杂性，恩怨分明，精彩火爆和历史悠久的中国足球德比战也必将自然而然地出现。

11.7　结论

　　足球德比的发生、发展和延存是一个复杂的历史过程。本研究表明德比理论框架中的冲突、同侪和偏见三个理论维度可以作为框架部分解释足球德比。要想进一步地进行细致化研究，则需要在此理论框架基础之上进行个案化研究，以探求更为丰富的德比文化。德比文化能够蓬勃发展，不仅仅是因为德比具有深厚的历史积淀，也由于其背后具有重要的现实意义和时代意义。与德比相关的赛事转播以及俱乐部的经营等具有极大的商业价值，促进了经济的发展。同时，不同身份球迷群体的交融感不断增强也在一定程度上促进了社会的和谐进步。另外，德比战所形成的球队文化积淀也促进了足球运动的传播与发展，有利于地区足球水平的提高并扩大城市影响力。尤其是对于正处在上升期的中国足球改革来说，借鉴西方的成熟经验来培育具有中国特色的足球文化，对于实现我们的"三步走"战略目标具有重要的时代意义。后续的研究应该从更大的范围内来挖掘中国德比的内涵以及德比的衍生价值。

第五部分
中英足球球迷制度文化研究

12 中英足球球迷积极参与足球治理研究

（此章节已作为中期研究成果于 2018 年 6 月发表在《北京体育大学学报》第六期）

"治理"一词于 1989 年世界银行一份非洲经济社会情况分析报告中首次出现。自此，治理问题和治理理念在广域范围内迅速引起关注。其中，西方治理理论普遍强调将公民权视为治理的切入点、目的或旗帜，强调社会解决问题的能力，将社会组织当作治理理论和民主培育的最佳练习场，而国家的角色则定位为治理主体间的协调者、促进者和仲裁者❶。本文将以英国足球的治理改革作为基本脉络，以公民参与足球治理为主要内容，对以组织化为形式的足球球迷公民权利的式微、回归与复兴的变迁进行梳理，实现对英国政府、足球球迷和社会组织参与足球治理实践的全景图解析。同时，以访谈和个案分析的方法对我国球迷参与足球治理的现状进行研究，并探究此过程对我国社会主义公民意识培养和实践所具有的意义。

12.1 球迷参与英国足球俱乐部治理的背景

12.1.1 俱乐部经济危机和联赛竞争两级化

虽然足球特别是英超成为英国体育的金字招牌，但繁荣之下却也是危机重重，2011年英国体育部部长休斯·罗伯特森在接受《每日电讯报》采访时直言："如果我们对整个国家各类体育活动进行考察，毫无疑问，治理最差的就是足球！"近几年，随着英超新的电视转播权收入和欧足联财务公平制度的实施，英国足球俱乐部的财政状况得到了好转，但是英国足球俱乐部亏损仍然是个不容忽视的问题。以 2014—2015 赛季英超俱乐部为例，6 家亏损俱乐部亏损额为 1 亿 4 千 1 百万英镑。同时，资本在俱乐部运作方面的恶性竞争导致俱乐部实力的不平衡，这种不平衡让众多中小球会处于危机边缘，英国职业足球联赛中出现了一种新名词"Yo-Yo 俱乐部"，意指长期处于保级状态，并不停地在上一级联赛和下一级联赛间升降的足球俱乐部。

12.1.2 认同割裂

兴起于大工业时代的职业足球俱乐部被视为英国人社区认同、集体认同和地方认同的中心。俱乐部及其足球场代表着人们的图腾认同。然而，自 20 世纪 90 年代起，卫星电

---

❶ 殷盈，金太军. 公民权，社会组织与民主：治理视域下三者互动关系的分析 [J]. 江汉论坛，2016（11）：55–60.

视、社区扩展和种族多样化等社会变化带来了传统认同的割裂。其中对传统认同冲击最大的无疑是足球俱乐部的商业化和外资资本涌入。英国多个级别的俱乐部被外国资本收购，其中 20 家英超球会中有 14 家被外资收购或控制，24 家英冠球会中有 11 家由外资收购和控制。外资介入首先引发球迷与外资老板之间的对抗，最著名的例子就是曼联俱乐部被美国格雷泽尔家族收购期间，球迷开展了从抗议、对抗到分裂的行动。同时，在入主英国俱乐部后，外资推行的包括俱乐部商业化冠名、球场易址和球票上涨等一系列改造，进一步加深了球迷与俱乐部之间的割裂。球迷与俱乐部之间正在被各种商业运作筑起的围墙分割，传统认同也被麦当劳式的体育运营模式所阉割。

12.2　基于公民精神的足球球迷参与的兴起、式微、回归和复兴

12.2.1　足球球迷公民精神发展轨迹

20 世纪末期，工党政府上台后，英国政府执政理念逐渐从公共管理向公共服务转变，以推动公私合作、政府与社会、与公民合作为主要方式，对国家进行治理改革。对于"原子化"的个人而言，作为公共管理学发展历程中的始发性词汇，"公民精神和公民治理意识"被认为是实践真实公民治理的最为重要的内源性基础。公民在治理活动中所体现出的公民自治意识、民主意识、自由意识、平等意识与参与意识等各种现代公民意识是公民精神的重要内容。但是，公民精神的发生和发展并非一帆风顺，"新公共行政"的代表人物，乔治·弗雷德里克森教授认为在资本主义发展初期，公民积极处理现实中不断出现的各种公共事务。但随着都市化、专业化、工业化和商业化的进一步发展，活跃的公民精神开始衰退❶。直到 21 世纪，创建以公民为中心的治理结构被改革家视为是创新的复兴实验过程，欧洲各国政府重拾公民意识，将培养公民意识，实践公民参与，鼓励公民合作作为推进国家治理的重要手段和内容，公民参与得到了回归和复兴❷。从球迷参与俱乐部治理的历程上看，也经历了类似的轨迹。球迷从足球俱乐部发展初期的直接参与，商业化和私有化背景下的被动参与，到第三条路和社区化转变下的主动参与过程恰恰是足球球迷公民精神的兴起、式微、回归和复兴。

12.2.2　球迷直接参与的兴起

英国足球俱乐部的发展历程被视为社区公益组织向私人化和商业化公司发展的历程（见图 12-1）❸。1880 年，前英国足球俱乐部主要以非营利组织形式存在，俱乐部的发展目的是以社区和所在地方振兴为目标，兼顾慈善目的。俱乐部是整个社区的中心，俱乐部的

---

❶　梁莹. 公民治理意识，公民精神与草根社区自治组织的成长 [J]. 社会科学研究，2012（2）：32-37.
❷　鲍林强. 公共管理模式嬗变的基本逻辑：公民权利的视域 [J]. 学海，2013（5）：115-119.
❸　Nishizaki N. Fans' Participation in the Management of Professional Sport Clubs: Structure and Significance of Supporters' Trusts in the UK[J]. *Journal of Japan Society of Sports Industry*，2010，20（1）：53-64.

事务也就是整个社区的事务，俱乐部所在的主场球场的所有权归社区所有，很多居民很自然地将俱乐部视为重要的社区成员，在俱乐部的运行、发展和建设方面拥有话语权。双方之间保持着亲密的关系，社区居民可以对俱乐部的目标、运行和发展直接建言献策。尽管从 20 世纪初期开始，随着职业化和商业化发展的需求，俱乐部逐渐开始转型为有限责任公司，引入经理人对俱乐部进行运作，职业足球俱乐部开始呈现专业化运作和发展，各种足球、管理、财务等专业化人才在俱乐部逐渐拥有更强和更大的话语权。但是，这一时期的俱乐部仍然以社区作为发展的主要目标，球迷被视为俱乐部的重要利益相关方，不少投资人并未以收益作为自己的头号目标，而是将利润继续投入到俱乐部的建设上，俱乐部和社区之间继续保持着相对融合的关系。而且，很多俱乐部在长达近 100 年的时间中都遭遇过财政危机，在筹集资金过程中，来自社区的公共和私人捐献往往是最重要也是最受重视的。可以说，很多俱乐部、球迷和社区之间形成了共存共依的关系。

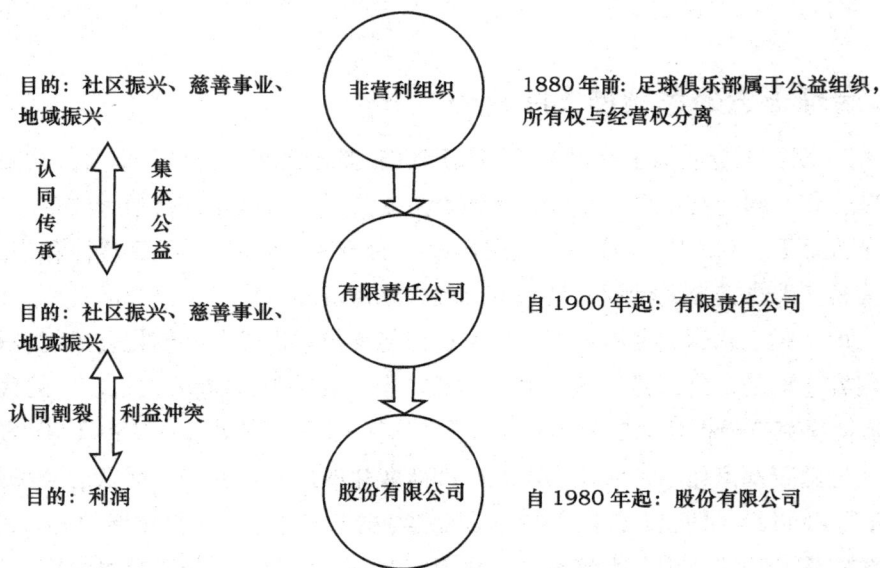

图 12-1　英国足球俱乐部属性的发展历程

12.2.3　球迷参与的式微——由直接参与转为被动参与

自从公司化运营后，俱乐部在商业化的道路上越走越远。1979 年后实行大规模私有化进程，通过出让股票的形式推进企业私有化。因为资本投入者承担着企业的经营风险，因此，公司经营的重点是使得出资者的投入得到收入，从而回收他们的投资 ❶。足球发展也深受这一浪潮的影响，众多俱乐部开始彻底转变为以营利为目的的股份制公司，大批海内外资本注入，这些资金投入者和风险承担者的股东在企业剩余索取权和控制权上开始拥有不容置疑的态度和作风，在俱乐部的经营过程中实施股东为主的单边治理。同时，20 世纪 90 年代，球迷流氓和海瑟尔惨案等一系列社会重大事件让英国足球成为英国社会的痰

❶　剧锦文 . 公司治理理论的比较分析——兼析三个公司治理理论的异同 [J]. 宏观经济研究，2008（6）：19—27.

盂，足球球迷成为暴力和犯罪的代名词，几乎成为社会公敌。希尔斯堡惨案后政府和媒体"歪曲事实"的定论更是让受难球迷和家人遭受了前首相卡梅伦口中的"双重打击"。政府在全国推行的各种私有化政策最终让球迷与俱乐部之间的关系成为赤裸裸的买卖关系。显然，球迷的这种商品化的"顾客"角色是不恰当的，因为历史上，俱乐部被众多球迷视为社区的公共中心，作为社区公民的球迷不仅是俱乐部服务的接受者，而且是俱乐部服务的合伙人、参与者和监督者，被视为俱乐部实际的唯一"所有者"。将球迷贬低为纯粹的消费者，降低了球迷作为俱乐部重要利益相关方的权利和合法地位。这种商业化的极端发展和当时难以遏制的球迷暴力最终让球迷在俱乐部管理和运营中被忽视。足球票价飞涨、足球球服和纪念品的高频率更迭以及为了拥有更多球场收益而更换主场地址的举措都招致球迷反对，然而被排除在俱乐部管理体系之外球迷成为俱乐部商业经营的"被动接受者"，在关乎自己利益的事务上没有太多的话语权和决策权。

12.2.4　球迷参与的回归与复兴——主动参与

12.2.4.1　中性球迷文化主动发声——球迷参与回归与复兴开端

1980 年前后，感受到来自俱乐部和足总方面强烈忽视与社会公众鄙视的球迷开始寻求更主动参与足球治理的方式。当时的首要目标是改变球迷自身形象，但是当时几乎任何一种他们能够接触到的媒体，如报纸、电视和广播都在不遗余力地丑化球迷形象，对球迷正当的诉求充耳不闻。这种情景下，球迷必须有一个属于自己的媒体途径，以便将人们对球迷群体产生的极端负面形象引向更为大众化、更为中性化和更具包容性的球迷文化。他们最终选择出版球迷爱好者杂志。通过自办的杂志，一方面表达对足球超级商业化发展中各种忽视球迷的运作的不满。Jary，Horne 和 Bucke 认为："各个足球爱好者杂志的编辑的共识是：'足球是属于球迷群体的，不是私有公司和财阀商人的，更不是媒体、警察和政客的玩弄消遣之物。'"❶ 另一方面，通过这些爱好者杂志重新树立球迷对足球不离不弃、誓死追随的忠诚，为球迷开辟一条交流和讨论的渠道。球迷爱好者杂志的普遍特征包括：以球迷为中心，为球迷提供表达自身意愿的媒介；欢迎自由言论。但是，对于 80 年代盛行的足球流氓文化表示了抵制。Peter Mason 评价认为："只要不是种族歧视、性别歧视和伤害性的言论都受欢迎！"

足球爱好者杂志的兴起被认为是球迷文本文化的出现，加上逐渐出现的各种球迷自述书籍，如 Hornby 的《极度狂热》一书，球迷通过文化的形式在公众面前重新塑造他们的集体认同。这体现着新的球迷文化逐渐形成，与以往极端球迷文化显著不同的新球迷文化反对过分的男性主义表达和理念，并试图防止这种潮流重获主导地位。对新球迷文化拥护者而言，希望能够在极端的男性主义传统与极端的商业化趋势中寻找"第三条道路"，消除过去不健康的传统，吸收可以与现代社会理念相融合的各种传统。这种整合传统支持方式和社会价值观的方式是非常重要的实践，这种实践帮助球迷逐渐在不同的观念和不同的

---

❶　Jary D，Horne J，Bucke T. Football "fanzines" and football culture: a case of successful "cultural contestation" [J]. *The Sociological Review*, 1991, 39（3）: 581–597.

政治领域获得支持。

12.2.4.2 球迷组织化发展：从被动接受者到主动话语者

（1）弱势球迷组织发展

英国历史上具有较大影响的足球球迷组织主要为足球支持者俱乐部全国联盟（National Federation of Football Supporters Clubs，NFFSC）、足球支持者协会（Football Supporter Association，FSA）和独立支持者协会（Independent Supporter Association，ISA）和足球球迷参管协会（Supporter Direct，SD）等组织。英国球迷组织的发展发轫于1927年NFFSC的建立。1927年，北安普顿敦球迷托马斯海德森发起了成立足球支持者俱乐部联盟的运动。鼎盛时期，该联盟最多拥有250多个足球支持者俱乐部会员，这些会员俱乐部中既包括职业足球俱乐部的球迷团体，也包括业余足球俱乐部的球迷团体。但是NFFSC的壮大和发展并没有给球迷的被动地位带来改善，这主要源于NFFSC组织形式保守和组织理念弱势。首先，该组织不接受个人名义会员加入，导致大批独立球迷另起炉灶，建立了FSA。同时，更为重要的原因是NFFSC在与足总和俱乐部的对话过程中所表现出的理念和地位。该组织从一开始就秉承着"帮助但不牵绊"的理念，不敢利用球迷强大的力量对抗足总和俱乐部，导致足总直到20世纪60年代才开始承认其组织的合法性。在球场改善、球票分配以及博彩利益等方面，NFFSC处于全面被动状态。NFFSC的弱势令其影响力在"二战"后一路大幅下降，1960年参加年度全国大会的会员团体为139个，到1988年进一步降低到40个[1]。

（2）寻求主动参与的独立球迷组织发展

海瑟尔惨案发生后3个月，一部分利物浦球迷的推动促成了FSA建立。该组织被视为第一个试图真正独立的球迷联合机构，是一个希望能够明确表达球迷诉求，参与俱乐部决策的统一组织。1989年希尔斯堡惨案后，在场警官的谎言、媒体的恶意报道与政府的失公处理，让球迷成为惨案责任的替罪羊。这更加促使FSA希望建立一个整体的组织来代表球迷利益，从而形成统一的声音和力量。Peter Garret，足球球迷联合会的首任秘书长认为："球迷应该在足球中重新确立自己的地位，从而在反暴力和反足球流氓方面发挥更大的作用。同时，球迷有责任和义务联合起来形成独立的组织，在足球的管理中发挥作用。"FSA被视为一个具有真正意义的自下而上的球迷组织，它的成立和运作进一步激发了球迷主动参与的公民意识，并催生了更具各地地方性质的ISA。各地ISA以独立组织的形式在各自地区代表着自己球迷的利益，没有任何外部协助，彰显了球迷自下而上的行动性。而且，ISA对他们的俱乐部持有一种质疑的立场，他们与俱乐部之间建立对话机制，在安全、站席和票价等方面提出独立要求。

（3）以平等合作为理念的球迷参管组织兴起

Rex Nash认为，从1992年开始，英国足球开始了以商业化为主导的现代化过程，球迷、俱乐部和政府之间关系的巨变，呼唤一个能够整合政府、俱乐部和球迷的组织，带

---

[1] Nash R. English football fan groups in the 1990s: Class, representation and fan power[J]. *Soccer & society*, 2001, 2（1）: 39–58.

领球迷应对英国足球俱乐部现代化变化，以及改变球迷被动地位和负面地位的组织 ●。从 20 世纪 80 年代出现的 SD 开始逐渐引起关注，SD 成为协调各方要求，整合各方力量的组织。

SD 希望借助媒体和政治家的影响来重塑英国球迷形象，并将构建新的球迷俱乐部关系作为最为重要的目标。该组织理念与公共行政的精神一脉相承，参与精神、民主精神、权利意识、平等精神和社会责任感等重要公民精神与 SD 所奉行的"民主""互助"和"非营利"等理念内在契合。其中，民主理念的最重要实践是"一人一票制"（投票权为每个会员一张，不会因为投资多而获得额外的投票权）；互助理念关键实践是"社区互助"，互助会拥有、掌控和服务于自己的社区和公共事务，足球俱乐部被视为社区的公共事务，因此，社区居民可通过各种渠道运行自己的俱乐部；非营利理念的最重要实践是"为社区，而非成员个人服务，利润不会在成员间进行分配，而是重新用于公共事务的投资中"●SD 的组织功能定位是"咨询"和"帮助"，其实现"民主、互助和非盈利"目标的主要途径是通过咨询等多渠道帮助各地球迷在各自的俱乐部建立符合法律和经济程序的合作社（被称为球迷基金会），让球迷通过自己的基金会获得部分或全部的足球俱乐部股份。

12.2.5　球迷参与回归和复兴的实质——公民意识的渗透和实践

英国社会学家 T.H. 马歇尔指出公民权的形态性质为消极公民权与积极公民权。在消极公民权形态下，公民是各种社会法规、公共政策的被动承受者，是保障、福利和各项社会事业的被动消费者。在积极公民权形态下，作为能动主体的公民，不论是否清晰地知道采取何种方式和步骤，是最有可能改善公民权的实现程度的行动者（既有行动的意愿，也有行动的能力，并具有行动的权利和空间）。欧盟教育、文化、多语言、体育和媒体委员会 Androulla Vassiliou 认为"积极公民"和"参与文化"在欧洲日常生活中起到了至关重要的作用，而体育又是这种作用突出而有效的体现。球迷权利的式微、回归和复兴实际上是球迷主体地位的演进过程，也是其作为团体，从享有消极公民权到实践主动公民意识的变化，更是球迷被接受为重要足球相关利益方，积极参与足球治理的实践体现。时至今日，公民权普遍被认为是所有人都拥有的、保证个人的一定的权利的基础。因此，不管治理机制如何发展、公民权的内涵如何演进，在社区和足球俱乐部等微观实践层面上，一定程度上可以将治理理解为作为公民的球迷在足球商业化发展这一具体问题情境中，试图以最小化的协调成本，围绕球迷平等和民主的公民权进行的合作和集体行动。

2000 年前后，由于过度的商业化运作和竞争，不少英国足球俱乐部开始相继陷入经济危机，促使英国社会和政府开始反思英国足球的发展模式，希望通过有效的方式实现足球的新治理。与此同时，随着产业升级，以信息化为主的产业逐渐取代英国传统工业，蓝领工人数量减少，白领和中产阶级群体壮大，带来的是球迷人口学特征的变化，球迷文

❶　Nash R. Contestation in modern English professional football[J]. *International Review for the Sociology of Sport*，2000，35（4）：465–486.
❷　Ward S J. A Critical Analysis of governance structures within supporter owned football clubs[D]. Manchester Metropolitan University，2013，26–29.

化从极端逐渐向中性发展❶。以往蓝领工人阶层球迷群体所推崇的男性主义已经无法寻到踪影，历史上曾经传统的和占统治地位的攻击性男性主义的价值观和暴力表达方式已经被更加开放的、包容更多类别球迷群体的倾向所取代。因此，困扰英国足球多年的足球流氓毒瘤已渐渐消亡，新的球迷群体从传统球迷文化中汲取了政治上的和社会上的接受性（参与、投入、地方主义和球迷独立性）并与其他极端主义（种族主义、性别主义、攻击性的男性主义）等割裂。他们推崇诸如民主、平等和自由的公民理念，不再希望如顾客般被俱乐部对待，要求主动地参与到俱乐部的决策过程。

12.3　政府在球迷参与足球治理过程中的定位与作用

12.3.1　社区、足球和球迷的功能性定位

12.3.1.1　社区成为践行治理理念的载体

在对理论的争论和社会的实践中，治理理论家们提倡多元主体治理，强调回应、互动、协作、公开、法治等精神。政府应成为一个引导者、服务者、参与者，帮助公民表达和实现他们的共同利益。然而不少学者也批判性地注意到公民参与急需一种载体，如果缺少了这种承载公民参与的物质基础，那么所有公民参与性设想只能付诸于空想。在公民参与载体的寻找过程中，在英国兼具历史和现实，物理和人文元素的社区成为不二选择。英国政府相信公共利益是通过社区沟通过程实现的，其价值内涵是正义、公正、公平等民主规范，应该更多地发掘社区的潜力，重新发现社区，将社区作为提升公共领域的一种重要途径。公民治理不仅仅是要实现效率的提升，更重要的是实现一个公民自己设想与自己执行的社区愿景。

事实上，英国各界政府都不同程度地关注社区工作，从 20 世纪 60 年代中后期以来的本土实践来看，面对不同时期的不同困难，英国政府把社区作为重要的工作抓手以及解决问题的机制。同时，传统上，工党就是注重社区、社会的政党。布莱尔坚持"对社区和社会的信念是工党的基本原则，同时也是其指导方针"。特别是在"新工党"的理念构架中，社区不仅仅是现代社会的"问题中心"，也是各种问题的"答案中心"，是各项社会政策得以有效实施的载体，社区参与被赋予重要意义，受到地方政府和中央政府前所未有的高度重视❷。而且，自 1997 年以来，工党政府将自己对社区的关注重点从物理环境转变为人文环境，开始关注地方居民，将建设一种新的邻里关系视为重要的方案，将社区居民的公民"参与"推到"旗舰性特征"（flagship initiative）的位置，积极倡导当地居民参与到影响他们日常生活的服务和决策当中去❸。

❶　李培林.当今英国社会阶级阶层结构的变化 [J].国际经济评论，1998，6：30.
❷　张宝锋.布莱尔政府之社区发展及对我国社区建设的启示 [J].学术论坛，2005（12）：48–51.
❸　王红艳.社区治理的英国经验及其启示 [J].福建论坛（人文社会科学版），2014（11）：26.

12.3.1.2　足球成为实现社区治理的工具

自梅杰政府开始，英国政府就开始重视体育在社会发展和缓解地区矛盾方面的功效，并开始关注包括足球在内的体育事业的发展。1997 年工党政府执政后，更是大力推行旨在建立全社会广泛参与的社会治理模式的改革，推动社区自助、群体互助、社会责任以及联合力量大于个人等理念。足球俱乐部被认为在社区复兴计划中具有特殊意义，被视为拥有推动社区内涵建设的强大内部动因。2000 年，副首相办公室公布了名为"我们的城镇：未来——传递一次城市复兴"的白皮书。在这个白皮书中认为体育具备的塑造"公民骄傲"的作用，因此应该成为解决社会隔阂的重要途径。同时，英国文化、传媒与体育部毫无疑虑地表示"在构建社会认同和鼓励集体能量方面的作用，体育应该能够成为解决社会隔阂问题的力量"！同时，英国球迷人口学上的变化、球迷文化中性化的发展趋势，以及球迷在俱乐部危机时所表现出来的忠诚和不离不弃等，也让英国政府和社会认识到足球和俱乐部应该是实现社区治理的关键工具。应该支持改变球迷与俱乐部之间的关系，通过支持球迷在俱乐部获得话语权，鼓励球迷以组织化的形式购买俱乐部股份，甚至是控股俱乐部，实现足球俱乐部公益化性质的回归。

12.3.1.3　球迷成为社区传统的传承人

布莱尔的精神导师吉登斯认为现代社会人的工具理性过度张扬，将追逐物质利益作为首要目的。在后传统社会，各种信息层出不穷，社会生活变化迅速。以往以熟人为圈子的社区信任体系被打破，传统不断消解。加上时空的高度分离与脱域机制的强化和社会的高度反思性，最终必然导致信任的缺失。基本信任缺失，本体安全理所当然地被存在性焦虑所替代 [1]。在这样一个人人都"渴望社区""追寻社区"和"编制社区"的社会中 [2]，足球球迷心目中的社区从未消失。与后传统社会发展趋势相比，英国传统足球球迷之间的信任并未被割裂。基于对社区传统文化和俱乐部历史的认同，工具理性并未在球迷群体中得到扩展，可以说迷茫的当代人是"谈论社区生活和集体认同"，而足球球迷则在"实践社区生活和集体认同"。他们以支持自己俱乐部的方式，通过对传统社区文化按部就班的、周而复始的重复，保持和传承对社区的传统认同，让人们对地方和社区的认同和信任以足球球迷文化传统的形式保持在一种相对稳定的状态，从而实现在后传统社会焦虑迷雾中基本信任的稳定态势。

12.3.2　政府在球迷参与俱乐部治理中的角色扮演

12.3.2.1　政府角色：球迷参与足球治理的引导者

公民很清楚自己需要什么，他们参与的决策才更有针对性，才能更好地解决问题。政府只有采取更多的渠道与公众进行更多互动，各种决策才会更加合理 [3]。自工党上台后，英

---

❶　安东尼·吉登斯. 现代性的后果 [M]. 南京：译林出版社，2000：115–117.

❷　Blackshaw T. Contemporary community theory and football[J]. *Soccer & Society*，2008，9（3）：325–345.

❸　施雪华，张琴. 国外治理理论对中国国家治理体系和治理能力现代化的启示 [J]. 学术研究，2014（6）：31–36.

国政府和学界积极发起各种以球迷参与足球治理为主题的活动，这为政府最终将球迷确立为足球治理重要力量提供了理论和实践支持。

首先，致力于转变职能的英国政府，并不愿意采用极端的、自上而下的方式进行足球治理，而是希望通过支持草根力量，进行自下而上的、渐进式的足球治理。工党政府建立了足球工作组（Football Task Force，FTF）负责考察足球俱乐部和经营者是否履行了自己的社会职责。值得注意的是，小组的组成人员已经实践了公民合作的理念，体现了政府作为协调者的地位。足球工作组成员充分考虑布莱尔政府的"利益相关方"理念，该工作组包括足总、英超、英冠、职业足球联盟和球迷组织的代表，可以说基本涵盖了所有的足球利益相关方，该工作组也因此被众多人士寄予厚望，希望他们能够为政府提供新的足球治理思路和模式，从而让足球俱乐部不再仅仅是资本竞逐的场地。该工作组的调查报告也成为政府设定足球治理路线图的事实基础。工作组前后提供了4份报告，在前2份报告中先后关注了足球活动中的种族主义和残疾人权益。1999年1月公布的第3份《投资社区》报告中，足球特别工作组首次明确提出要帮助球迷成为足球活动中的重要话语人。1999年12月公布的第4份，也是最后一份报告《商业问题》被视为足球特别工作组调查工作的最终和最重要成果，该报告中提高球迷参与度不再是旁枝末节，而是成为重要内容之一。应该说，足球工作组的报告为政府推进球迷参与足球俱乐部治理提供了现实依据。

其次，一系列学界的行动为球迷参与足球治理提供了理论依据。1999年2月到2000年1月期间，在伦敦大学伯贝克学院连续召开了3次球迷大会，其主旨都是如何实现"球迷在俱乐部治理中的参与"。而且，1999年英国合作社党公布的，由乔纳森·米奇教授撰写的《新互助主义：一个黄金目标》手册，呼吁关注球迷在足球治理方面所拥有的权利和力量。这一切促使工党政府最终下定决心为球迷参与足球治理提供实际支持，从而帮助球迷赢得在足球俱乐部更大的话语权。

另外，政府持续不断地为球迷组织成立和发展提供帮助，政府对球迷参与俱乐部管理的关注和资金支持促成了SD的建立。1999年，史密斯在工党大会上首次向政府提交了关于帮助足球球迷参管组织发展的建议，随后在2000—2001赛季，政府全面支持下的足球球迷参管组织正式全方位地开始运行。根据Task Force工作组的建议，从2000—2003年，对球迷参管组织每年注资75万英镑。该组织被寄予在球迷、俱乐部和地方社区构建新合作关系的厚望。政府希望SD的建立能够"帮助球迷未来在他们足球俱乐部拥有话语权"。到2015年，在足球参管的帮助之下，英国先后建立超过185个球迷基金会，通过购买股权的形式获得了超过50家俱乐部的所有权，使这些俱乐部成为真正具有社区公共性的俱乐部。球迷基金会模式在英国国内和欧洲大陆都获得了广泛的认可，其中包括欧足联。

12.3.2.2 政府角色：足球俱乐部治理的层层推进者

自20世纪末开始，在足球发展方向上，英国政府面临着资本持有者的商业化发展愿景和球迷的俱乐部回归公益性的愿景，这两种愿景之间的矛盾根源于足球俱乐部私有化还是公有化的性质。工党政府上台后，以第三条道路理论为指导，以推动公私合作、政府与社会、与公民合作为主要方式，试图探索一条各方平衡发展的新路。

在俱乐部发展趋势上，政府扮演了"推进者"的身份，确认足球俱乐部的过度商业化发展损害了球迷的利益。通过足球工作组的调研，从结构、社会和经济等多个方面分析英国足球的问题，并在工作组的报告基础上确定政府支持球迷成为自己俱乐部的利益相关方的方针。而且，对于球迷参与足球治理形成持续的关注和投入，成为"仲裁"和"监督"俱乐部推进足球治理改革的重要力量。2009年，全党派议会足球工作组在《足球和足球治理》报告中强烈地抨击了各级俱乐部将球迷置之门外，忽略球迷心声的普遍现象，认为："体育界中球迷总是被忽视，很少有人能代表他们的权益，而他们恰恰是应该获得最多话语权的群体！"英国文化、传媒和体育部2011年和2013年报告中都强调足球球迷应该被视为核心利益相关方："通过支持足球球迷对俱乐部的互助所有制，推动足球治理改革。"并且设立足球治理调查委员会。2014年，英国议会更是对英超和足总的改革表达了强烈的不满，英国议会批评了英超和足总在促进足球球迷参管组织参与俱乐部决策，获得话语权方面的缓慢反应。为了能够真正地推动球迷所有制足球俱乐部的发展，经足球治理调查委员会建议，英国政府批准设立专家工作组，并在2014年10月成立了由体育大臣领衔建立的政府专家工作组，该工作组包括在球迷参与足球治理方面具有相当理论和实践经验的专业人士。工作组的目的非常明确："希望通过这样的形式探索出增加球迷参与度的路径，确立并设法解决阻碍球迷获得足球俱乐部股权的障碍，并为球迷参与足球俱乐部治理和运营提供更大的便利。"在该工作组2015年报告中，建议政府通过修改金融服务与市场法案的方式，为球迷基金会设立特殊条例，从而保证球迷基金会能够保持独立和完整的发展，并在俱乐部股份收购或控股俱乐部方面提供更多资金和专业支持。

12.4　社会组织成为足球球迷实践俱乐部治理的试验场

12.4.1　球迷基金会——球迷参与足球俱乐部治理的组织形式

治理的推动力不是单个"原子化"的人，而是自觉追求权利、有机联系的公民。公民治理意识与公民精神极为强调草根组织与公民个人在草根民主中所获得的真实发展空间。很难想象在一个缺乏积极、信任、合作、真实、自治的场景中能够催生出真正的俱乐部治理图景。英国全国性球迷组织NFFSC、FSA和SD在发展球迷公民意识、争取球迷利益和推动政府足球政策等方面发挥了重要作用。然而，对于具有鲜明地域性的球迷而言，全国性组织如同空中楼阁，如何为球迷提供一个有效参与空间，并在这个空间中实现球迷之间的相互信任和支持，是实现俱乐部治理目标的重要前提。在英国历史上具有悠久历史的互助理念和实践成为破解这一难题的答案。在球迷参与足球俱乐部治理的实践中，英国政府主要鼓励球迷采取互助形式，这种形式被认为是与私人投资不同，并有效保持社区公益性特点的模式[1]。

在政府的积极支持下，SD 支持和指导各地球迷以基金会的形式在自己支持的俱乐部中获得股份和话语权。基金会的主要形式为工业工人互助协会（Industrial and Provident Society，IPS），IPS 被允许在一定范围内发行债券，因此对于希望通过发行债券来筹措资金的球迷群体特别适合[2]。作为非营利机构，英国政府对球迷基金会有严格的管理和监督，为了能够更加合理地促进非营利机构的发展，英国政府于 2014 年出台了合作社和社会福利协会法。以 IPS 形式注册的球迷信托基金会大多必须遵守英国相关法律，由其会员完全所有，会员资格对所有个人、企业开放，但基金会保留在某些情况下取消某些会员的资格或拒绝某些加入会员申请的权利。每名会员拥有一股的股份，必须每年更新，股份不能卖出变现或转让给他人，也没有利息或分红，只要会员停止以其名字注册，股份就被取消，股份的面值变为基金会的共有资产。基金会每年必须召开年会，发布年度报告并进行审计。球迷信托基金会实现其影响力的方式是通过收购大部分股权实现控股俱乐部或者通过收购部分股权在董事会里获得席位（见图 12-2）。Puyvelde 等人（2012）认为互助会模式的最大优势是它的首要关注点是社区福祉。这种对社区的奉献保证了董事会做出的任何决定都是以社区这个最关键外部相关方的最佳利益为主的[3]。Perilleux 等人（2012）认为互助型和私人投资型的关键区别在于前者关注的是长期追求，而后者则更关注短期效益[4]。Fama 和 Jensen（1983）认为私人投资性让私人投资者关注于获得可见的快速回报，如股权价格、分红、利润，并以扩大收入为目标确定关键的执行官人选。而这些在互助式的非营利组织的董事会上是不会出现的。

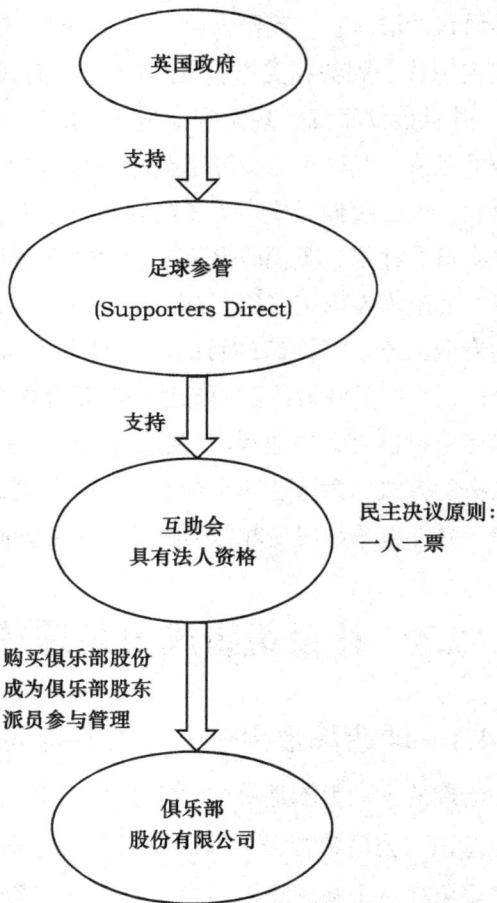

图 12-2　英国球迷基金会购买俱乐部股份流程

[1]　Treharne D. Ten years of Supporters Trust ownership at Exeter City AFC: an overview[J]. *Soccer & Society*, 2016, 17（5）：732–743.

[2]　王世强. 社区利益公司——英国社会企业的特有法律形式 [J]. 北京政法职业学院学报，2012 （2）：92–96.

[3]　Van Puyvelde S，Caers R，Du Bois C，et al. The governance of nonprofit organizations: Integrating agency theory with stakeholder and stewardship theories[J]. *Nonprofit and Voluntary Sector Quarterly*, 2012, 41（3）：431–451.

[4]　Perilleux A，Hudon M，Bloy E. Surplus distribution in microfinance: Differences among cooperative, nonprofit, and shareholder forms of ownership[J]. *Nonprofit and Voluntary Sector Quarterly*, 2012, 41（3）：386–404.

集体身份认同视域下中英足球球迷文化研究

相反，其成员应该也必须以社区的利益为基础考虑决策。这些决策应该以满足当前成员利益为主，特别重要的是，使得俱乐部事业具有可持续发展的未来 ❶。

12.4.2 球迷基金会实践俱乐部治理成功例证分析——联曼足球俱乐部

　　球迷可以以各种不同的缘由介入俱乐部事务中。一些基金会希望通过基金会获得董事会的代表权，另外一些希望控制俱乐部，成为俱乐部的最重要股东，还有一些基金会则希望通过努力加强俱乐部和社区之间的联系。更有一些球迷通过基金会的运作成立新的能够代表自己理念和利益的俱乐部，联合曼彻斯特足球俱乐部就是这种运作的代表，这家俱乐部也成为球迷基金会成功运作的典范（见图 12-3）❷。联合曼彻斯特足球俱乐部（简称联曼俱乐部）建立于 2005 年，是由部分原来的曼彻斯特联合俱乐部（简称曼联俱乐部）球迷组成。这些球迷认为曼联俱乐部的美国老板格雷泽尔家族忽视俱乐部传统，为了获取商业利润而不顾社区利益，球迷意愿完全无法获得尊重，因此，这些球迷另起炉灶成立联曼俱乐部。自该俱乐部成立以来，一直遵守其"透明、开放和民主互助"的信念。支持者通过购买"社区债券"成为俱乐部互助和合伙人。球迷在俱乐部的运行中发挥着关键作用，他们有权在俱乐部的所有问题上进行投票，包括俱乐部委员会成员选举到新球场建设，俱乐部的董事会成员全部是通过民主选举产生，对球迷会员负责 ❸。曼联俱乐部则恰恰相反，这个世界超级俱乐部完全由私人企业控制运转，一般情况下，支持者很难获得股权。因此，球迷在俱乐部的重大问题上毫无话语权，他们与俱乐部之间是商业关系，即购买球票、纪念品，现场观赛等。虽然曼联俱乐部一直在国际足坛保持着豪门地位，但是联曼俱乐部的成

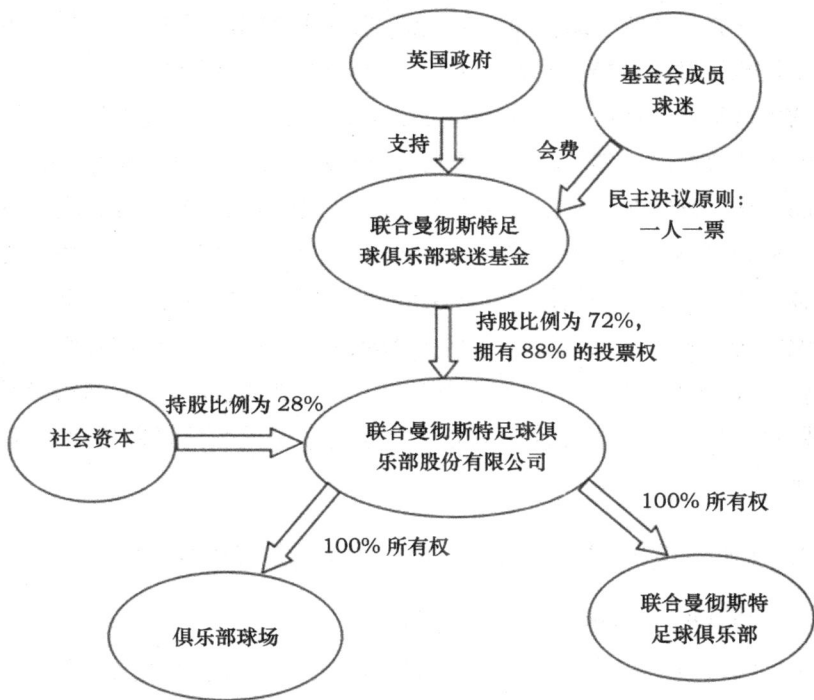

图 12-3　联曼足球俱乐部组织框架

❶　Fama E F, Jensen M C. Separation of ownership and control[J]. *The journal of law and Economics*，1983，26（2）：301–325.

❷　Brown A. "Our club, our rules"：Fan communities at FC United of Manchester[J]. *Soccer & Society*，2008，9（3）：346–358.

❸　Millward P, Poulton G. Football fandom, mobilization and Herbert Blumer：A social movement analysis of FC United of Manchester[J]. *Sociology of Sport Journal*，2014，31（1）：1–22.

绩也赢得了众多球迷，联曼足球俱乐部球迷基金会员人数超过 20 万人。人数众多的会员，让联曼成为曼彻斯特地区最受关注的球队之一。2015 年 5 月 29 日，为了庆祝新球场 Broadhurst 公园球场的开放，该俱乐部与葡超巨人球队本菲卡进行了一场友谊赛，这样一场地区的非官方比赛竟然吸引了 4000 名球队支持者现场观赛。

12.4.3　球迷社区利益公司——球迷参与足球俱乐部治理的新组织形式

作为非营利组织的球迷基金会存在一系列劣势，其中最直接的劣势是缺少一个明晰的剩余权索取者。这一权利的缺失让员工无法获得激励，因此在管理过程中缺乏主动降低消耗的动机。这样的一个后果就是其工作效率往往没有私营企业俱乐部的效率高。同时，随着球迷基金会和俱乐部的发展，对资金的需求额度不断增加，需要新的资金注入。只有这样他们才能对俱乐部进行投入，增加球会的竞争性。然而，要吸引资金注入就会影响互助基金所奉行的非盈利理念，因为社会资本的进入总是以利润为条件的。因此，如何在保持其公益性的同时，又要保证注入的社会资本的利润，是关系到球迷主动参与足球治理的一个转折性决策问题。近年来，球迷基金被鼓励放弃 IPS 模式，而使用社区利益公司（Community Interest Company，CIC）模式。在英国诸多社会企业形式中，CIC 是其最新法律形式，是介于传统互助（如 IPS）和私有公司之间的形式 ❶。该形式不排斥私人投资，投资人依据购买社区利益公司股份获利。SD 将社区利益公司的理念描述为使得社会企业所追求的社区利益、社区需求和环境关注与私人资本投入所追求的利润能够共赢发展。作为英国慈善法改革的一部分，英国首相内阁办公室战略小组在其报告中提出 CIC 方案，旨在利用 CIC 来"改善融资、创设一个新的标识、为社会目标而保留资产和利润"。CIC 采取以商业活动的形式来盈利，并利用盈利开展以社区发展目的的活动。其包括的社区发展形式多种多样，例如，提供教育和环保服务，帮助特殊人群适应社会等。CIC 之价值体现为"兼顾社会利益与个人利益而重在社会利益"，内在机制上体现为社区利益要求、社区利益报告、资产锁定以及红利上限等制度规定 ❷。很多球迷基金会被鼓励采用这一种组织模式，特别是在球迷基金会在面临俱乐部资金窘迫，试图接管俱乐部时却对资金问题束手无策的情况。

12.4.4　英国球迷社会企业发展理论与现实分析

12.4.4.1　球迷 IPS 组织发展现状

2014 年英政府出台了相关法规《合作社和社会福利协会法》，球迷基金会是以工业工人互助协会（Industrial and Provident Society，IPS）形式注册的将会受政府的严格监管，资本持有者不能裹挟保证基金会，自始至终应保持其公益性。基金会会员资格具有开放性，鼓励一切个人申请与企业申请，特殊条件下基金会拥有拒绝和撤销申请的权利。基金

❶ 潘晓. 第三部门法的"社会企业"运动——欧美两种路径下的制度演进 [J]. 北大法律评论, 2012, 13（1）: 221-240.
❷ 刘小霞. 社会企业研究述评 [J]. 华东理工大学学报: 社会科学版, 2012, 27（3）: 9-22.

会成员在股份上具有一定的要求，成员拥有一股需要年年进行更新的股份，股份的变现或者转让都是不允许的，同时相关的商业利息或分红也不能获得，在会员退出后所拥有的股份取消，然后被注入共有资产。本着对所有会员负责任的态度，球迷基金会每年都会召开年度大会，公开本年度的年度报告并进行审计核实。球迷基金会通过收购大部分的股权进行控股俱乐部或是收购部分股权在董事会中获得地位，来实现和扩大其影响力。联合曼彻斯特城俱乐部就是目前运行很成功的例子，2005年建立的联合曼彻斯特足球俱乐部，现今拥有会员超过20万人。很多初始会员都是来自曼彻斯特联合俱乐部球迷群体，由于过度商业化运行的曼彻斯特联合俱乐部受到了球迷的反对，为使英国足球传统得到保护，之后共同组建了现在的联合曼彻斯特球迷基金会。在该基金会基础之上成立联合曼彻斯特足球俱乐部，其始终秉持"透明、开放和民主互助"的信念，俱乐部的董事会成员全部是通过民主选举产生，对球迷会员负责 ❶❷。

12.4.4.2　逆境发展

球迷基金会以社会企业的形式进行深入发展过程中，不断地接受和面临着新的挑战。其中由于基金会要保持其公共性，就会反对剩余权索取者的存在，成为最为直接的表现。这一方面有利也有弊，好处是有利于社会企业履行和完成其公益性目的，坏处是组织缺乏动力和激励，从而导致成员做事怠慢和工作效率较低。同时，伴随俱乐部大发展壮大，需要的资金不断攀升，以往基金会通过常规资金募集的方法已经无法满足需求。那么，想要吸引更多资金的注入势必会违背奉行非营利理念的互助基金会要求，因为社会资金的注入往往需要的条件是利润。以 Exter 足球俱乐部为例，这家俱乐部已经由球迷基金会负责运营，十几年的发展历程，以社区利益最大化作为俱乐部的目标，树立和发展了球迷对社区的认同感。但是，由于十几年都保持和践行着球迷拥有俱乐部的观念，以及相当多基金董事会安于现状，使得整个俱乐部在业绩和水平并没有取得显著进步。由于低成本运行俱乐部，导致球迷对各项服务日趋表示不满，俱乐部纪念品质量低下以及球场设施和设备落后等，都逐渐成为球迷吐槽的对象，因此也有人质疑现有的管理和经营模式是否发生了问题 ❸。因此，在10多年的积极探索，发现以 IPS 模式下的球迷参与治理的形式需要进行更加深入的研究探索，如何解决既保持公益性又保证注入社会资本的利润同时存在的问题，事关球迷能否主动地参与足球治理的关键和转折点。

12.4.4.3　发展新动向

在 IPS 模式发展出现困难和窘境时，全国性球迷组织——球迷监管组织（Supporter Direct，SD）与英国政府保持有良好的合作关系，支持并鼓励俱乐部可将各个球迷基金会转化成为社区利益公司（Community Interest Company，CIC），在保证俱乐部公益性的基

❶ Brown A. "Our club, our rules"：Fan communities at FC United of Manchester[J]. *Soccer & Society*，2008，9（3）：346–358.
❷ Millward P，Poulton G. Football fandom, mobilization and Herbert Blumer: A social movement analysis of FC United of Manchester[J]. *Sociology of Sport Journal*，2014，31（1）：1–22.
❸ Treharne D. Ten years of Supporters Trust ownership at Exeter City AFC: an overview [J]. *Soccer & Society*，2016，17（5）：732–743.

础上注入社会资本，可以给俱乐部带来更多的资金来源。社区利益公司的利润分配上受到英国政府严格苛刻的限制，真正实现保证服务于社区。最初，2005 年英国政府出台了对分红上限进行限制的规定——《社区利益公司规定》，第一，股东所获得的利润总额不能超过公司可分配利润总额的百分之三十五；第二，股东想要对自己持有的股票进行回购又或者赎回时，以及公司倒闭或者终止时，股东回购的价格不能以现价，应按照票面价格进行赎回，这样的规定能够确保利润的增长属于社区利益公司以及相关的公共事业，获得一定的利益作为股东的回报；除此之外，"资产锁定"是社区利益公司应该遵守的一个重要原则，意思是当相关的公司不再运行时，经过清算之剩余的公司资产，不能用于股东分配，需要将这部分资产交付于社区利益公司或其他相关组织❶。在球迷监管组织的支持下，部分英国球迷基金会开始尝试以 CIC 的形式运行，2006 年，Stenhousemuir 足球俱乐部成为英国第一个实行 CIC 模式的足球俱乐部❷。同时，Exeter 足球俱乐部在运行了 10 年球迷基金会模式后也正式尝试转向 CIC 模式，更进一步为俱乐部发展寻找新的途径。以 CIC 模式运行，那些由球迷主导的足球俱乐部能够引起更多股东参与，CIC 的管理原则能够协调企业股东或创办者对利益的追求与企业社会目的之间的关系，球迷监管组织认为 CIC 合理制度的设计，能够对英国球迷参与足球治理、足球繁荣和社会稳定发展发挥重要的作用。

12.4.5　政府监管在球迷组织参与足球治理中的作用

12.4.5.1　政府监管的重要性

首先，具有公益与商业"双重性质"的社会企业，一方面他们扮演的是"道德人"，另一方面扮演的是"商业人"。同时，无论社会企业如何运行，最后都将由有谋利倾向的个人来管理和运行。因此，对社会企业的监管就显得尤为重要，为了保证球迷基金会成为造福球迷和社区的公器良好的监管必不可少，无效监管只会使得球迷基金会及俱乐部成为通过足球获利的工具。为保证社会企业履行公益宗旨，首先必须实施有效而恰当的监管，防止个人借用公益谋私利；其次，正常情况下，政府应对社会企业给予一定的补贴，通过资助更加有效地履行应尽的宗旨。例如，英国政府会定期地通过 SD 对球迷基金会拨款，政府应该采取一些措施进行有效的监管，才能把这些补贴更加合理和正规落实到足球的公益事业；最后，政府有明确规定在社会企业的利润分配和资产处置方面，相应的监管程序应在实际中得到运行，这样才能保证这些规定得到实施和监管，如果未能得到实践将会成为一纸空文。综上原因，进行政府对社会企业监管具有重要的意义。

12.4.5.2　政府监管的主体

欧洲各国在规范和监管各类社会企业方面，有较好的实际经验。例如，针对社会企业

❶ 谢家平，刘鲁浩，梁玲．社会企业：发展异质性、现状定位及商业模式创新 [J]．经济管理，2016（4）：190-199.
❷ Adams A，Morrow S，Thomson I. The "Typical" Club：A Configuration Analysis of Scottish Football Clubs[C].8th Asia–Pacific Interdisciplinary Research in Accounting（APIRA）Conference，2016.

类型不同的异质性，英国分别设置了相应的监管主体和机制，CIC 管理局监管 CIC，"公司之家"监管担保有限公司（CLG）和股份有限公司（CLS）形式的社会企业，英国金融管理局（FSA）监管 IPS 形式的社会企业，英国慈善委员会监管慈善组织形式的社会企业。这些监管主体对社会企业进行"社区利益测试"，通过该测试的组织可被认定为社会企业并获得注册。当球迷组织想要创建一个球迷基金会时，首先要做的就是递交一份《社会利益报告书》，大体应详细地描述该组织的目的，其中还应包括"社区利益声明"由公司未来董事签署的，保证成立的球迷基金会宗旨以及目标是以服务社区，并非为牟取利润而存在的。《社区利益报告书》在内容上，应阐述清楚为什么球迷基金会能够通过社会利益测试，在将来成功建立球迷基金会后，会怎样帮助球迷建立、参股或募捐等活动实现社区利益计划行动的开展。建立球迷基金会会的目的、相关活动内容和范围以及服务对象和受益群体都会受到监管机构相关组织领域的专家、从业工作人员和政府官员的审核与评估。同时，为确保球迷基金会能够真正服务于社区利益，各监管机构可以行使自己的监管权力，对球迷基金会涉嫌违规违法运作的可进行调查与核实，可对违规人员进行罢免，严重时可撤销对该基金会社会企业的认定。

12.4.5.3 政府监管的主要手段

政府对社会企业实施的最常规和普遍的监管手段就是年度报告制度——须在特定的时间递交包括财务和社会利益报告的年度报告。年度的财务报告应包括基金会整年的经营状况、董事薪金和利润分配信息。年度的社区利益报告则将在实现足球社会公益方面进行说明，如为实现社区利益采取和实施的足球俱乐部运营状况，以及受益的社区成员和群体的情况。对球迷基金会进行监管的时候重点放在两个方面，第一个方面，基金会的利润分配是否得当，同时还要检查董事会以及管理人员的薪酬情况，监管机构可以委托第三方审计机构进行审计和核实，保证在监管和审计过程中的准确与专业；第二个方面，监管机关对基金会预先设定的社会目标而进行的相应活动是否产生了社会效应。在社会企业的社会利益报告中，存在着社会利益不像经济效益那样可以简单地进行量化情况，所以，需要通过特定的相关程序实现社会目标效果，从而确定社会企业与社会效益二者是否相符合。

12.5 英国球迷参与足球俱乐部治理的成功与反思

12.5.1 球迷参与足球俱乐部治理的成功

12.5.1.1 球迷公民意识和俱乐部公益性的回归

现代社会治理是一个以政府干预和协调为主导、以基层社区自治为基础、以非营利社会组织为中介、动员公众广泛参与的互动过程。英国政府在球迷参与足球俱乐部治理过程中坚持重视公民权胜过重视企业家精神，主张恢复俱乐部的公益性，使俱乐部服务于公民，而不是服务于顾客，利用基于社区价值的共同领导来帮助球迷明确表达和满足他们的共同利益需求。从历史上看，足球球迷参与俱乐部治理经历了一个从直接参与到间接参与，再到对间接参与的不满和对直接参与的强调和尝试；从狭隘的经济参与再到对包括俱乐部政策过程和公共事务的参与；从个人分散的、被动的参与到有组织的和主动的参与。在这一系列的参与方式、地位和目标转化下，足球俱乐部的公益性也得到了一定程度的回归。

政府引导下社区、俱乐部和球迷的和谐共处主要表现如下：

通过足球特别小组建议，在政府的多方支持下球迷参管组织在 180 个球迷信托基金的成立过程中都扮演了重要角色，这些基金会在修缮球迷与俱乐部关系，在实现以足球为媒介的地方社区复兴计划中起到了作用。德勤会计事务所的调查显示这些基金会的投入在一些俱乐部中成为重要的资金来源："越来越多的球迷获得俱乐部所有权或参与俱乐部运营。"同时，在球迷基金会的推动下，足球运动给社区带来了改变："更多的年轻人参与足球，足球场上的种族歧视被驱逐，社区也通过足球的商业化运行获得了一定的收入。"前SD 首席执行官 Philip French 认为，"俱乐部开始认识到球迷的代表性和信任感并不是一个威胁，而是对俱乐部运营具有巨大价值的必要"。社区、足球俱乐部和球迷之间曾经被割裂的关系正在被修复，三者之间正在重新进入良性循环中。

12.5.1.2　社会组织在足球治理过程中的突出作用

SD 推行的球迷参与足球治理被视为实现国家社区重构和社会融合目标的一部分。对于英国政府而言，并不愿意对足球治理方式展开自上而下的激进式控制，希望通过草根方式来为足球病开出处方，SD 就是这种自下而上改变的渐进式力量，其成立的初期目标是"促进和支持发展球迷对俱乐部的代表权和拥有权"。政府希望通过这个组织来增加足球俱乐部的民主化，使足球俱乐部成为真正能够代表多数人利益的组织，而非商业一家独大。为了能够实现目标，SD 通过合法的建议和资金募集帮助设立球迷基金会，鼓励球迷基金会代表在俱乐部董事会上获得民主代表权，并促进提升球迷基金会在俱乐部占有股份。

12.5.2　球迷参与俱乐部治理的反思

12.5.2.1　妥协还是改革

代表球迷利益的 SD 及其支持建立的球迷基金会被视为英国政府在商业化和公益化取舍过程中的妥协产物。实际上，政府希望俱乐部的发展既要保证俱乐部的商业价值，又要在一定限度内实现社区足球功能的理想。正是这种天生的"妥协性"让 SD 和球迷基金运动在很多俱乐部采取了妥协政策。而且，英国足球未来的权利平衡目前尚不明朗，因为受到了其他因素的制约，如俱乐部、国家足协和国际足联之间的利益冲突，以及赞助商和转播商日益强大的影响力，而这些因素的策源地正是商业化的俱乐部力量。因此，在投机利润面前，足球俱乐部公益性的历史积累是次要的，在这样的背景下实现俱乐部的商业和社区双重功能的可能性是微弱的，英国政府所谓的足球治理也许只是要让两者相互腐蚀，或

集体身份认同视域下中英足球球迷文化研究

者说妥协❶。

12.5.2.2 主动咨询性消费者

互助化确实可能让球迷参与和投入俱乐部的运行中。一些低级别的英国和苏格兰俱乐部都被他们的球迷所拥有。但必须承认的是，大多数情况下，球迷基金会只有在俱乐部遇到经济危机，别无他法的情况下才能成为最后的选择❷。而且，只有在少数低级别联赛的一些俱乐部中，基金会成员才真正体现了其地位和话语权。在规模较大和强势的俱乐部中，球迷仍然是被忽视的对象。因此，球迷参与治理被视为仅仅是球迷从传统的顾客角色向"咨询性"消费者转变。所以，从这个角度看，球迷基金可能需要一种更为公民化的方式，从而让球迷的理想和抱负更有希望实现。

12.5.2.3 球迷基金会成为剥削球迷的新技术

基金会通过球迷会费、个人捐款、社区募集和社区授权等方式获得资金，这些资金被用来资助俱乐部的发展。然而，球迷基金的理想化可能被技术化所代替，成为在俱乐部商业化道路上绑架球迷的技术❸。特别是球迷对俱乐部的道德所有权感可能会被俱乐部严重的商业化运作所伤害，将球迷原本情感式的团结感转化为更加工具和数量化的联结。互助运动还可能令球迷与俱乐部之间的关系反转为更加被动或更加被操控的"生产商—消费者"之间的关系，球迷仍然被绑架在高速"商业火车"上被动前行。

12.6 我国球迷参与足球治理的现状

12.6.1 我国足球球迷组织发展现状

我国球迷组织发展呈现多样化，根据对北京、广州、重庆和山东部分球迷协会成员的访谈，我国球迷组织目前得到了较为普遍的发展，在坚持对各自俱乐部支持的理念基础之上，各家足球球迷会在形式和章程上也不尽相同，呈现出百花齐放的球迷组织文化局面。同时，组织形式也有显著区别，部分球迷协会是经体育局批准的社会组织，不仅负责组织球迷活动，而且要定期接受国家相关机构的审核。而更多的球迷会则属于民间组织。以北京国安的两大球迷组织，绿色狂飙和御林军为例（见表 12-1）。两者都受到了广大北京球迷的认可，拥有各自忠实的拥趸。但是两者的区别也非常明显。首先，绿色狂飙是经过北京市体育局批准的，人数和规模也较一般的球迷会。御林军则更接近于兴趣会，是纯粹群众性民间组织，主要是由希望以比较激情化方式支持北京国安的年轻人自发组织的。随着御林军组织理念和行为方式获得了关注，该组织被认为属于中国足球球迷组织中比较激进

❶ Kennedy P. Supporters direct and supporters' governance of football：a model for Europe？ [J]. *Soccer & Society*，2012，13（3）：409–425.

❷ Kennedy P，Kennedy D. Football supporters and the commercialisation of football：Comparative responses across Europe[J]. *Soccer & Society*，2012，13（3）：327–340.

❸ Kennedy D，Kennedy P. Towards a Marxist political economy of football supporters[J]. *Capital & Class*，2010，34（2）：181–198.

的。其次，从人数上来看，属于比较小众的球迷会。从两个组织在比赛中所占据的看台看，绿色狂飙处于中心位置，在工人体育场主席台对面，而御林军的位置则更接近于欧美足球忠实球迷的位置，位于北京工人体育场的 24 下，也就是北看台附近的位置。最后，从支持方式来看，御林军提倡的是英国 20 世纪 90 年代前的站台球迷助威方式，要求会员90 分钟比赛站立，歌唱，跳跃，可以说这是一种接近于 ULTRAS 精神的组织文化。绿色狂飙也是基本上全场站立助威，但是行为性质比较柔和。

表 12-1　中超球队球迷会（部分）

中超球队	球迷会
北京国安	御林军、绿色狂飙、绿色旗帜、绿翼京师、闪亮工体心力量
上海申花	上海申花蓝魔球迷会、上海申花蓝宝球迷会、上海申花群星联盟球迷俱乐部、上海申花吉祥联盟球迷会、上海申花铁杆球迷会、上海申花盛世球迷俱乐部
上海上港	上港集团上港星乐会、车享会、天狼星球迷会、国王球迷会、光启球迷会、海神球迷会、宝胜球迷会、蝙蝠球迷会、红日球迷会、红鹰散客球迷会
山东鲁能	橘色火焰、勇士、橘色旋风、忠義球迷会、橙汁儿球迷协会
重庆当代力帆	重庆球迷协会、渝州十二卫、渝战球迷协会、铁血巴渝球迷会、前锋阵营球迷会、兄弟联球迷会、刺客小组
广州恒大	广州球迷联盟、高校联盟、南粤球迷会、广州十二卫、华南虎球友、羊城会

12.6.2　我国足球球迷参与足球治理的主要方式

相比于英国球迷参与足球治理，我国足球球迷的发展状况一般。首先，目前，我国足球俱乐部治理的相关探索刚刚起步，关注点主要为法人治理结构的内部治理机制和行业发展与资本市场参与的外部治理，球迷参与足球俱乐部治理尽管已经在潜移默化地发展，但是并未成为各家足球俱乐部和足球协会关注的重点。当前，球迷组织参与俱乐部管理或治理的主要渠道是定期或不定期的球迷座谈会。包括广州恒大、重庆当代力帆、北京中赫国安和上海绿地申花等众多足球俱乐部都会定期召开球迷座谈会。参会人员通常包括各个利益相关方，如俱乐部总经理、企传部总监、城市文明办、足协代表以及各个主要球迷组织的代表。通过这种形式，俱乐部、足协和城市文明办会对球迷组织的发展、球迷行为规范等方面提出建议和要求。同时，球迷组织也会针对俱乐部成绩、引援力度、青训发展、本土化等问题提出期望。相对于英国足球球迷参与治理的发展而言，目前，在组织形式、政府引导和资金扶持方面，我国足球球迷参与足球治理的路径发展并不完备，需要从国家战略、俱乐部规划和球迷组织计划三个层面形成合力，促进球迷参与足球治理。

12.6.3　全国性球迷组织——中国龙之队发展

我国足球球迷协会一直缺乏全国性的组织。直到 2013 年 7 月，中国红球迷会在陕西西安成立。并在中国足协和福特宝公司的支持下，于 2014 年 12 月 21 日正式更名为中国龙之队球迷会，是我国足球发展历史上首个具有全国意义的足球球迷组织，前深圳市足球球迷协会会长简满根为首任球迷会会长。该球迷组织创立之初就获得了全国 43 家球迷协会的支持并不断扩大。该球迷会以发展球迷文化，传播正能量为宗旨，成为中国足球最坚强的后盾。目前，中国龙之队球迷会也在尝试走一定的经营路线，2003 年深圳市球迷会注册成实业发展有限公司，先手承办了多场高水平足球比赛，开创了球迷组织承包俱乐部赛事的先河，并于 2005 年赢利 150 万元。可以说深圳市球迷会的探索为中国龙之队球迷会的经营提供了很好的实践基础。中国龙之队球迷会将以经营获得收入补贴会员，从而实现更多的球迷共同支持中国国家队。同时，在这个全国性平台上，广大球迷也实现了爱国思想的统一、地域歧视的摒弃，与国家队同甘苦共进退。因此，在资金来源比较匮乏的情况下，我国足球球迷组织正在主动实践，探索通过合理经营获取一定的利润，实现提升球迷利益，整合球迷力量，强化球迷文化的目标。其实质与英国球迷的社会组织发展具有一定的一致性。

12.6.4　地方性球迷组织——重庆球迷协会发展

重庆球迷协会成立于 1986 年，在整个中国足球球迷圈都赫赫有名，它是重庆首个球迷组织，而且是龙之队球迷协会的分支。针对球会的性质、发展与未来，笔者对协会的创始人王绪明、现任会长胡伦等骨干成员进行了访谈，主要涉及创办协会的初衷、参与足球事业的举措、球迷关系的维系以及为俱乐部发展建言献策等多个方面。

12.6.4.1　关于创办协会初衷

王绪明："当时重庆还没直辖，我们都是去支持四川队，四川队里有余东风、余成等重庆籍球员。一场比赛的失利，让球迷对他们扔了泥巴，当时我也在其中。这件事情让我认识到必须通过组织的形式加强球迷和球员之间有效的沟通。"

12.6.4.2　关于协会的性质

王绪明："就是个民间组织，但是是得到了体育局认可的。从协会成立之初，我们就是公益性质的，从来没想着在这里获取任何利益。我很早就开始经营火锅生意，算是有一定的积累，就用这些积累来养这个协会。"

胡伦："我们一直秉承着非盈利的初衷，每年都会尽力同俱乐部协商为球迷拿到性价比最好的球票，然后原价分配给球迷，从来不想在中间牟利。"

12.6.4.3　关于协会参与足球事业的举措

王绪明："我们一直积极参与各级足球比赛活动。以前主要支持四川队，后来是重庆队，主场比赛就不用说了，只要有重庆队比赛的地方，我们都会组织球迷前往。""除了进行球迷支持活动，我们也有自己的足球事业。从 20 世纪 90 年代开始，我们协会就开始通过'播种计划'来支持青少年足球的发展，特别是区县地区的青少年发展，如酉阳地区和合川地区都成为我们的播种地区。通过一定的资金和师资的支持，推动这些地区青少年足球的发展。"

12.6.4.4　关于协会参与俱乐部发展

胡伦："主要是一些不定期的座谈会、俱乐部来搜集我们的一些意见和建议。"

王绪明："我与中国足协也有些交流，但是这些交流更多的是一种私人的沟通，并没有官方的和定期的沟通机制。"

胡伦："中国龙之队成立后，获得了中国足协的认可，我们正在努力以龙之队这个平台推动各方面之间更加有效的交流。"

12.6.4.5　关于球迷关系的维系

胡伦："对于所有中国的球迷，我们都相信天下球迷一家人，场上是对手，场下是朋友。""在重庆各个球迷组织间，我们都保持着良好的关系，还会定期举办球迷组织成员足球比赛。对于全国各地的球迷，我们场上各为其主，为自己的队伍加油打气，场下则是借足球不忘老朋友，结交新朋友。"

王绪明："我这个五环老火锅就是各地球迷来重庆观赛后与我们重庆球迷欢庆的场所。很多国家球迷喜欢酒吧，重庆球迷则让全国球迷体验一下重庆的球迷火锅文化，这也是我们地方球迷文化的一部分。"

胡伦："其实，全国各地的球迷关系都不像球场上表现得那么敌对。当年火爆异常的川渝德比期间，球迷在场下依然会找机会欢聚交流。而且有些客队球迷到达重庆后，我们还会适时地通过足球友谊赛来加强一下彼此的友谊。"

12.7　结论

以英国政府倡导的足球治理改革为基本脉络，对英国球迷参与足球治理进行了研究和分析。进入 21 世纪，英国足球球迷公民意识逐渐得到复兴，球迷主动参与足球治理的意识高涨；英国政府对待球迷的政策也从控制管理转变为引导合作，政府成为"协调者"、"监督者"和"推动者"；以实现球迷参与足球治理为目的的各种社会组织蓬勃发展，依托于球迷基金会等组织，球迷身份逐渐实现了从"顾客"到"所有者"的转变，在一定程度上实现了球迷参与足球治理的目的。目前，我国球迷组织参与足球治理更多的是一种自发的行为，在这个过程中也积累一定的经验，获得了一定的成功。随着中国龙之队等全国性组织的萌芽和发展，球迷参与足球治理将会进入体系化和制度化阶段。英国球迷参与足球治理的成功对我国足球改革具有的现实和理论意义，我国足球治理应该具有超体育、超文化和超当下的视野和魄力，充分认识和依靠球迷自下而上的发展动力。

第六部分
中国足球球迷文化发展与升级路径

13　中国足球球迷文化发展与升级路径

中国目前没有一流的足球，但是有一流的球迷和正在迈向一流的足球球迷文化。从中国球迷的集体认同发展、到看台文化的延展，再到与地方文化的融合，以及与现代流行文化如摇滚的互动，中国球迷文化正沿着无限的广度和深度发展。作为中国球迷文化的创造者、创新者和创格者，中国球迷呈现出一派文化自信。主场建筑文化、看台语言文化、赛时 Tifo 文化、球迷消费文化、同城德比和国家德比文化，随处可见中国球迷讲述"中国球迷故事"，以中国球迷文化"工笔画"的形式描绘中国球迷的"写意画"。合理的规划、有效的引导和积极的协商将决定我国足球球迷文化未来更好的走向。

13.1　中国足球球迷文化发展的现实原点与终极目标

13.1.1　以文化自信作为中国足球球迷文化的始发原点

中国足球球迷文化已经成为国家和民族精神的重要载体，进一步振兴和发展足球球迷文化，可以构建有中国特色的足球文化，激励人们顽强奋斗精神，促进人的全面发展，提升中华民族的凝聚力和自豪感。中国球迷正在用足球文化的形式，讲述着中华民族优秀文化的"足球时刻"和"现代时代"。中国足球球迷文化的正在进行时，对于当代中国人的塑造具有引导作用。足球小世界，人生大舞台，中国足球球迷不断以创造性的理念表达着自己对球队的支持和热爱，在有意或无意间践行着富强、民主、文明、和谐，倡导自由、平等、公正、法治，倡导爱国、敬业、诚信、友善的社会主义核心价值观。中国足球球迷文化又是"超时代"的、未来进行时的，将对中国足球和社会发展、中华民族的复兴和文化自信都具有现实意义。鉴于中国在足球球迷文化发展方面属于后发国家，需要不断地吸收包括英国在内的多个国家足球球迷文化，因此坚持文化自信应该注意在处理本土足球球迷文化和外来足球球迷文化关系的简单拿来主义，所应该坚持的原则为：不忘本来，吸收外来。对外来足球球迷文化的吸纳应关注外来足球文化优秀性和中国社会的需求性与可接纳性。

13.1.2　以命运共同体作为中国足球球迷文化的终极目标

以法国社会学家为代表的社会学家一贯的论证进路认为人的社会关系，提供了事物之间逻辑关系的原型。这条脉络始于涂尔干和牟斯，经过列维，再到福柯，以及道格拉斯和布迪厄。贯穿于这条脉络的是象征化和社会认同间的相互依存意义。集体认同不能只是被视为文化的二级集合。集体和个体之间类同与差异关系通过类比和异质建构等方式实现了象征建构，并最终实现了世界意义之建构，从而为世界共同体的实现提供了思维与实践的基本模板。这也呼应了马克思和米德等学者的观点：人与人之间的互动是意识的先决条件，反之则不。现代媒体使足球成为一项无边界的运动，足球文化更是能够从地方一点扩展到整个世界，因此，一个俱乐部的球迷文化及其所代表的象征建构也不再仅局限在地方锚点上。马克思唯物史观认为"地域史"（民族史）在资本空间化推动下必然转向"世界史"（人类史）。在现代传媒压缩空间和时间背景下，以往球迷之间面对面的接触早已突破时间和空间的限制。根据舒茨理论，区分了日常社会世界里我们对同伴之间的面对面知识，以及我们对同时代人的间接社会经验，而所谓同时代人，是我们从未见过，或许也永远见不到的人。球迷在虚拟或媒体空间中的交流实现了集体认同化和社会类别化，彼岸重未见过的本队球迷成为"我们"，对手的球迷则亦然是"他们"。随着球迷不断望向与我同时代人的世界，球迷群体的集体认同将变得更遥远、更匿名，但却遇见了可证明对某些未知而言富有意义的人，一道构建于自己群体有意义的世界和共同体。无论我们谈论的是球迷共同体的象征，或是以共同体作为象征，这个观念和意向的力量，取决于象征是否有能力涵盖和浓缩各种不见得和谐一致的意义。在我国球迷文化发展的具体实践中，依托不同地域范围的足球比赛实现球迷文化的交流、互动与共享，传递"中国足球球迷文化方案"、"中国足球球迷文化理念"、"中国足球球迷文化故事"和"中国足球球迷文化道路"，促进各区域球迷乃至民众的民心相通。首先，区域层面。通过亚冠联赛主客场比赛，不同国家球迷以球会友，以友增信，以信促融，实现"周边区域足球球迷文化命运共同体"；其次，世界层面。德国哲学家雅斯贝尔斯和哈贝马斯将"交往"理念设置为哲学思维的核心，倡导统一性的全球交往理性❶。以世界杯、世俱杯等国家大型赛事为例，大力倡导球迷个体和球迷群体面对面的互动交流，推广球迷文化的"多元主义"真理观，改变带有片面的、封闭的和激进主义的足球球迷文化，将视野转向开放而包容的世界足球公民视野，推进各国多元足球文化认同，实现跨足球球迷文化的普遍交往，构建世界足球公民理念。最后，互联网层面。促进足球球迷文化交往理念从现实社会到虚拟空间，让足球球迷文化的"命运共同体"理念从世界物质空间向虚拟网络空间延展，中国足球球迷通过这一空间表达中国追求和平发展的愿望，体现了中国球迷与各国球迷合作共赢的理念，并通过中国足球球迷文化中的绿色、生态、开放和共享理念和实践，向世界人类提交出一份思考人类未来的中国足球球迷文化方略。

13.2   中国足球球迷文化的方向引领——政府引导和推进

13.2.1   政府角色：球迷文化发展的引导者

在中国足球发展纲要中，政府已经对足球球迷文化表现出了相当的重视。首先，政

---

❶   金寿铁 . 哲学思维的跨文化转变——卡尔·雅斯贝尔斯与跨文化哲学的挑战 [J]. 求是学刊，2011（3）：5—12.

府和学界需要进一步积极发起各种以球迷参与足球发展为主题的活动，这将为政府最终将球迷确立为足球治理重要力量提供理论和实践支持。例如英国工党政府建立了足球工作组（Football Task Force，FTF）负责考察足球俱乐部和经营者是否履行了自己的社会职责。该工作组的调查报告也成为政府设定足球治理路线图的事实基础。1999年12月公布的第四份报告中提到球迷参与度不再是旁枝末节，而成为重要内容之一。其次，一系列学界的行动为球迷参与足球治理提供理论依据。另外，政府持续不断地对球迷组织成立和发展提供帮助，如英国政府对球迷参与俱乐部管理的关注和资金支持，促成了球迷参管组织（Supporter Direct，SD）的建立。因此，在我国球迷文化发展过程中，政府应该进一步通过理论和实践方面的努力，引导球迷文化的发展。

13.2.2　政府角色：球迷文化发展的层层推进者

在足球球迷文化的发展趋势上，政府扮演了"推进者"的身份，对于球迷文化发展形成持续的关注和投入，"仲裁"和"监督"包括俱乐部在内的各个利益相关方合理推进足球球迷文化的发展。在这方面，英国政府进行了有益的努力，英国文化、传媒和体育部2011年和2013年的报告中都强调足球球迷应该被视为核心利益相关方："通过支持足球球迷对俱乐部的互助所有制，推动足球治理改革。"当然，我国球迷参与足球治理决不能仅满足于借鉴英国方面的成功经验，更要在此基础之上持续探索、不断扩展，为世界贡献中国足球治理思想和实践，体现我国在治理方面的文化自信。我国政府推进足球球迷文化发展的目标应该是构建有球迷参与的足球治理整体框架，提高球迷社会主义公民意识、打造适合中国足球球迷文化发展的社会组织，与政府携手成为中国足球球迷文化发展新愿景的构架者、实践者和探索者。

13.3　足球球迷文化的认同提升——俱乐部与球迷双向互动下的集体情感体验与感悟

13.3.1　集体身份认同的情感属性

足球球迷集体身份认同的突出本质就是情感属性，在这一认同的形成、强化和升级过程中，情感因素不可或缺。可以说建立在对自己俱乐部情感表达和情感诉求基础之上的球迷集体身份认同是以积极情感存在的。群体情感在球迷集体身份认同形成的各个阶段都起到了重要作用。

首先，在社会范畴化阶段，球迷群体情感推动群体内部个人或小群体的"净化"过程，最大限度地排斥了与本群体认同截然异质的个体或小群体，增强了组织内部的同质性、统一性和相似性。在这一过程中，球迷之间拥有共同的群体情感标的物，这种情感标的物可能是球场、球员、球队Logo，但是归根到底，这些被包含在俱乐部这个大的标的物下，成为促进球迷间形成类比化或范畴化的重要参考系数，球迷通过寻找和聚合与具有共同俱乐部情感取向和价值取向的其他球迷聚合在一起。

其次，当球迷群体之间进行群际间社会比较时，群体情感作为社会比较基础提升了群际之间的利我特性。球迷群体作为个体社会性的扩展，具有鲜明的集体情感的属性，并在球迷群体发展演变中逐渐形成了各种不同的情感体验。一家足球球会的球迷群体对自身以及与自身相关的价值规范可能是维持和强化积极情感体验的重要条件，由此而产生作为俱乐部一分子的自豪、忠诚和热爱等。同时，球迷群体对造成自己俱乐部成绩或荣誉威胁的各种源头，无论是其他俱乐部、球员或者裁判，都会产生怨恨、厌恶和恐惧等多种消极情感体验。总而言之，球迷群体会对正向的或积极的情感标的物（自己俱乐部的相关存在）进行"道德优化"的加工处理，实现推崇和赞美化操作。而对球迷群体消极情感的标的物（对手俱乐部的相关存在）倾向于"道德污化"处理，实现贬损和歧视化操作，从而凸显球迷群际比较过程中的集体利我性；最后，行为体通过把消极情感的标的物如怨恨情感事项归为"替罪羊"，为维护自身的积极集体身份认同提供最终的战略选择。

最后，球迷集体身份认同群体情感具有相当的能动性和创造力。在范畴化和比较等常规过程无法实现球迷群体情感的情况下，即当俱乐部在比赛中或遭遇其他困难，球迷群体内部积极集体认同遭到削弱或缺失时，又无法运用正向的、有效的手段重新树立积极认同。这时，"替罪羊"现象就会在球迷群体间起到调节作用。球迷会把问题归咎为其他因素或其他任务，从而规避对自身集体认同的消极评价。

13.3.2　提升球迷集体情感的路径——俱乐部从顾客关系管理向球迷关系管理

图 13-1 中的纵坐标表示的是不同球迷群体在球队比赛胜利方面的态度，是将自己足球俱乐部比赛视为同自己生活同样重要，还是仅仅作为一种娱乐方式。横坐标表示的是不同投入程度的球迷群体。就最左端的临时性球迷而言，可以依照纵坐标情况分为松散型临时球迷和紧密型临时球迷。以松散型临时球迷为例，他们决定观看比赛的最重要因素是是否方便，以及是否具有足够的娱乐性。很明显，这些球迷群体对俱乐部的集体情感完全无法同右侧的定期型和狂热型球迷相比，他们可以为看比赛举家行动，也可能临时决定而更改行程。而狂热型球迷则与俱乐部有着深厚联系，这种联系是建立在对俱乐部的极度认同和深厚情感基础之上。从这一模型看出，足球球迷群体与常见的顾客有显著性的差异，正如 Taylor 所言："对于球迷而言，没有人愿意把自己的骨灰撒在乐购的过道上。"（意为球迷不愿意仅仅被视为商业顾客）。目前，国内外的足球产业普遍采用顾客关系管理模式，依据对不同球迷群体的掌握采取不同的经营策略。但是，随着现代社会的发展，足球产业同样受到了不小的挑战，人们有了更多的生活选择，并且对商业模式下所能获得的服务期待不断提高。因此，从足球俱乐部的角度看，顾客—俱乐部之间的消费关系不应该是俱乐部唯一的，最为关注的管理方式。对于具有特殊情感关系的球迷—俱乐部而言，球迷追随

俱乐部不是俱乐部能够为他们提供产品，而是因为俱乐部能够满足他们的情感期望和认同标的。球迷希望在追随俱乐部的过程中实现一定的群体情感期待，找到自己集体身份认同的锚定点。球迷群体价值的本质因此可以视为一种群体的感知，即球迷群体对与俱乐部交互过程和结果的主观性体验。图 13-2 中列举了顾客关系管理模式的四大亟须调整的问题。首先是俱乐部方面在高级管理方面，并未形成将球迷作为优先关注群体的机制，在对待球迷群体方面缺乏长期、可见和准确的点位，将球迷更多地视为一种俱乐部收入的来源，俱乐部内部在对待球迷问题上缺乏统一协调的管理。

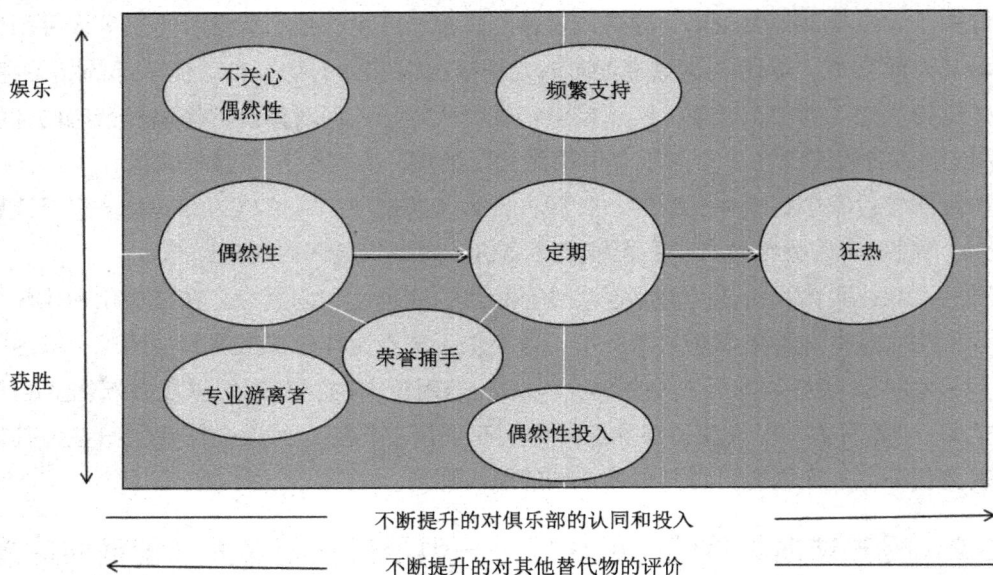

图 13-1　不同球迷针对球队成绩所表现的态度和投入程度

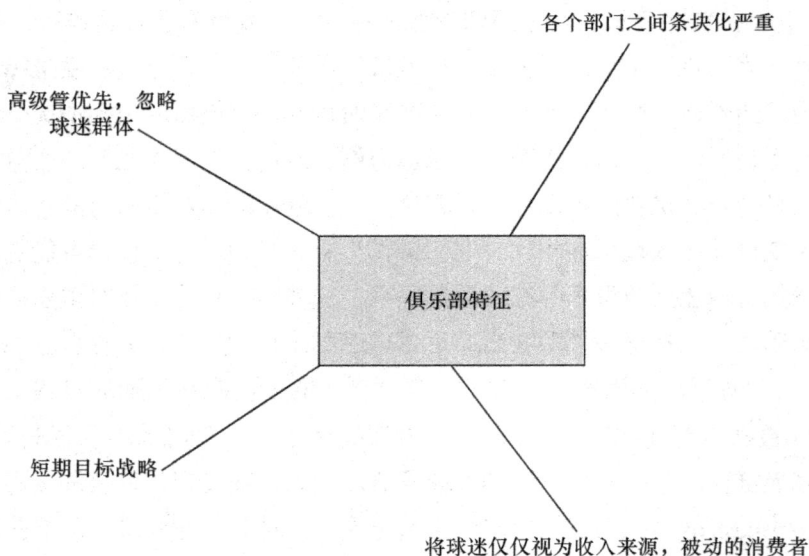

图 13-2　商业化的俱乐部与球迷关系

俱乐部的价值观塑造和历史保存是通过一系列的情感关联得以实现构建、维持和加强的，这也是使投资者、球迷、协会、媒体等在内的各个相关利益体形成网格化治理的有效手段。这就要求足球俱乐部的经营和管理模式从简单的商品和服务经济向体验经济转变。其中，商品经济又被称为工业经济，是随着工业革命和工业化发展出现并繁荣起来的，但是随着人类社会物质的不断丰富，商品市场竞争不断升级和加剧，其结果是利润的节节稀薄，并越来越多地发生亏损，推动了服务经济从商品经济分离出来，它主要强调个性化的产品提供，但是其本质仍然是顾客—商品的关系。而体验经济关注的是参与者的感受性及其在过程中体验到的满足性。在球迷与俱乐部的关系中反映为从具体的情境出发，塑造球迷对俱乐部的感官体验以及对俱乐部价值观及外延理念的思维认同。因此，这种情况下的球迷与俱乐部的关系是以俱乐部提供的管理和服务作为舞台，俱乐部及球队提供的各类产品仅仅是道具，促进球迷融入其中的社会演进阶段。这种运营和管理模式的效果已经获得了学者研究的证明，Abosag等人（2012）实验研究表明通过新的俱乐部运营模式，球迷获得了对俱乐部更强烈的情感依恋，并对俱乐部的品牌及附属品拥有更强的认可[1]。Rodriguez等人（2014）对皇家马德里俱乐部商业模式分析表明，情感是皇马俱乐部主席佩雷斯进行操作和管理的根本起点之一[2]。Ruihley等人（2017）发现通过情感建构，可以消除广告造成的壁垒，强化人们对品牌的认可度[3]。Bernache-Assollant（2018）分别从自豪和羞愧两个情感体验方面对球迷的集体身份认同进行了研究。结果表明，无论球队比赛结果如何，一旦球迷获得了某种自豪感，其赛后的集体身份认同都会获得提升，只是胜利的结果会带来更加显著认同提升。而在球队落败情境下，羞愧情绪体验则在球迷集体身份认同和创造性选择策略方面发挥作用[4]。

因此，以基于足球球迷情感体验的球迷关系管理模式已经逐渐开始替代顾客关系管理模式，分为宏观层面、中观层面、微观层面（见图13-3）。宏观层面上，俱乐部整体的战略制定和领导意识应该从过去的顾客关系转变为球迷关系管理模式，并在俱乐部各个层面和各个领导之间达成共识，这是球迷关系管理模式得以实现的前提条件。中观层面上，第一，球迷忠诚策略。针对球迷忠诚发生、发展和回报进行精细化研究，并对此实施更加显著的支持和鼓励政策；第二，通过以全面和整合的方式实现球迷为中心的经营，在关注各个利益相关方诉求基础上，实现以球迷为中心经营的最优化模式，特别是在俱乐部各部门以及警察、安保等方面实现多方信息联动，为球迷提供最佳的观赛体验。微观层面上，第一，关心球迷的诉求并能做出积极回应；第二，建立球迷信息库，为决策提供支持；第三，使俱乐部的理念和球迷个人的人生理念达成一致；第四，具体技术操作与俱乐部整体理念的一致性。通过这样的球迷关系管理模式，俱乐部逐渐退居到后台，在足球这个多种

[1] Abosag I，Roper S，Hind D. Examining the relationship between brand emotion and brand extension among supporters of professional football clubs[J]. *European Journal of Marketing*，2012，46（9）：1233-1251.

[2] Rodriguez-Pomeda J，Casani F，Alonso-Almeida M D M . Emotions' management within the Real Madrid football club business model[J]. *Soccer & Society*，2014：1-14.

[3] Ruihley B J，Pate J R. For the love of sport: Examining sport emotion through a Lovemarks lens[J]. *Communication & Sport*，2017，5（2）：135-159.

[4] Bernache-Assollant I，Chantal Y，Bouchet P，et al. On Predicting the Relationship between Team Identification and Supporters' Post-Game Identity Management Strategies: the Mediating Roles of Pride and Shame[J]. *Current Psychology*，2018：1-10.

利益相关方体系中，俱乐部所起的作用越加倾向于一种中介变量，通过俱乐部这样一个中介变量，提供情感体验，包括球迷在内的各个利益相关方才能在包括商业行为等方面做出更加有利于俱乐部发展的选择（见图13-4）。

FRM 特征	实践性思考
战略性的发展与领导	· FRM 是否能够成为俱乐部发展策略的一部分？ · 俱乐部商业领导者自身是否具有奉献精神？ · 俱乐部球迷策略与商业策略是否保持一致？
球迷忠诚度培养战略	· 球迷的忠诚度是如何被培养、强化和延续的？ · 俱乐部对于球迷忠诚度是如何褒奖的？
以球迷为中心的运行方式 全面整合球迷群体	· 是否从整个俱乐部的发展策略出发考虑 FRM 应用？ · 俱乐部人力资源部和相关政策是否能够支持 FRM 实施？ · 俱乐部是否具有跨部门的行动部门推进工作？ · FRM 给俱乐部带来的整体改变是否提前考虑？
关心球迷诉求 基于数据库的营销模式 推崇球迷终身价值观	· FRM 实施前是否征求过球迷意见？ · 是否采用了一定的方法来收集球迷的意见？ · 球迷的数据库是否具有准确性和及时性？ · 针对不同群体的球迷是否能够采取不同的方式和策略？ · 是否有方法能够对球迷的终身价值观进行测量？
合理的技术手段	· 技术手段是否合理？ · 技术手段是否效度？

图 13-3　球迷关系管理模式

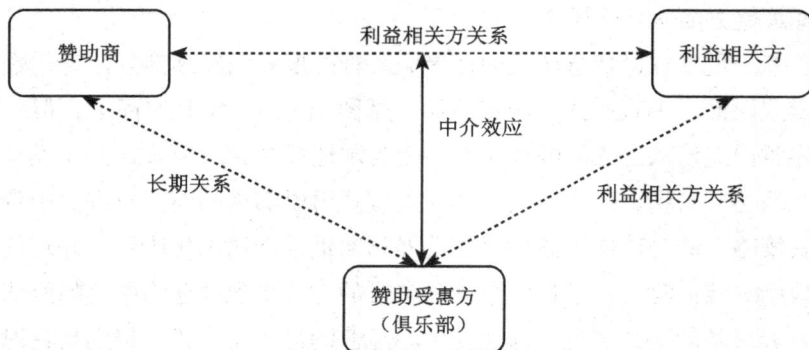

图 13-4　足球俱乐部在利益相关方体系中的中介作用

13.4　足球球迷文化发展的跃迁力量——公民精神的凸显与球迷社会组织的升级发展

13.4.1　公民精神的提升

精神文明建设是国家现代化的重要组成部分，人的现代化发展更是我国社会向现代化发展的核心，要实现人的现代化，首先要培养良好的公民意识，它是实现现代化的基础和途径。英国乃至整个欧洲足球球迷文化发展呈现两大新趋势：第一，球迷群体希望能够在极端的男性主义传统与极端的商业化趋势中寻找出"第三条道路"，消除过去不健康的传统，吸收可以与现代社会理念相融合的各种传统；第二，球迷精神与公民精神相契合，球迷活动中力图呈现参与精神、民主精神、权利意识、平等精神和社会责任感等重要公民精神，并在球迷组织内部奉行"民主""互助"和"非盈利"等理念。其中，一人一票践行民主理念，社区互助展示互助理念，非商业化是非盈利理念的最大体现。我国足球球迷文化发展已经从自发向自觉转变。以北京两大球迷组织御林军和绿色狂飙为例。御林军的一个重要原则就是拒绝商业化和非盈利，众筹是他们活动资金的主要来源，球迷制品、旗帜、横幅、球衣等的资金皆来自于此。在言行上，御林军内部在一定程度上禁止以京骂等方式对对手和球迷进行侮辱，而是选择更加体现公民社会精神的歌声，用口号去表达。由此可以看出我国球迷组织已开始在自己的章程和行动中体现公民精神，足球场不再是球迷谩骂和发泄的场所，而成为构建公民社会基因的动力场。随着新时代中国文化转型进程以及当代经济、政治和社会的和谐发展，公民精神必将成为推动、延续和提升我国足球文化的内生动力。

13.4.2　球迷社会组织的升级发展

国务院在 2015 年《中国足球改革发展总体方案》中着重强调了社会足球发展，该方案中提到通过发展社会足球奠基职业足球的发展。国家发改委在 2016 年公布了《中国足球中长期发展规划（2016—2050 年）》，再一次将社会足球的发展作为中国足球发展的重要力量，注重营造重视、支持和参与足球的良好氛围。我国足球实行改革 20 年，极大地提高了球迷对足球事业的参与性，球迷不再局限于观看比赛来参与足球运动，更多的是通过参与足球赛事的身份投入到足球运动事业中。从中国冠军联赛到各城市联赛，最后再到各种商业足球赛事，一些俱乐部主体和投资人等可以看到一定的球迷群体力量。目前，怎样使以球迷为主体的社会足球与职业足球协同发展是我国足球发展面临的一个严峻挑战。自 20 世纪末，英国球迷开始探索并参与足球的治理，并且逐渐建立了以社会企业作为足球俱乐部治理模式的主要载体，在英国乃至欧盟得到了认可，为我国球迷社会组织升级发展提供了路径，结合我国已经进行的有益探索，将进一步推动全民足球的发展。

中国足协于 2018 年 10 月在北京隆重举行了"人民足球"启动仪式，旨在促进全民足球活动的广泛开展，不断提升我国足球运动的规模与质量。"人民足球"将以社会足球的主要参与者角色同我国职业足球、校园足球一同成为中国足球运动发展的重要推进力量。借鉴英国球迷以社会企业模式参与足球治理的经验和教训，将有助于我国人民足球的开展与实现。英国的社会企业模式将为我国更多的足球球迷和足球爱好者参与足球事业提供实践模板。通过俱乐部的形式，使球迷成为参与更主动、管理更合理、运行更完善的足球俱乐部实践者。同时，社会企业模式将使我国球迷摆脱凌乱的点状活动状态，发展成为相互联系的面状与网状互动状态，不断深化人民足球的理念，将促进和极大激励人民群众的巨大足球力量释放。

　　社会企业是国外特别是英国最早实行的一种球迷组织形态，它兼顾经济和社会目的，其理论起源于人类合作社思想。曾经由于足球商业化被边缘化的球迷通过建立基金会等社会企业形式取得了一定的成功。一方面，改变了球迷在足球发展中的弱势地位，成功避免资金持有者的过度剥削；另一方面，有效地阻止了足球市场中商业最大化趋势。社会企业的功能与作用，体现在促进经济的增长，也体现在促进社会融合以及实现社会发展的公平与可持续发展的公益功能。从英国社会企业发展的过程来看，足球俱乐部发展过程中公共与公益性的缺失可能是由市场倡导的自由竞争所导致的，同时各个利益方的合法权利仅靠市场自身的改造与修正无法维系。因此，球迷需要组织社会企业，将足球俱乐部的商业功能与公益功能相融合，这样不仅可以改变资金注入带来的足球俱乐部唯利是图的形象，还可以推动社会公平与社会相融合。

13.5　结论

　　英国足球球迷参与足球治理已经从被视为形式介入的 1.0 时代向实质介入的 2.0 时代发展。其已有经验对我国具有一定的借鉴意义。但不同国家要进行不同对待，我国球迷参与足球治理不应只借鉴和吸取英国方面成功的经验与教训，与此同时还需要中国球迷、政府与社会的共同努力，在总结中国球迷参与治理的历史基础之上继续探索和发展，为世界各国提供和贡献中国足球治理的思路与方案，彰显我国治理方面的制度自信与文化自信。改革许久的中国职业足球培养了无数的球迷群体，如果能将球迷、社会组织和政府的力量有效整合，就有可能为我国足球运动的空前发展提供源动力。其中，国家、政府以及社会应该对足球球迷体育组织进行积极的引导和培育，共同建设以球迷参与为特征的体育"大社会"，进而实现"政府—市场—社会—个人"在中国足球治理中的广泛参与，推进治理的多元协同。

14 结语

（此章节部分内容已作为中期研究成果于 2017 年 12 月发表在《重庆工商大学学报》第六期）

德国研究者曾针对球迷忠诚度进行了一个实验。以球迷领袖转会为主题，分别邀请了一名知名的门兴格莱德巴赫、多特蒙德和拜仁慕尼黑足球球迷领袖。在实验设定的秘密会谈中，三位球迷领袖分别被施以名誉、金钱和豪车等多种利益，诱惑他们转入死敌俱乐部的球迷阵营。对于这样的诱惑，三位球迷表达了"这不符合我的价值观！""这不符合我的归属感！""我生来就是球队的球迷，我也将带着这种身份离开世界"。显然，球迷忠诚的背后是对自己球队的认同感和归属感。球迷对球队的集体身份认同是真实的、可测量的。几乎所有涉及球迷文化的内容都可以在集体身份认同的框架下得到解释，以集体身份认同为脉络也为球迷文化研究提供了更加广泛而丰富的研究图景。本研究在多个方面形成了一定的总体观点。

14.1 国内外足球球迷文化研究形成的主要观点

14.1.1 以集体身份认同为核心的球迷文化是全球化和媒体发展等共同作用的结果

商业化发展给足球带来了很多二元化矛盾，球迷时时陷入诸如原生主义和现代主义，全球化和本地化，现实主义与虚拟主义等各种二元化矛盾中。与此同时，社会发展给社会带来了各个层面的变化，以往人们熟悉的产业、种族、文化和政治等特点正在改变着原有的面貌，随之而来的是社区内涵演变，球迷群体整合与分化。而现代媒体的介入更使球迷群体的地域性特征被削弱，以流动性和"行为象征性"为特征的球迷群体变得越来越广泛。

14.1.2 球迷文化是球迷与球队互动发展的结果

球迷文化是在球迷与俱乐部之间长期互动下迸发、展示、流行和固化形成的，其实质是球迷对球会长期支持的实践行动的结果。球迷文化发展过程中，集体身份认同是核心概念。在足球前商业化阶段，一般是以地域性和文化性的集体身份认同为主的球迷群体，每个俱乐部的球迷对自己的地域和文化有独特的认同。正像曼彻斯特城俱乐部球迷的口号一样："我将生死相随，我将生死相随，我的曼城俱乐部，我们在一起，我们必将永远在一起！"随着商业化发展不断加深，以及网络和媒体的发展，球迷群体突破了以往的时空限制，球迷对俱乐部的认同呈现了多样化，以往的核心球迷依然坚持着他们的地域性和文化性的集体身份认同。一般粉丝性的球迷则是球队打法或者球队成员的欣赏者。还有一些球迷则被称为"荣誉捕手"，他们的身影穿梭在各种豪门球迷中间，对他们而言，集体身份认同是对都市娱乐和胜利荣誉的认同。

14.1.3 支持者、追随者、粉丝和游离者在价值观、心理和行为等方面有显著区别

支持者球迷就是我们通常所说的忠实球迷，这个球迷群体是俱乐部最忠实的拥趸。支持者、俱乐部和社区之间有各种历史的联结，这些联结以代际传递的方式在球迷群体中得以延续，并最终将俱乐部视为自己集体身份认同的核心。而且，他们与俱乐部之间始终是一种相互支持，不求回报的支持。追随者球迷群体在情感上与支持者球迷有很大的相似，他们长时间支持自己追随的俱乐部。但是他们对俱乐部的集体身份认同不具有唯一性，他们可能成为多家俱乐部的拥护者，而且与俱乐部之间的互动形式也是多种多样的，特别是在全球化形势下，电子媒体成为主要方式。粉丝球迷群体更像是流行文化的爱好者，他们对俱乐部的喜爱更加复杂化、模糊和无法捉摸。粉丝和俱乐部之间的关系更符合商业社会的异化关系，他们认为对俱乐部的最有效支持方式就是购买俱乐部商品。游离者球迷只是俱乐部的短暂"驻足者"，喜爱和支持球队的目的是满足自身对光鲜亮丽生活的追求。他们对俱乐部的支持是"游离的、短暂的"。他们喜欢在各大超级球会之间游离，依据球队战绩和球星名望来不断转换自己的球迷身份。因此，游离者球迷只可能成为如皇马、巴萨和曼联这样的超级俱乐部，在他们身上，"后现代路人的善变忠诚"得到了充分体现（Turner，1999）❶。

14.1.4 球迷认同与足球俱乐部商业化矛盾

基于大工业时代快速发展起来的英国足球俱乐部曾经被居民视为社区的中心，代表着社区居民的集体身份认同。然而，以英超成立为代表的英国足球俱乐部商业化运作不断侵蚀着足球俱乐部的公益性，俱乐部与社区居民之间关系逐渐异化为纯粹的商业售卖和购买关系。商业化的侵蚀引发了众多球迷的反对，甚至部分球迷选择与俱乐部分道扬镳，另起炉灶（Adam Brown，2007）❷。例如，最为著名的是部分曼彻斯特联合俱乐部球迷分化事件，在俱乐部被美国人格雷泽尔收购后，部分球迷成立了联合曼彻斯特俱乐部，以公益性的运作模式维护俱乐部的社区性。

❶ Turner B. The possibility of primitiveness：Towards a sociology of body marks in cool societies [J]. *Body & Society*，1999，5（3）：39–50.
❷ Adam B. "Not For Sale"？ The Destruction and Reformation of Football Communities in the Glazer Take over of Manchester United[J].*Soccer & Society*，2007，8（4）：614–635.

14.1.5 球迷正在由"被动地位"向"主动地位"转变

随着球迷对足球商业化发展的抵制及政府在政策上的一些扶持，球迷与俱乐部之间的关系正在发生变化，以往的"被动的和单向的"关系变成了"互动的和双向的"关系（Cleland，2010）❶。从 20 世纪 20 年代开始，英国足球球迷更多地开始选择组织化的方式来加强他们在足球中的话语权。在英国政府的支持下，1985 成立的足球支持者联合会以及随后成立的足球独立支持者协会成为英国球迷独立"发声"的渠道。球迷不再像以往那样被动地接受俱乐部的决策，而是积极地参与俱乐部的运营管理。例如，英国切斯特菲尔德足球独立支持者协会目前就拥有俱乐部的所有权，他们获得资金的主要渠道正是球迷协会的基金会，通过球迷协会基金会的方式，球迷重新成为俱乐部的主人，俱乐部重新成为社区中心（Nash，2000）❷。

14.1.6 中国足球球迷文化一直在延续和发展

与历史悠久的欧洲，特别是英国足球球迷文化相比，中国足球球迷文化发展起步较晚，但一直都在延续，特别是中国足球职业化以来，球迷文化一直在发展（梁斌，2014）❸。我国球迷的集体身份认同目前多基于地域性认同，"历史积淀丰厚的工体文化"和由偶像孔卡形成的"天河文化"等球场文化让工人体育场和天河体育场成为球迷的"家"。"工体文化""天体之王""冠军终归在这里"等集体记忆逐渐成为球迷集体身份认同的重要内容。而且，以歌曲、口号、文身和服饰等为表现形式的球迷主场看台文化也在稳定发展。同时，核心球迷群体逐渐庞大，各个俱乐部的忠实球迷正逐渐从小众群体向大众群体发展，使得球迷在组织、行为和心理上形成了统一。他们会定期开展球迷活动，或参与现场看球，或组织酒吧聚会观赛，或随球队一起远赴客场支持球队，这些都逐渐固化成球迷生活内容，使得足球文化真正地成为根植于足球，孕育于生活，成长于社会的大众文化。另外，随着恒大等俱乐部在国际赛场的优异表现，中国球迷群体集体身份认同开始突破地域和时间的限制，开始呈现不同层次和类别，文化越发呈现多样化。

14.2 足球球迷文化研究发展趋势

14.2.1 球迷文化理论与研究方法研究的借鉴和整合

以集体身份认同为核心，整合社会学、传播学、民族学、心理学、历史学和文化学理论，从宏观、中观和微观层面对足球球迷文化进行理论阐述。同时研究方法应凸显多层次的组合方式：①定性与定量结合研究。理论和政策研究侧重以社会学、历史学、民族学、

❶ Cleland.From passive to active：the changing relationship between supporters and football clubs[J].*Soccer & Society*，2010，11（5）：537–552.

❷ Rex N.Contestation in Modern English Professional Football：The Independent Supporters Association Movement[J].*International Review for the Sociology of Sport*，2000，35（4）：465–486.

❸ 梁斌 . 集体认同传承与商业利润最大化矛盾下的英国足球球迷文化研究 [J]. 成都体育学院学报，2014，40（3）：17–23.

文化学和传播学等相结合的定性分析，并融入管理学和组织学等思路。实证研究广泛采用调查法和数理统计法，对不同球迷群体文化发展进行归因分析和体系构建。②系统分析与结构分析相结合。既从整体把握，又在整体思维指导下侧重对相关因素进行全方位多层次的研究。③微观分析和宏观分析相结合。通过比较分析，从宏观上掌握球迷文化发展共性和特性，并辅以微观分析，实现对不同球迷群体文化的探究。

14.2.2　媒介变化下的球迷文化发展

从最初的口口小范围传播，到跨越地域的报纸、杂志等纸质媒体的地方性传播，再到广播电视的全球化传播，直到现在的地域时空无差别的电子媒体传播，借助媒体的发展，足球跨越时空的影响力在不断增强，电子媒体以其强大的"符号暴力"摧毁着传统球迷文化，各地球迷文化趋向于同质化和类型化，但是电子媒体又为各种异质球迷文化的成长提供了某种可能。因此，媒介在球迷文化发展和变化过程中所起的作用也值得进一步深入研究。

14.2.3　多国球迷文化共性与特性的比较

进一步从集体身份认同演变历史和现状的视角对多个国家球迷群体类别、心理、行为、制度和物化特征进行比较研究，以期探究更多的球迷文化发展的共性和我国球迷文化发展的独特性。根据中外球迷文化共性和特性研究对球迷群体进行分类，通过访谈和调查等方法从观赛投入程度、文化倾向、地缘联系、观赛行为和影响因素等方面对我国不同类别球迷进行研究。

14.2.4　构建中国球迷文化发展体系

以集体身份认同为核心，从球迷群体、俱乐部、媒体和社会之间的多维互动角度分析球迷文化发展的机理与途径，构建具有中国特色球迷文化发展体系，并通过实证分析进行验证。在理论整合、中英球迷文化比较和发展体系构建基础之上，对球迷文化发展的制度安排和政策创新进行探索。同时，随着我国校园足球的快速发展，青少年及其家庭对于足球的认识和理解也在发生变化。因此，探索通过校园足球实现校园足球文化—社会足球文化—国家足球文化的发展是一个有意义的途径。

14.3　未来研究方向

本研究主要针对中超俱乐部的球迷进行数据采集。样本选取相对偏于宏观，缺乏对中甲、中冠以及各种民间组织球迷的微观研究，因此，还存在一些有价值的研究课题值得后续进一步探讨。

本课题进行过程中发现，我国老、中、青三代足球球迷的文化特征是值得进一步深入挖掘、整理、归纳和总结的宝库。特别是针对老一代足球球迷文化，应该以口述史等直观的形式进行保存和研究。未来对这部分内容的探讨将有助于更清晰地把握我国足球球迷文化发展的历史脉络，以及足球球迷文化与国家民族复兴之间的内在契合关联。

欧洲近年政治和经济上的发展变化在球迷组织文化上得到了映射，球迷组织的极端化和政治化倾向开始清晰，后续研究需要针对欧洲球迷文化这一最新动向进行跟踪和剖析，一方面更深入探寻足球文化与欧洲社会、经济发展之间的联动关系，另一方面为我国更好地引导球迷文化发展提供建议和对策。

14.4　结论

利益相关方理论研究表明，球迷是足球发展的重要利益相关方（梁斌，2013）❶。欧洲大众球迷正在逐渐分化为支持者、追随者、粉丝和游离者等群体。而一些球迷组织与职业化俱乐部关系的演变也不再是亲密无间，而是经历了合作—支持—反对—对抗—背叛的历程。中国球迷群体及文化正随着中国足球的苏醒而呈现出蓬勃发展的趋势。曾经习惯于和媒体一起对中国足球进行攻击的中国球迷在行为上显现出成熟，在思维和评判上显露出理性和客观，这种良性发展与中国职业足球的发展形成了相辅相成之势。在目前的形势下，准确地认识球迷群体，真实地剖析球迷文化和正确地引导球迷行为将是球迷群体和文化的进一步发展、成熟和升华的基础。因此，加强球迷文化基础理论，开展中国与欧洲球迷文化比较研究，构建球迷组织发展路径和体系对中国足球球迷文化的发展具有重要的理论和实践意义。未来球迷文化研究将沿着科学化、系统化和多元化的方向不断迈进。

❶　梁斌.企业社会责任理论下的职业足球俱乐部社会公共服务研究 [J].体育科学，2013，33（6）：52–56.

参考文献

中文参考文献

[1] 阿伦，古特曼，花勇民.从仪式到纪录：现代体育的本质 [M].北京：北京体育大学出版社，2012：24，27.

[2] 安东尼.吉登斯.现代性的后果 [M].南京：译林出版社，2000：115-117.

[3] 鲍林强.公共管理模式嬗变的基本逻辑：公民权利的视域 [J].学海，2013（5）：115-119.

[4] 布朗.原始社会的结构与功能 [M].北京：中央民族大学出版社，1999：172.

[5] 陈波.语言和意义的社会建构论 [J].中国社会科学，2014（10）：121-142.

[6] 陈国强.简明文化人类学词典 [M].杭州：浙江人民出版社，1990：135.

[7] 陈世平，崔鑫.从社会认同理论视角看内外群体偏爱的发展 [J].心理与行为研究，2015，13（3）：422.

[8] 陈新仁.语用身份：动态选择与话语建构 [J].外语研究，2013（4）：27-32.

[9] 陈宗明，黄华新.符号学导论 [M].郑州：河南人民出版社，2004：1-3.

[10] 程利群.体育竞赛观众越轨行为的特征及对策研究 [J].体育与科学，2010，31（2）：47-52.

[11] 仇军，李恺宪，孙葆洁.运动竞赛中球迷行为越轨成因与防范对策 [J].体育科学，2004，24（12）：18-22.

[12] 丁元竹.滕尼斯的梦想与现实 [J].读书，2013（2）：43-52.

[13] 董长弟.吴文藻社区研究思想及其现实启示 [J].齐齐哈尔大学学报（哲学社会科学版），2008（4）：69-71.

[14] 菲利普，史密斯.文化理论——导论 [M].北京：商务印书馆，2008.

[15] 高一虹，李玉霞，边永卫.从结构观到建构观：语言与认同研究综观 [J].语言教学与研究，2008（1）：19-26.

[16] 龚花，毛端谦.国内地方依恋研究综述 [J].江西科技师范大学学报，2013（3）：77-82.

[17] 郭振.埃利亚斯的过程社会学对体育社会学研究的启示 [J].体育学刊，2010，17（1）：24，27.

[18] 哈里森.古代艺术与仪式 [M].北京：生活·读书·新知三联书店，2008：18.

[19] 韩静.社会认同理论研究综述 [J].山西煤炭管理干部学院学报，2009（1）：55.

[20] 和虎.人类学背景下的语言、社会和文化建构 [J].民族论坛，2017（2）：99-107.

[21] 贺志峰.社会工作学视野下的社区内涵探析 [J].社会工作，2012（11）：61-63.

[22] 赫伊津哈.游戏的人 [M].北京：中国美术学院出版社，2014：22.

[23] 胡义成，胡侠.地域文化在本质上是一种"集体潜意识" [J].新疆社会科学，2003（5）：76-80.

[24] 黄建生.戈夫曼的拟剧理论与行为分析 [J].云南师范大学学报（哲学社会科学版），2001，33（4）：91-93.

[25] 贾留战，马红宇，郭永玉.群体性事件的认知与情绪整合模型 [J].云南师范大学学报（哲学社会科学版），2012，44（4）：77-83.

[26] 金力，毕传新.关于球迷现象的经济、文化与社会功能的研究 [J].商丘师范学院学报，2008，24（12）：121-123.

[27] 金瑞静.集体身份认同视域下中英足球球迷文化的比较研究 [J].体育与科学，2015，36（2）：68-74.

[28] 金寿铁.哲学思维的跨文化转变——卡尔·雅斯贝尔斯与跨文化哲学的挑战 [J].求是学刊，2011（3）：5-12.

[29] 剧锦文.公司治理理论的比较分析——兼析三个公司治理理论的异同 [J].宏观经济研究，2008（6）：19-27.

[30] 兰德尔·柯林斯.互动仪式链 [M].北京：商务印书馆，2009：31-39，86-88，128-135.

[31] 李丽.雷蒙·威廉斯的"情感结构"理论析论 [J].吉首大学学报（社会科学版），2015，36（3）：123-128.

[32] 李培林.当今英国社会阶级阶层结构的变化 [J].国际经济评论，1998（6）：30.

[33] 梁斌.集群行为的情绪与认知双通路模型在足球球迷暴力中的应用与检验 [D].北京体育大学，2015.

[34] 梁斌.英国足球俱乐部社区公共服务功能研究 [J].成都体育学院学报，2013，39（3）：20-25.

[35] 梁斌，陈洪.公民行动：英国球迷参与足球治理研究 [J].北京体育大学学报，2018（6）：43-48，56.

[36] 梁斌，陈洪，李恩荆.集体认同传承与商业利润最大化矛盾下的英国足球球迷研究 [J].成都体育学院学报，2014，40（3）：17-23.

[37] 梁斌，夏忠梁.冠军庆典与空难悼念的仪式解读——基于莱斯特城和沙佩科恩俱乐部事件 [J].成都体育学院学报，2018，44（3）：80-84，124.

[38] 梁斌.集群行为视域下足球球迷暴力行为心理模型的构建与验证 [J].武汉体育学院学报，2017，51（11）：96-100.

[39] 梁斌. 集体认同传承与商业利润最大化矛盾下的英国足球球迷文化研究 [J]. 成都体育学院学报，2014，40（3）：17-23.

[40] 梁斌. 企业社会责任理论下的职业足球俱乐部社会公共服务研究 [J]. 体育科学，2013，33（6）：52-56.

[41] 梁莹. 公民治理意识，公民精神与草根社区自治组织的成长 [J]. 社会科学研究，2012（2）：32-37.

[42] 刘晖，侯本华. 球迷骚乱行为成因探析及管理对策 [J]. 吉林体育学院学报，2004（2）：91-92.

[43] 刘小霞. 社会企业研究述评 [J]. 华东理工大学学报（社会科学版），2012，27（3）：9-22.

[44] 刘欣. 阶级惯习与品味：布迪厄的阶级理论 [J]. 社会学研究，2003（6）：33-42.

[45] 刘勇. 利益差异效能累加：群体冲突的触发根源——以斯梅尔塞的"价值累加理论"为诠释框架 [J]. 福建论坛（人文社会科学版），2011（1）：150.

[46] 陆小聪，刘宏森. 球迷文化与社会整合——"体育和社会"对话之一 [J]. 体育科研，2005，26（2）：5-9.

[47] 陆自荣，潘攀. 象征性规制：文化整合的实质 [J]. 湖南科技大学学报（社会科学版），2012，15（1）：37-42.

[48] 曼纽尔·卡斯特. 认同的力量（第2版）[M]. 北京：社会科学文献出版社，2006：5.

[49] 尼克·库尔德里. 媒介仪式：一种批判的视角 [M]. 北京：中国人民大学出版社，2016：2-6.

[50] 帕森斯，梁向阳. 现代社会的结构与过程 [M]. 北京：光明日报出版社，1988：17-25.

[51] 潘晓. 第三部门法的"社会企业"运动——欧美两种路径下的制度演进 [J]. 北大法律评论，2012，13（1）：221-240.

[52] 盘劲呈，李海. 地方依恋与骑行旅游："动态依附"体验的生成 [J]. 体育与科学，2018，39（5）：63-69，76.

[53] 彭兆荣. 人类学仪式研究评述 [J]. 民族研究，2002（2）：88-96.

[54] 秦亚青. 建构主义：思想渊源，理论流派与学术理念 [J]. 国际政治研究，2006（3）：18.

[55] 邵令. 古希腊公民的公共闲暇活动与民主政治 [J]. 首都师范大学学报（社会科学版），2010（S1）：251-254.

[56] 施雪华，张琴. 国外治理理论对中国国家治理体系和治理能力现代化的启示 [J]. 学术研究，2014（6）：31-36.

[57] 石岩，胡丹婧. 球场观众不合理认知观念的理论研究 [J]. 体育科学，2009，29（7）：37-42.

[58] 石岩，李晓彤. 我国球场观众暴力研究方法的演进与思考 [J]. 天津体育学院学报，

2006, 21（6）：464-469.

[59] 石岩，马博.球场观众助威行为的理论研究 [J].体育与科学，2012，33（1）：48-55.

[60] 石岩，吴洋.我国球场观众暴力风险发生模型及风险管理研究 [J].体育科学，2009，29（12）：19-26.

[61] 石岩.国内外反球场观众暴力的立法 [J].体育学刊，2004，11（2）：14-17.

[62] 石岩.球场观众暴力的动力学模型与数值仿真方法研究 [J].体育科学，2015（9）：65-74.

[63] 宋凯.国内外球迷现象研究（综述）[J].北京体育大学学报，1997（4）：5-10.

[64] 苏贵斌，徐飞.球迷骚乱"群体行动逻辑"的社会心理机制解读 [J].体育学刊，2009，16（9）：28-31.

[65] 孙飞宇.方法论与生活世界——舒茨主体间性理论再讨论 [J].社会，2013，33（1）：38-74.

[66] 梭纶，岳永逸.《通过仪礼》英文版导言 [J].民俗研究，2008（1）：13-23.

[67] 唐文跃.城市居民游憩地方依恋特征分析——以南京夫子庙为例 [J].地理科学，2011，31（10）：1202-1207.

[68] 特纳.象征之林——恩登布人仪式散论 [M].北京：商务印书馆，2006：19.

[69] 田庆柱.网络舆情对球迷群体性事件的影响及应对策略研究 [J].体育与科学，2014（2）：74-77.

[70] 田雅楠.戈夫曼"拟剧论"的再思考——从《日常生活中的自我呈现》谈起 [J].中国报业，2017（8）：83-84.

[71] 涂尔干.宗教生活的基本形式 [M].上海：上海人民出版社，1999：45-58.

[72] 弯美娜，刘力，邱佳，杨晓莉.集群行为：界定、心理机制与行为测量 [J].心理科学进展，2011，19（5）：723-730.

[73] 王冰，刘连发，杨鑫.世俗运动的宗教性：球迷狂热的动因与文化表达——以足球项目为例 [J].体育与科学，2014（5）：59-62.

[74] 王道勇.从社会整合到社会合作：社会矛盾应对模式的转向 [J].教学与研究，2014（7）：14-19.

[75] 红艳.社区治理的英国经验及其启示 [J].福建论坛（人文社会科学版），2014（11）：26.

[76] 王建香，王洁群.阶级身份述行：布迪厄社会学理论的言语行为视角 [J].国外社会科学，2011（6）：104-109.

[77] 王晴锋.戈夫曼与情境社会学：一种研究取向的阐释性论证 [J].社会科学研究，2018（3）：122-128.

[78] 王胜，张勇，梁斌.英国球迷群体认同多元化发展研究 [J].广州体育学院学报，2016，36（4）：26-29.

[79] 王世强.社区利益公司——英国社会企业的特有法律形式 [J].北京政法职业学院学报，2012（2）：92-96.

[80] 谢家平，刘鲁浩，梁玲.社会企业：发展异质性、现状定位及商业模式创新 [J].经济管理，2016（4）：190-199.

[81] 徐明宏.城市休闲的社会整合与管理创新研究——以杭州趣缘群体为例 [J].浙江社会科学，2015（12）：82-88，157-158.

[82] 徐震.徐震教授论社区工作 [M].台北：松慧出版，2007.

[83] 薛龙，王丹.我国足球赛场不文明行为的研究 [J].湖北体育科技，2015（10）：867.

[84] 薛艺兵.仪式音乐的符号特征 [J].中国音乐学，2003（2）：5-15.

[85] 严磊，胡修银.基于集群行为社会认同模型的集群行为动力机制研究 [D].长江大学硕士论文，2012.

[86] 叶超.作为中国人文地理学鉴镜的段义孚思想 [J].人文地理，2014（4）：3-7.

[87] 殷融，张菲菲.不同类型集群行为的差异比较 [J].心理科学进展，2015，23（1）：120-131.

[88] 殷盈，金太军.公民权，社会组织与民主：治理视域下三者互动关系的分析 [J].江汉论坛，2016（11）：55-60.

[89] 翟岩.试析结构与行动理论相互融合的可能与途径 [J].社会科学战线，2008（1）：258-260.

[90] 詹金斯·王志弘.社会认同 [M].许妍飞，译.台北：巨流出版社，中国台湾，2014：20-29，133-145.

[91] 詹金斯·王志弘.社会认同 [M].许妍飞，译.台北：巨流出版社，中国台湾，2014：20-29.

[92] 詹金斯·王志弘.社会认同 [M].许妍飞，译.台北：巨流出版社，中国台湾，2014：5.

[93] 詹姆斯·凯瑞.作为文化的传播 [M].北京：华夏出版社，2005：28.

[94] 张宝锋.布莱尔政府之社区发展及对我国社区建设的启示 [J].学术论坛，2005（12）：48-51.

[95] 张朋，张勇.体育在实现国家认同中的作用研究 [J].四川体育科学，2012（6）：1-3.

[96] 张书维.群际威胁与集群行为意向：群体性事件的双路径模型 [J].心理学报，2013，45（12）：1410-1430.

[97] 张书维，王二平，周洁.相对剥夺与相对满意：群体性事件的动因分析 [J].公共管理学报，2010，7（3）：95-102.

[98] 张书维，周洁，王二平.群体相对剥夺前因及对集群行为的影响——基于汶川地震灾区民众调查的实证研究 [J].公共管理学报，2009，6（4）：69-77.

[99] 张书维，王二平，周洁.跨情境下集群行为的动因机制 [J].心理学报，2012，44（4）：

524-545.

[100] 张震.体育场所精神——《体育与科学》学术工作坊"体育建筑的文化记忆与表达"主题述评 [J].体育与科学，2018，39（5）：6-12，18.

[101] 赵鼎新.西方社会运动与革命理论发展之述评——站在中国的角度思考 [J].社会学研究，2005（1）：168-209.

[102] 赵建安，张鲲.足球赛场球迷骚乱和暴力成因的社会心理学探析 [J].西安体育学院学报，2003，20（6）：112-114.

[103] 赵星植."无限衍义"真的无限吗？ [J].河南师范大学学报（哲学社会科学版），2016：138-142.

[104] 赵毅衡.符号学原理与推演：Semioticsprinciples&problems[M].南京：南京大学出版社，2011（6）：138-142.

[105] 郑深.建构主义：从结构主义到后结构主义的演变 [J].佳木斯教育学院学报，2003，4（1）：36-40.

[106] 仲达.球场观众暴力形成机制及要素分析 [J].体育学刊，2005，12（6）：39-41.

[107] 周尚意，唐顺英，戴俊骋."地方"概念对人文地理学各分支意义的辨识 [J].人文地理，2011（6）：10-13.

[108] 周秀军，毛志晨.我国足球赛场球迷越轨行为分级及趋势探析 [J].体育与科学，2011，32（6）：103-106.

[109] 周怡.市场转型理论与社会整合 [J].社会，2005，25（1）：43-66.

[110] 朱竑，刘博.地方感，地方依恋与地方认同等概念的辨析及研究启示 [J].华南师范大学学报（自然科学版），2011，（1）：1-8.

[111] 朱力.我国社会整合机制的转换——兼论"和谐社会"的理念 [J].学海，2005（1）：42-47.

[112] 主朱竑，钱俊希，陈晓亮.地方与认同：欧美人文地理学对地方的再认识 [J].人文地理，2010，（6）：1-6.

[113] 庄锦英.情绪与决策的关系 [J].心理科学进展，2003，11（4）：423-431.

[114] 邹师，章思琪.体育促进社会稳定的机制 [J].体育学刊，2008，15（9）：26-30.

[115] 佐斌，温芳芳.当代中国人的文化认同 [J].中国科学院院刊，2017，32（2）：175-187.

英文参考文献

[1] Abosag I，Roper S，Hind D . Examining the relationship between brand emotion and brand extension among supporters of professional football clubs[J]. *European Journal of Marketing*，2012，46（9）：1233-1251.

[2] Adams A, Morrow S, Thomson I. The "Typical" Club？ A Configuration Analysis of

Scottish Football Clubs[C]. 8th Asia-Pacific Interdisciplinary Research in Accounting（ API-RA ）Conference. 2016.

[3] Adam B. "Not For Sale"？ The Destruction and Reformation of Football Communities in the Glazer Takeover of Manchester United[J].*Soccer & Society* , 2007, 8（4）: 614-635.

[4] Anderson B, Lass A. Imagined Communities: Reflections on the Origin and Spread of Nationalism[J]. *Bohemia-Zeitschrift für Geschichte und Kultur der böhmischen Länder*, 1988, 29（1）: 184-186.

[5] Anssi Paasi. *Territories, boundaries, and consciousness: The changing geographies of the Finnish-Russian boundary*[M]. Wiley, 1996.

[6] AP Cohen.*Belonging: identity and social organisation in British rural cultures*[M]. Manchester University Press, 1982: 79-96.

[7] Arefi M. Non - place and placelessness as narratives of loss: Rethinking the notion of place[J]. *Journal of urban design*, 1999, 4（2）: 179-193.

[8] Argyle M. *Bodily communication*[M]. Routledge, 2013: 153-168.

[9] Armstrong G, Young M.The law and football hooligans[J]. *Legislators and interpreters*, 1997: 175-191.

[10] Armstrong, Gary, and Richard Giulianotti, eds. *Fear and loathing in world football* [M]. Bloomsbury Academic, 2001: 137.

[11] Baimbridge M, Cameron S, Dawson P.Satellite television and the demand for football: A whole new ball game？ [J].*Scottish Journal of Political Economy*, 1996, 43（3）: 317.

[12] Bale J. The place of "place" in cultural studies of sports[J]. *Progress in Human geography*, 1988, 12（4）: 507-524.

[13] Bale J. The Spatial Development of the Modern Stadium[J]. *International Review for the Sociology of Sport*, 1993, 28（2-3）: 121-133.

[14] Bale J. The changing face of football: Stadiums and communities[J]. *Soccer & Society*, 2000, 1（1）: 91-101.

[15] Bamberg S , Rees J , Seebauer S . Collective climate action: Determinants of participation intention in community-based pro-environmental initiatives[J]. *Journal of Environmental Psychology*, 2015, 43: 155-165.

[16] Baron R M, Kenny D A. The moderator-mediator variable distinction in social psychological research: Conceptual, strategic, and statistical considerations[J]. *Journal of personality and social psychology*, 1986, 51（6）: 1173.

[17] Barth F. *Process and form in social life*[M]. Routledge Kegan & Paul, 1981, 12: 79-81.

[18] Bauman, Z. Liquid Modernity[M]. Cambridge: Polity, 2000: 199-201.

[19] Bell A. Language style as audience design[J]. *Language in society*, 1984, 13（2）: 145-

204.

[20] Bell C.*Ritual*：*Perspectives and dimensions*[M]. Oxford University Press，1997：177-191.

[21] Bellah R N. *Beyond belief*：*Essays on religion in a post-traditionalist world*[M]. University of California Press，1991：216-230.

[22] Bernache-Assollant I, Chantal Y, Bouchet P, et al. On Predicting the Relationship between Team Identification and Supporters' Post-Game Identity Management Strategies：the Mediating Roles of Pride and Shame[J]. *Current Psychology*，2018：1-10.

[23] Bernstein B B. *Class，codes and control*：*Applied studies towards a sociology of language*[M]. Psychology Press，2003.

[24] Besta T, Kossakowski R. Football supporters：Group identity, perception ofin-group and out-group members and pro-group action tendencies[J].*Revista de Psicología del Deporte*，2018，272：15.

[25] Birrell S. Sport as ritual：Interpretations from Durkheim to Goffman[J]. *Social Forces*，1981：354-376.

[26] Blackshaw T. Contemporary community theory and football[J]. *Soccer & Society*，2008，9（3）：325-345.

[27] Braun R, Vliegenthart R. The contentious fans：The impact of repression, media coverage, grievances and aggressive play on supporters' violence[J]. *International Sociology*，2008，23（6）：796-818.

[28] Brewer M B, Gardner W. Who is this "We"？ Levels of collective identity and self representations[J].*Journal of Personality and Social Psychology*，1996，71（1）：83-93.

[29] Brewer M B. Optimal distinctiveness theory：Its history and development[J]. *Handbook of theories of social psychology*，2011，2：81.

[30] Brown A R. On social structure[J]. *Journal of the Royal Anthropological Institute of Great Britain & Ireland*，1977，70（1）：221-232.

[31] Brown A. *Fanatics！power，race，nationality and fandom in European football*[M]. 1998：265-278.

[32] Brown A. "Our club，our rules"：Fan communities at FC United of Manchester[J]. *Soccer & Society*，2008，9（3）：346-358.

[33] Buechler S M. Social strain, structural breakdown, political opportunity, and collective action[J]. *Sociology Compass*，2008，2（3）：1031-1044.

[34] Casey E S . Between Geography and Philosophy：What Does It Mean to Be in the Place-World？ [J]. *Annals of the Association of American Geographers*，2001，91（4）：683-693.

[35] Charleston S. The English football ground as a representation of home[J]. *Journal of Environmental Psychology*，2009，29（1）：144-150.

[36] Christopher M. Raymond，Gregory Brown and Delene Weber.The measurement of place attachment：Personal，community，and environmental connections[J].*Journal of Environmental Psychology*，2010：422-434.

[37] Clark T. "I'm Scunthorpe till die"：Constructing and（re）negotiating identity through the terrace chant[J]. *Soccer & Society*, 2006, 7（4）：494-507.

[38] Cleland.From passive to active：the changing relationship between supporters and football clubs[J].*Soccer & Society*，2010，11（5）：537-552.

[39] Cohen Y A. Social boundary systems[J]. *Current Anthropology*，1969，10（1）：103-126.

[40] Cohen A *The Symbolic Construction of Community*[M]. London：Tavistock，1985.

[41] Cohen R Ethnicity：Problem and focus in anthropology [J]. *Annual Review of Anthropology*，1978（7）：379-403.

[42] Crabbe T，Brown A .*You're not welcome anymore：The football crowd，class and social exclusion' in S. Wagg（ed.）Football and Social Exclusion*[M]. London：Frank Cass，2004：34.

[43] Critcher C. Football since the war[J]. *Working class culture：Studies in history and theory*，1979：161-184.

[44] Culin S. *Games of the North American Indians*[M]. Ams Pr Inc，1973：31，34.

[45] Davis L. Football fandom and authenticity：a critical discussion of historical and contemporary perspectives[J]. *Soccer & Society*，2015，16（2-3）：422-436.

[46] Deloitte. 中超联赛 2018 商业价值评估白皮书 [R].Deloitte 中国，2019：8，21，22.

[47] Dietz-Uhler B.Defensive reactions to group-relevant information[J]. *Group Processes & Intergroup Relations*，1999，2（1）：17.

[48] Dolón and Todolí.*Analysing identities in discourse*[M]. John Benjamins Publishing，2008.

[49] Doosje B，Spears R，Ellemers N. Social identity as both cause and effect：The development of group identification in response to anticipated and actual changes in the intergroup status hierarchy[J]. *British Journal of Social Psychology*，2002，41（1）：57-76.

[50] Drury J，Reicher S. Collective action and psychological change：The emergence of new social identities[J]. *British journal of social psychology*，2000，39（4）：579-604.

[51] Dunning E. Towards a sociological understanding of football hooliganism as a world phenomenon[J]. *European journal on criminal policy and research*，2000，8（2）：141-162.

[52] Dunning, E.，& Tomlinson, A.Social bonding and the socio-genesis of violence. A theoretical-empirical analysis with special reference to combat sports[C]. In The sociological study of sport-configurational and interpretive studies. A workshop of the British Sociological Association Leisure Studies Joint Study Group on Leisure and Recreation.（pp. 1-35）. Chelsea School of Human Movement, Brighton Polytechnic，1981.

集体身份认同视域下中英足球球迷文化研究

[53] Fama E F, Jensen M C. Separation of ownership and control[J]. *The journal of law and Economics*, 1983, 26（2）: 301-325.

[54] Fentress J. & Wickham C. *Social memory*[M]. Oxford: Blackwel, 1992: 68.

[55] Geller D S. Power differentials and war in rival dads[J].*International Studies Quarterly*, 1993, 37（2）: 173.

[56] Giddens A. *Modernity and self-identity: Self and society in the late modern age*[M]. Stanford university press, 1991.

[57] Giulianotti R. Enlightening the North: Aberdeen fanzines and local football identity[J]. *Enlightening the North: Aberdeen fanzines and local football identity*, 1997: 211-238.

[58] Giulianotti R. Football and the politics of carnival: An ethnographic study of Scottish fans in Sweden[J]. *International Review for the Sociology of Sport*, 1995, 30（2）: 191-220.

[59] Giulianotti R. Football: a sociology of the global game[J]. *Scraton, S.& Flintoff, A.（red.）Gender and sport: a reader*, 2002, 55-70.

[60] Giulianotti, R. "Supporters, Followers, Fans and Flaneurs: Taxonomy of Spectator Identitiesin Football" [J]. Journal of Sport and Social , 2002, 26（1）: 25-46.

[61] Giulianotti R, Robertson R. The globalization of football: a study in the glocalization of the "serious life" [J]. *The British journal of sociology*, 2004, 55（4）: 545-568.

[62] Goertz G, Diehl P F. Enduring rivalries: Theoretical constructs and empirical patterns[J]. *International studies quarterly*, 1993, 37（2）: 147.

[63] Goldenberg A, Halperin E, Van Z M, et al. The Process Model of Group-Based Emotion: Integrating Intergroup Emotion and Emotion Regulation Perspectives[J]. *Pers Soc Psychol Rev*, 2016, 20（2）: 118-141.

[64] Gratton C, Kokolakakis T. A Satellite Account for Sport: The European Project[J]. *Sports: Economic, Management, Marketing & Social Aspects*, 2011: 25.

[65] Great Britain. *Working Party on Crowd Behaviour at Football Matches. Report of the Working Party on Crowd Behavior at Football Matches*[M]. HMSO, 1969.

[66] Guinness D, Besnier N. Nation, nationalism, and sport: Fijian rugby in the local–global Nexus[J]. *Anthropological Quarterly*, 2016, 89（4）: 1109-1141.

[67] Hague E, Mercer J. Geographical memory and urban identity in Scotland: Raith Rovers FC and Kirkcaldy[J]. *Geography: Journal of the Geographical Association*, 1998, 83（2）: 105.

[68] Halbwachs M. *On collective memory*[M]. University of Chicago Press, 1992: 22-25.

[69] Hamil, S, &Chadwick, S. *Managing Football: An International Perspective*[M]. Butterworth Heinemann, Oxford. 2010: 247-250.

[70] Hargreaves J, Tomlinson A. Getting there: Cultural theory and the sociological analysis of

sport in Britain[J]. *Sociology of Sport Journal*, 1992, 9（2）：207-219.

[71] Harklau L. From the "Good Kids" to the "Worst"：Representations of English Language Learners across Educational Settings[J]. *Tesol Quarterly*, 34（1）：35-67.

[72] Harner J. Place identity and copper mining in Sonora, Mexico[J]. *Annals of the Association of American Geographers*, 2001, 91（4）：660-680.

[73] Harris J, Wise N. Geographies of scale in international Rugby Union[J]. *Geographical Research*, 2011, 49（4）：375-383.

[74] Harvard C T, Gray D P, Gould J, et al.Development and validation of the sport rivalry fan perception scale（SRFPS）[J].*Journal of Sport Behavior*, 2013, 36（1）：45.

[75] Heere B, James J D. Sports teams and their communities：Examining the influence of external group identities on team identity[J]. *Journal of Sport Management*, 2007, 21（3）：319-337.

[76] Heere B, Walker M, Gibson H, et al. Ethnic identity over national identity：an alternative approach to measure the effect of the World Cup on social cohesion[J]. *Journal of Sport & Tourism*, 2016, 20（1）：41-56.

[77] Heidegger M.（1971）. Poetry, Language, Thought. Translations and Introd. By Albert Hofstadter. Henricks T. Professional wrestling as moral order[J]. *Sociological Inquiry*, 1974, 44（3）：177-188.

[78] Ingham A G, Howell J W, Schilperoort T S. 13 Professional Sports and Community：A Review and Exegesis[J]. *Exercise and sport sciences reviews*, 1987, 15（1）：427-466.

[79] Hoffmann T. Cognitive Sociolinguistic Aspects of Football Chants：The Role of Social and Physical Context in Usage-based Construction Grammar[J]. *Zeitschrift für Anglistik und Amerikanistik*, 2015, 63（3）：273-294.

[80] Hognestad, H. *Long-Distance Football Support and Liminal Identities among Norwegian Fans*[M]. In Dance and Embodied Identities, ed. E. Archetti and N. DyckSport, Oxford：Berg, 2003：97-115.

[81] Jary D, Horne J, Bucke T. Football "fanzines" and football culture：a case of successful "cultural contestation" [J]. *The Sociological Review*, 1991, 39（3）：581-597.

[82] Jenkins R. *Social identity*[M]. Routledge, 2014：120-150.

[83] Junghagen S. Football clubs as mediators in sponsor-stakeholder relations[J]. *Sport, Business and Management：An International Journal*, 2018, 8（4）：335-353.

[84] Juventeny Berdún S. Much "more than a club"：Football Club Barcelona's contribution to the rise of a national consciousness in Catalonia（2003-2014）[J]. *Soccer & Society*, 2019, 20（1）：103-122.

[85] Kaplan D H, Herb G H. How geography shapes national identities[J]. *National Identities*,

2011, 13（4）: 349-360.

[86] Kellner D. Reflections on modernity and postmodernity in McLuhan and Baudrillard[J]. *Transforming McLuhan. Cultural, Critical and Postmodern Perspectives*, 2010: 179-200.

[87] Kennedy D, Kennedy P. Towards a Marxist political economy of football supporters[J]. *Capital & Class*, 2010, 34（2）: 181-198.

[88] Kennedy P, Kennedy D. Football supporters and the commercialisation of football: Comparative responses across Europe[J]. *Soccer & Society*, 2012, 13（3）: 327-340.

[89] Kennedy P. Supporters direct and supporters' governance of football: a model for Europe? [J]. *Soccer & Society*, 2012, 13（3）: 409-425.

[90] Kilduff G J, Staw B M.The Psychology of Rivalry: A relationally dependent analysis of competition[J].*Academy of Management Journal*, 2010, 53（5）: 943.

[91] King A. *The European ritual: Football in the new Europe*[M]. Routledge, 2017: 10-11.

[92] Knapton H, Espinosa L, Meier H E, et al. Belonging for violence: Personality, football fandom, and spectator aggression[J]. *Nordic Psychology*, 2018: 1-12.

[93] Knijnik J, Spaaij R. No harmony: football fandom and everyday multiculturalism in Western Sydney[J]. *Journal of Intercultural Studies*, 2017, 38（1）: 36-53.

[94] Kytö M. "We are the rebellious voice of the terraces": constructing a football supporter group through sound[J]. *Soccer & Society*, 2011, 12（1）: 77-93.

[95] Lee M. Self and The City: Social Identity and Ritual at New York City Football Club[J]. *Journal of Contemporary Ethnography*, 2018, 47（3）: 367-395.

[96] Lee R L M. Bauman, liquid modernity and dilemmas of development[J]. *Thesis Eleven*, 2005, 83（1）: 61-77.

[97] Lehmann C, Welker L, Schiefenhövel W. Towards an Ethology of Song: A categorization of musical behaviour[J]. *Musicae Scientiae*, 2009, 13（2_suppl）: 321-338.

[98] Lewicka, Maria. Place Attachment: How Far have We Come in the Last 40 Years? [J]. Journal of Environmental Psychology, 2001, 31: 207-230.

[99] Livingstone A G, Spears R, Manstead A S R, et al. We feel, therefore we are: emotion as a basis for self-categorization and social action[J]. *Emotion*, 2011, 11（4）: 754.

[100] Lock D J, Funk D C. The multiple in-group identity framework[J]. *Sport Management Review*, 2016, 19（2）: 85-96.

[101] Luhrs J. Football chants and the continuity of the Blason Populaire tradition[D]. University of Sheffield, 2007: 95-96.

[102] Maguire J, Poulton E K. European identity politics in Euro 96: Invented traditions and national habitus codes[J]. *International review for the sociology of sport*, 1999, 34（1）: 17-29.

[103] Mancur Jr Olson. *The logic of collective action: public goods and the theory of groups*[M]. Harvard University Press, 1965.

[104] Mark M M, Bryant F B, Lehman D R. *Perceived injustice and sports violence*[M].Sports violence. Springer, New York, 1983: 83-109.

[105] McDonald M, Rascher D.Does bat day make cents? The effect of promotions on the demand for major league baseball[J].*Journal of Sport Management*, 2000, 14（1）: 8.

[106] McGarty C, Thomas E F, Lala G, et al. New Technologies, New Identities, and the Growth of Mass Opposition in the A rab S pring[J]. *Political Psychology*, 2014, 35（6）: 725-740.

[107] Meier H E, Leinwather M. Finally a "taste for diversity"? National identity, consumer discrimination, and the multi-ethnic German National Football Team[J]. *European Sociological Review*, 2013, 29（6）: 1201-1213.

[108] Millward P, Poulton G. Football fandom, mobilization and Herbert Blumer: A social movement analysis of FC United of Manchester[J]. *Sociology of Sport Journal*, 2014, 31（1）: 1-22.

[109] Missiroli, A. European football cultures and their integration: The "short" twentieth century[J]. *Sport in Society*, 2002, 5（1）: 1-20.

[110] Morgan, Paul. Towards a Developmental Theory of Place Attachment[J]. *Journal of Environmental Psychology*, 2010, 30: 11-22.

[111] Mulvin D, Sterne J. Media, Hot and Cold Introduction: Temperature is a Media Problem[J]. *International Journal of Communication*, 2014, 8: 8.

[112] Mummendey A, Kessler T, Klink A, et al. Strategies to cope with negative social identity: Predictions by social identity theory and relative deprivation theory[J]. *Journal of personality and social psychology*, 1999, 76（2）: 229.

[113] Nash R. Contestation in modern English professional football[J]. *International Review for the Sociology of Sport*, 2000, 35（4）: 465-486.

[114] Nash R. English football fan groups in the 1990s: Class, representation and fan power[J]. *Soccer & Society*, 2001, 2（1）: 39-58.

[115] NishizakiI N. Fans 'Participation in the Management of Professional Sport Clubs: Structure and Significance of Supporters' Trusts in the UK[J]. *Journal of Japan Society of Sports Industry*, 2010, 20（1）: 53-64.

[116] Olson, M. The logic of collective action: Public goods and the theory of groups[M]. Cambridge, MA: Harvard University Press, 1968: 22-35.

[117] Peach C , Jackson P , Smith S J . Exploring Social Geography[J]. *Geographical Journal*, 1986, 152（1）: 112.

[118] Panagouleas, T.& Kokolakakis, T. A Manual for the Construction of a Sport Satellite Account（SSA）[R]. Paper presented at the XG SHP, Sport Industry Research Centre at Sheffield Hallam University, 2012: 11-15.

[119] Penn R. Football talk: sociological reflections on the dialectics of language and football[J]. *European Journal for Sport and Society*, 2016, 13（2）: 154-166.

[120] Périlleux A, Hudon M, Bloy E. Surplus distribution in microfinance: Differences among cooperative, nonprofit, and shareholder forms of ownership[J]. *Nonprofit and Voluntary Sector Quarterly*, 2012, 41（3）: 386-404.

[121] Piskurek C. *Football Fan Cultures and Their Structures of Feeling*[M].Fictional Representations of English Football and Fan Cultures. Palgrave Macmillan, Cham, 2018: 57-82.

[122] Preacher K J, Hayes A F. *Assessing mediation in communication research*[M]. London: The Sage sourcebook of advanced data analysis methods for communication research, 2008: 13-54.

[123] Premier League .Premier League Economic and social impact[EB/OL]. https: // www. ey.com/.../$FILE/EY-Premier-League-economic-and-social-impact-January-2019.pdf, 2019-01-05.

[124] Premier League. National Fan Survey Report 2007/2008 [EB/OL]. http: // www. premier-league.com/content/dam/premierleague/site-content/News/publications/fan-surveys/national-fan-survey-2007-08.pdf.

[125] Premier League.Research and Insight Season 2011/2012 [EB/OL]. http: //fan survey. premierleague.com/.

[126] Premier League. National Fan Survey Report 2016/2017 [EB/OL]. http: //www.premier-league.com/ content/ dam/premierleague/site-content/News/ publications/fan-surveys/national-fan-survey-2016-17.pdf.

[127] Prentice D A, Miller D T, Lightdale J R. Asymmetries in attachments to groups and to their members: Distinguishing between common-identity and common-bond groups[J]. *Personality and Social Psychology Bulletin*, 1994, 20（5）: 484-493.

[128] Raymond C M, Brown G, Weber D. The measurement of place attachment: Personal, community, and environmental connections[J]. *Journal of environmental psychology*, 2010, 30（4）: 422-434.

[129] Redhead S. Some reflections on discourses on football hooliganism[J]. *The sociological review*, 1991, 39（3）: 479-486.

[130] Rex, N.Contestation in Modern English Professional Football : The Independent Supporters Association Movement[J].*International Review for the Sociology of Sport*, 2000, 35（4）: 465-486.

[131] Robson G. Millwall FootbaU Club: Masculinity, Race and Belonging[J]. *Cultural Studies and the Working Class*, 2000: 219.

[132] Rodriguez-Pomeda J, Casani F, Alonso-Almeida M D M. Emotions' management within the Real Madrid football club business model[J]. *Soccer & Society*, 2014: 1-14.

[133] Rowe D. We're all transnational now: sport in dynamic sociocultural environments[J]. *Sport in Society*, 2017, 20（10）: 1470-1484.

[134] Ruihley B J, Pate J R. For the love of sport: Examining sport emotion through a Love-marks lens[J]. *Communication & Sport*, 2017, 5（2）: 135-159.

[135] Russell D.*Associating with football: social identity in England* 1863–1998[M].Football cultures and identities. Palgrave Macmillan, London, 1999: 15-28.

[136] Russell D. "We All Agree, Name the Stand after Shankly": Cultures of Commemoration in Late Twentieth-century English Football Culture[J]. *Sport in History*, 2006, 26（1）: 1-25.

[137] Scannell L, Gifford R. Defining place attachment: A tripartite organizing framework[J]. *Journal of environmental psychology*, 2010, 30（1）: 1-10.

[138] Schutz A. *The phenomenology of the social world*[M]. Northwestern University Press, 1967: 176-250.

[139] Serazio M. The elementary forms of sports fandom: A Durkheimian exploration of team myths, kinship, and totemic rituals[J]. *Communication & Sport*, 2013, 1（4）: 303-325.

[140] Siebetcheu R. Semiotic and linguistic analysis of banners in three European countries' football stadia: Italy, France and England[J]. *Negotiating and Contesting Identities in Linguistic Landscapes*, 2016: 181-194.

[141] SIRC.2004-2006 Sport Satellite Account for the UK[R], Sport Industry Research Center, Sheffield Hallam University, 2010: 8-9.

[142] Smith, J., and A. Ingham. On the Waterfront: Retrospectives on the Relationship Between Sport and Communities[J]. *Sociology of Sport Journal*, 2003, （4）: 252-274.

[143] Spaaij R, Anderson A. Soccer fan violence: a holistic approach: a reply to Braun and Vliegenthart[J]. *International Sociology*, 2010, 25（4）: 561-579.

[144] Spaaij R, Broerse J. *Sport and the Politics of Belonging: The Experiences of Australian and Dutch Somalis*[M].Places of Privilege. Brill Sense, 2018: 105-122.

[145] Spaaij R. Sports crowd violence: An interdisciplinary synthesis[J]. *Aggression and violent behavior*, 2014, 19（2）: 146-155.

[146] SPEA .The Vilnius Definition of Sport, Official Manual[R].Vienna, 2007.

[147] Spencer H. The principles of Sociology[J]. *American Journal of Sociology*, 1920, 35（4）: 139-154.

[148] Sport+Market.Sport+Market Top 20 2010[EB/OL]. http：//www.play the game.org/ up-loads/media/20100909_SPORT_MARKT_Football_Top_20_2010_Abstract_Press.pdf.

[149] Stanfill M, Valdivia A N. （Dis）locating nations in the World Cup：football fandom and the global geopolitics of affect[J]. *Social Identities*, 2017, 23 （1）：104-119.

[150] Stott C, Adang O. Policing Football Matches with an International Dimension in the European Union：understanding and managing risk[J]. *Unpublished report to the UK Home Office*, 2003.

[151] Stott C, Hutchison P, Drury J. "Hooligans" abroad？ Inter - group dynamics, social identity and participation in collective "disorder" at the 1998 World Cup Finals[J]. *British journal of social psychology*, 2001, 40 （3）：359-384.

[152] Tabouret - Keller A. Language and identity[J]. *The handbook of sociolinguistics*, 2017：315-326.

[153] Tausch N, Becker J C, Spears R, et al. Explaining radical group behavior：Developing emotion and efficacy routes to normative and nonnormative collective action[J]. *Journal of personality and social psychology*, 2011, 101 （1）：129.

[154] Tausch N, Tam T, Hewstone M, et al. Individual - level and group - level mediators of contact effects in Northern Ireland：The moderating role of social identification[J]. *British Journal of Social Psychology*, 2007, 46 （3）：541-556.

[155] Taylor J, Faraji S L, Dimova S, et al. Violent and Antisocial Behaviour at Football Events[J]. *Santa Monica, CA：RAND Corporation. RR-2532-QAT. As of*, 2018, 21.

[156] Taylor I. Football mad：A speculative sociology of football hooliganism[J]. *The sociology of sport*, 1971, 4：357-377.

[157] Taylor, N. Giving something back：can football clubs and their communities co-exist？ In S. Wagg（Ed.）, British Football and Social Exclusion.Oxon：Routledge, 2004：47-66.

[158] Templeton A, Drury J, Philippides A. From mindless masses to small groups：conceptualizing collective behavior in crowd modeling[J]. *Review of General Psychology*, 2015, 19 （3）：215-229.

[159] Tenenbaum G, Stewart E, Singer R N, et al. Aggression and violence in sport：An ISSP position stand[J]. *Sport Psychologist*, 1997, 11：1-7.

[160] The Telegragh.Every Premier League club's fans mapped – how local is your team's support？ [EB/OL]https：// www.telegraph.co.uk/football/2017/08/17/every- premier-league- clubs-fans-mapped-local-teams-support/chelsea-fans/.

[161] Thomas E F, Mavor K I, McGarty C. Social identities facilitate and encapsulate action-relevant constructs：A test of the social identity model of collective action[J]. *Group Processes & Intergroup Relations*, 2012, 15 （1）：75-88.

参考文献

[162] Thomas E F, McGarty C, Mavor K I. Groups in action: Social identity and norms about emotion and efficacy in the fight against poverty in developing countries[J]. *Unpublished Manuscript. Canberra, ACT, Australia: Australian National University*, 2009.

[163] Thompson J B. *The media and modernity: A social theory of the media* [M]. Cambridge, UK: Polity, 1997.

[164] Traugott E C. The rhetoric of counter-expectation in semantic change: a study in subjectification Elizabeth Closs Traugott[J]. *Historical semantics and cognition*, 2013, 13: 177.

[165] Treharne D. Ten years of Supporters Trust ownership at Exeter City AFC: an overview[J]. *Soccer & Society*, 2016, 17 (5): 732-743.

[166] Turner B S.The possibility of primitiveness: Towards a sociology of body marks in cool societies [J]. *Body & Society*, 1999, 5 (2-3): 39-50.

[167] Tyler B D, Cobbs J B. Rival conceptions of rivalry: Why some competitions mean more than others[J]. *European Sport Management Quarterly*, 2015, 15 (2): 227-248.

[168] Ufkes E G, Dovidio J F, Tel G. Identity and collective action among European Kurds[J]. *British journal of social psychology*, 2015, 54 (1): 176-186.

[169] Vale L, Fernandes T. Social media and sports: driving fan engagement with football clubs on Facebook[J]. *Journal of Strategic Marketing*, 2018, 26 (1): 37-55.

[170] Van Houtum H, Van Naerssen, T.Bordering, ordering and othering[J].*Journal of Sport & Social Issues*, 26 (1): 25-46.

[171] Van Puyvelde S, Caers R, Du Bois C, et al. The governance of nonprofit organizations: Integrating agency theory with stakeholder and stewardship theories[J]. *Nonprofit and Voluntary Sector Quarterly*, 2012, 41 (3): 431-451.

[172] Van Zomeren M, Leach C W, Spears R. Does group efficacy increase group identification？ Resolving their paradoxical relationship[J]. *Journal of Experimental Social Psychology*, 2010, 46 (6): 1055-1060.

[173] Van Zomeren M, Leach C W, Spears R. Protesters as "passionate economists" a dynamic dual pathway model of approach coping with collective disadvantage[J]. *Personality and Social Psychology Review*, 2012, 16 (2): 180-199.

[174] Van Zomeren M, Postmes T, Spears R. Toward an integrative social identity model of collective action: A quantitative research synthesis of three socio-psychological perspectives[J]. *Psychological bulletin*, 2008, 134 (4): 504.

[175] Van Zomeren M. Collective action as relational interaction: A new relational hypothesis on how non-activists become activists[J]. *New Ideas in Psychology*, 2015, 39: 1-11.

[176] Vincent J, Kian E M, Pedersen P M, et al. England expects: English newspapers' narratives about the English football team in the 2006 World Cup[J]. *International Review for*

the *Sociology of Sport*, 2010, 45（2）：199-223.

[177] Ward S J. A Critical Analysis of governance structures within supporter owned football clubs[D]. Manchester Metropolitan University, 2013：26-29.

[178] Weber M . *Economy and Society*：*An Outline of Interpretive Sociology* [M]. University. of California Press, 1978：311-320.

[179] Widdowson H G. Context, community, and authentic language[J]. *TESOL quarterly*, 1998, 32（4）：705-716.

[180] Williams D R, Roggenbuck J W. Measuring place attachment：Some preliminary results[C]Abstracts：1989 leisure research symposium. Arlington, VA：National Recreation and Park Association, 1989：32.

[181] Wright S C, Taylor D M, Moghaddam F M. Responding to membership in a disadvantaged group：From acceptance to collective protest[J]. *Journal of personality and social psychology*, 1990, 58（6）：994.

[182] Yiftachel O. Nation - building or ethnic fragmentation？ Frontier settlement and collective identities in Israel[J]. *Space and Polity*, 1997, 1（2）：149-169.

[183] Young K. 15 Sport and Collective Violence[J]. *Exercise and sport sciences reviews*, 1991, 19（1）：539-586.

[184] Zagnoli, P., Radicchi, E. The Football Fan Community as a Determinant Stakeholder in Value co-Creation[J]. *Physical Culture and Sport Studies and Research*, 2011（11）：1532-1551.

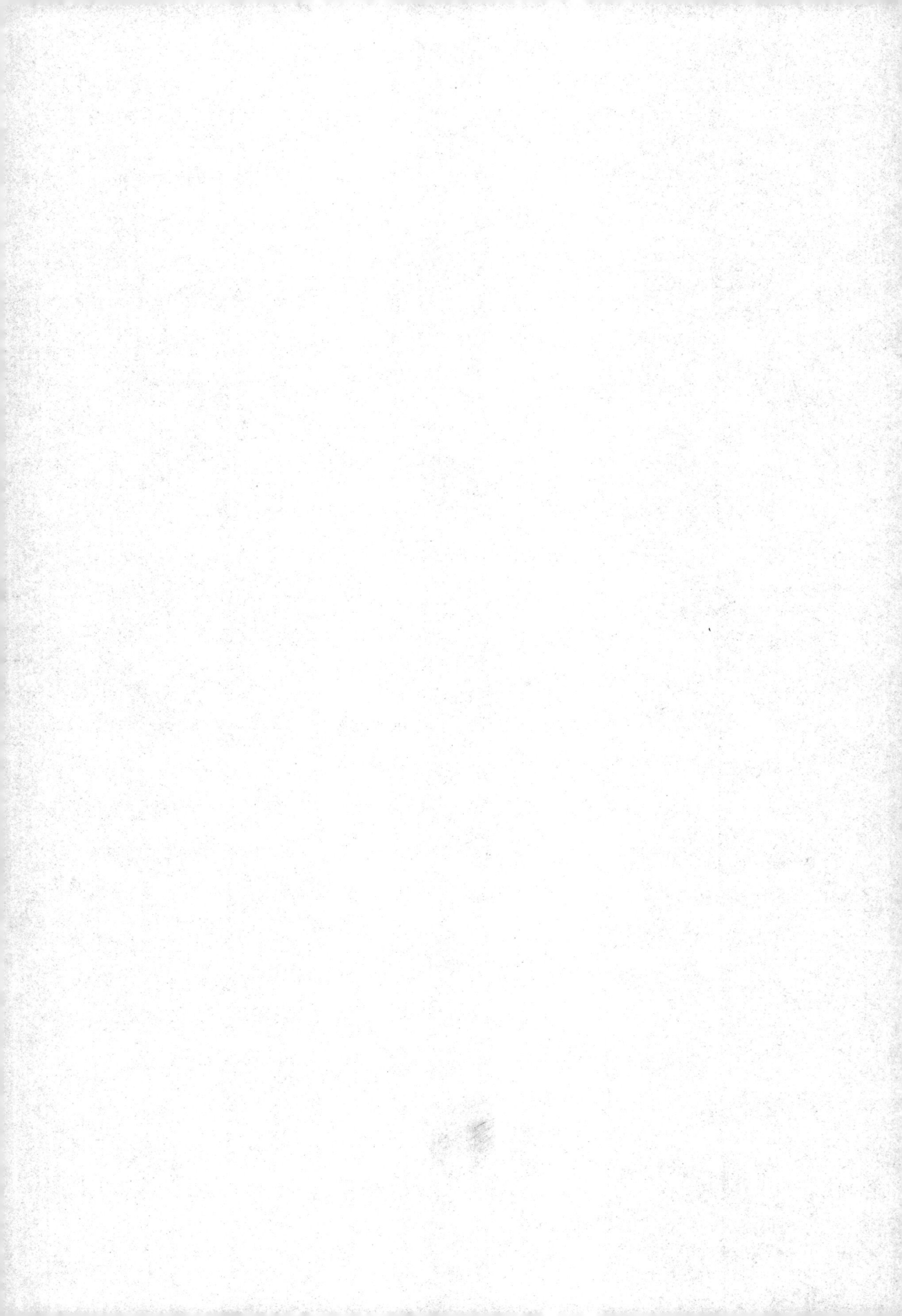